互联网金融系列教材
HULIANWANG JINRONG XILIE JIAOCAI

互联网金融支付

HULIANWANG JINRONG ZHIFU

主编◎史 浩

第二版

中国金融出版社

责任编辑：张菊香
责任校对：李俊英
责任印制：丁淮滨

图书在版编目（CIP）数据

互联网金融支付/史浩主编．—2版．—北京：中国金融出版社，2020.1
互联网金融系列教材
ISBN 978－7－5220－0417－4

Ⅰ.①互…　Ⅱ.①史…　Ⅲ.①互联网络—应用—金融—教材②电子商务—支付方式—教材　Ⅳ.①F830.49②F713.361.3

中国版本图书馆CIP数据核字（2019）第294906号

互联网金融支付（第二版）
Hulianwang Jinrong Zhifu（Di－er Ban）
出版
发行　中国金融出版社
社址　北京市丰台区益泽路2号
市场开发部　（010）63266347，63805472，63439533（传真）
网 上 书 店　http：//www.chinafph.com
（010）63286832，63365686（传真）
读者服务部　（010）66070833，62568380
邮编　100071
经销　新华书店
印刷　保利达印务有限公司
尺寸　185毫米×260毫米
印张　15.75
字数　350千
版次　2016年9月第1版　2020年1月第2版
印次　2020年1月第1次印刷
定价　39.00元
ISBN 978－7－5220－0417－4

前言

对于依赖传统业务模式的银行、证券、保险等金融行业来说，2013 年堪称我国互联网金融发展的元年。互联网金融的迅速兴起，为我国传统金融业以及整个商业生态带来了革命性的强大驱动力。在现代经济和科技发展的召唤下，互联网金融促使社会资金支付方式更加丰富和便捷、金融产品营销模式不断创新和深化、资本融通日益普惠和高效。这一切都对传统金融机构的变革和转型升级提出了更高、更紧迫的要求，同时也对互联网金融的教育、科研和人才培养提出了相应的要求。作为互联网金融系列教材中的一部分，在浙江金融职业学院推出《互联网金融概论》之后，我们组织编写了这册《互联网金融支付》。

全书从互联网金融视角，以支付为主线展开内容。书中第 1 章介绍了支付的产生和发展，并对整个支付体系的构成进行了总的介绍。第 2 章介绍了支付的基本元素——账户的基础知识，对于会计账户记账进行了描述和讲解。第 3 章对由人民银行主导的支付清算基础设施——中国现代化支付体系作出了宏观描述。这三章旨在帮助读者对整个支付体系建立一个宏观的理解基础。

之后，本书按照金融机构的支付和非金融机构的支付进行初步分类。第 4 章和第 5 章介绍了金融机构（银行）的支付，即传统银行结算业务和电子银行支付业务。第 6 章从整体上介绍了非金融机构的支付即第三方支付。第 7 章具体介绍了第三方机构基于互联网的支付产品。在移动支付平台，根据支付者是否抵达支付现场，第 8 章和第 9 章分别从远程和近场两个方面来对其进行介绍。

在基于银行卡的线下支付方面，第 10 章介绍了第三方支付中的预付卡业务，第 11 章则介绍了第三方银行卡收单业务。

第 12 章是关于支付安全方面的内容，第 13 章是关于虚拟货币的探讨，读者可以根据自己的需要和时间安排决定是否选用最后两章内容。

由于互联网金融是个新兴领域，知识新、争鸣多。在全书的编写过程中，我们参考和借鉴了许多前人的研究成果、教材、著作和网络文献。由于编写时间紧，加之部分网络作者来源不详，导致未能列出这些成果的出处，在此向各类文献的作者表示真挚的敬意、歉意和由衷的感谢。

笔者负责全书的体系设计和编写，郭福春教授总纂定稿并对全书的修订提出许多有益意见。互联网金融是一个崭新的发展与研究领域，对这一主题的探讨还有许多问题需要深入的研究，由于我们能力与水平有限，经验、视野、时间不足，本书难免有很多不足之处，诚恳地希望读者批评指正，以便我们不断修改、完善和提高。

史浩
2019 年 7 月

互联网金融系列教材
HULIANWANG JINRONG XILIE JIAOCAI

目录

第 1 章

支付概论

知识要点

✓ 支付与货币的产生和发展
✓ 电子支付
✓ 第三方支付
✓ 支付体系构成

案例导读

支付行为所体现的货币职能

1918 年，马寅初在一次演讲时，有一位老农问他："马教授，请问什么是经济学?"马寅初笑着说："我给这位朋友讲个故事吧：有个赶考的书生到旅店投宿，拿出十两银子，挑了该旅店标价十两银子的最好房间，店主立刻用它到隔壁的米店付了欠单，米店老板转身去屠夫处还了肉钱，屠夫马上去付清了赊欠的饲料款，饲料商赶紧到旅店还了房钱。就这样，十两银子又到了店主的手里。这时书生来说，房间不合适，要回银子就走了。你看，店主一文钱也没赚到，大家却把债务都还清了，所以，钱的流通越快越好，这就是经济学。"

传统的政治经济学认为，在发达的商品经济中，货币具有价值尺度、流通手段、贮藏手段、支付手段和世界货币五种基本职能，而这些职能都与支付行为有着内在的联系。

在本例中，货币被用来清偿债务或支付赋税、租金、工资等，如书生、店主、米店老板等人支付房钱和还清欠款，就是货币"支付手段"的职能。

货币的"流通手段"职能是作为实现商品交换的媒介手段，在流通中不断地为实现商品交换服务。货币流通速度是指单位货币在一定时期内的平均周转次数。再举个简单的例子，在一定时间内，甲用 10 元向乙买花生，乙用这 10 元向丙买布，丙又用它向丁买镰刀，这 10 元货币在一定时间内实现了 30 元的商品价值，其流通速度是 3

次。一个发达的支付系统对于加快货币的流通速度，有着非常重要的作用。

1.1 货币与支付

1.1.1 货币与支付的产生

人类社会在不断发展的过程中，逐步产生了社会分工，而社会分工的出现必然导致商品和服务的交换。交换现象的初级阶段是以物易物，诸如一头牛可以换10袋米之类。但是随着交易物品种类的日益增加和交易的广泛进行，慢慢发现这种以物易物的交易方式有很多弊端。一是要对种类繁多的不同物品分别逐一进行定价，比如牛对大米、羊对苹果等都需要分别定价（如图1－1所示），非常繁杂不方便；二是无法实现精确的度量，因为很多物品无法直接拆分和计价。久而久之，人们就需要一个中间等价物来进行更为方便的交换，于是货币就出现了。

图1－1　物物交换关系复杂

在物物交换中，无论从交换的任何一方来看，都很难清楚地区分买与卖两种不种的交换行为，也就是说，在物物交换中，买与卖是相互结合在一起的，买与卖没有分离，这个过程并不发生“支付”行为。货币产生以后，原始的物物交换被代之以物与货币的交换。当货币作为交换的中介参与到交换中来时，卖和买两种不同的交换行为才得以区分。如图1－2所示，当一头牛＝若干货币，或一袋大米＝若干货币时，从有牛和有大米的人的角度看，他们是卖了实物，获得了货币，因而是卖；从有货币的人的角度看，他们让出了货币，获得了实物，因而是买。正是基于这样一种买卖分离的过程，在这样一个简单的商品经济关系中，我们把因交换而付出货币的一方的行为称为支付，即支付货币的行为，而把出售货物一方的行为称为货物交付。也就是说，货币作为支付的操作物，奠定了现代经济社会的支付基础。

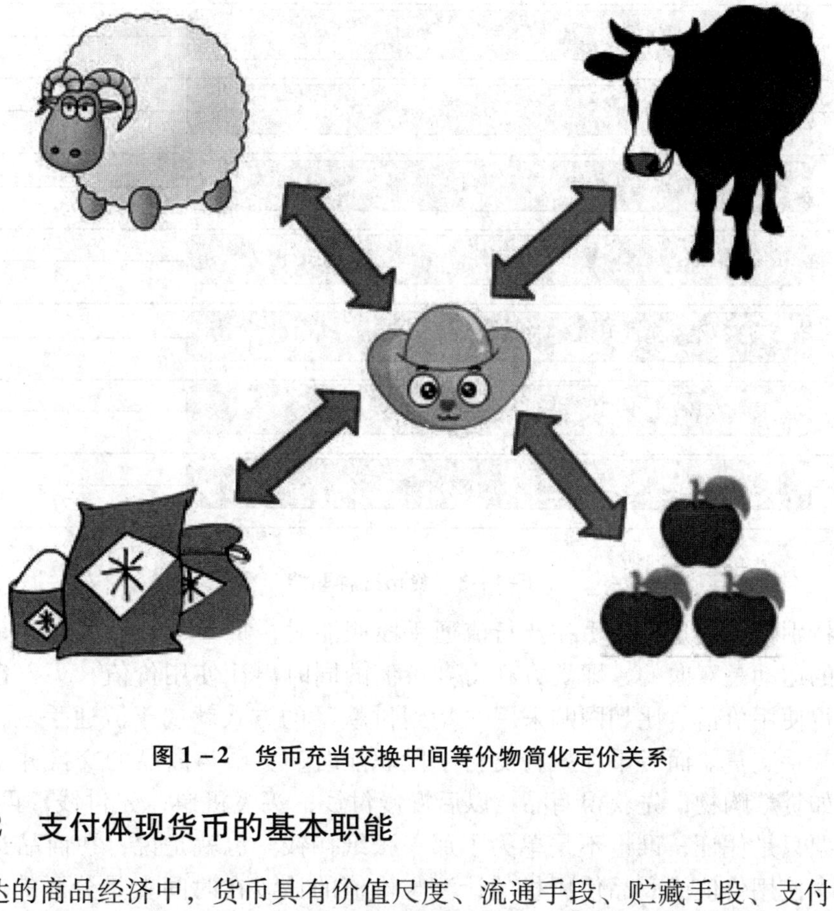

图1－2 货币充当交换中间等价物简化定价关系

1.1.2 支付体现货币的基本职能

在发达的商品经济中，货币具有价值尺度、流通手段、贮藏手段、支付手段和世界货币五种职能（见图1－3）。（1）价值尺度，就是以货币作为尺度来表现和衡量其他一切商品价值的大小，把各种商品的价值都表现为一定的货币量，以表示各种商品的价值在质的方面相同，在量的方面可以比较。商品的价值用一定数量的货币表现出来，就是商品的价格。（2）流通手段，就是在商品交换过程中，商品出卖者把商品转化为货币，然后再用货币去购买商品，货币充当商品交换媒介的职能。（3）贮藏手段，就是货币退出流通领域充当独立的价值形式，把货币当作社会财富的一般代表而储存起来。（4）支付手段，就是货币被用来清偿债务或缴纳税款、支付工资和租金等，货币作为独立的价值形式进行单方面运动。注意到货币的支付手段职能并不是随货币的产生而同时具备的，是随着赊账买卖的产生而出现的（支付手段职能与货币的支付行为不能等同）。（5）世界货币，是指货币具有在世界市场充当一般等价物的职能。

其中，价值尺度和流通手段是货币的基本职能，其他三种职能是在商品经济发展中陆续出现的。价值尺度和流通手段是用来衡量价值的标准，而贮藏手段体现了物质的价值的多少，支付手段体现了价值的交换，世界货币可以全球流通，五种职能相互渗透、相互影响。

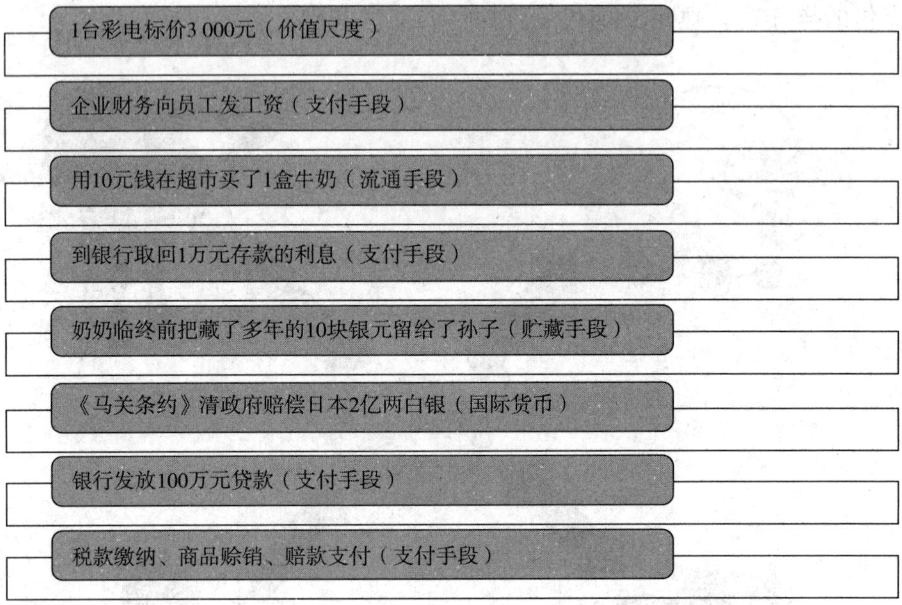

图 1－3　货币五种职能

需要特别指出的是，货币在执行流通手段职能时，货币与商品的交换是同时进行的，价值的运动是双向的，即卖方在得到价值的同时出让使用价值，买方在让渡价值的同时获得使用价值。比如网购采用“货到付款”的方式就属于流通手段，因为其是一手交钱一手交货。而货币在执行支付手段职能时，货币与商品的交换并不是同时进行的。比如贷款购物，先获得商品，以后慢慢付钱；买飞机票，先付钱，再获得服务，这里的机票只是凭证，谁也不是单为了那一张纸掏钱。也就是说，在商品买卖或租赁等活动中，使用价值或商品使用权的让渡与价值的让渡在时间上是分开的——或延期支付，或提前预支，可以分次交付，在时间和空间上是可以分开的。

1.1.3　支付方式与货币形态的演进

货币和支付的关系是相互依存和相互促进发展的。每一次货币形态的更新都会促进支付效率的提高，而每一次支付方式的革新也都会对货币的内涵和外延进行新的定义。

如图 1－4 所示，最原始的货币是以一般等价物形式存在的被交易各方共同认可的物品，如牛羊、贝壳等实物；由于便携性、稀缺性和不易伪造，黄金和白银作为稀有贵金属在人类社会相当长的时期里固定充当了货币的角色。整个这一时期，虽然物流和资金流可以分离，但程度有限，可以称之为实物支付时代。

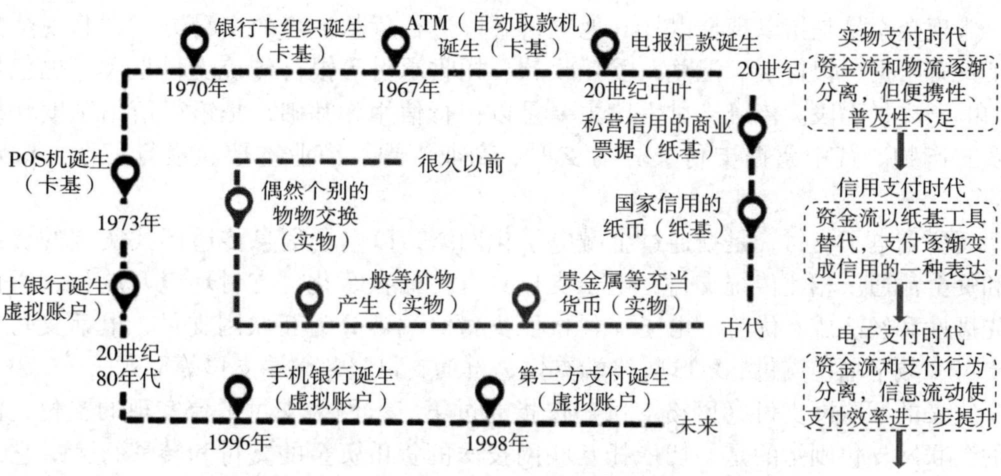

图1－4　支付方式与货币形态的伴生演进

随着社会经济活动的普遍开展，经济规模的日益扩大，金银货币也暴露出其弱点，比如携带仍然不够方便，天然矿产数量不足，无法满足和适应经济的迅速发展。在支付需求的推动下，在政府的公信力和执法力的维护下，逐渐出现了政府发行的铜币，以至纸币。纸币更容易携带，发行数量也较金银等金属币更有优势，只要有政府提供各方面的保证，就能够在支付中广泛使用它。同时，银行等信用中介的出现使得纸币和票据可以脱离真正的实物，而以信用的方式所表达，支付动作可以对不具名的货币进行操作，也可以对具名的账户进行操作，人类的支付活动进入了信用支付时代。

随着科技的进步，为了进一步解决买卖双方时间空间不一致、信息不对称等问题，电子支付应运而生，其大大增加了支付信息流动的速度，同时也使资金流动和支付行为进一步分离，极大地提高了支付效率。同期，不仅仅出现了银行卡、网上银行账户等货币新型载体，而且近年来，一些具有颠覆性意义的电子货币和虚拟货币（如比特币等，见本书第13章）也逐渐出现（不过目前绝大部分国家的政府还没有选择支持它）。

货币无论其形态如何变化，本质上都是为了方便支付，货币是支付的载体，支付是货币流动的源源动力，两者相互依存，互相推动。

1.2　支付的相关概念的外延

现金交易是指在商品买卖活动中，在商品所有权转移的同时，当即付清货款的交易形式，其交易流程特点是“一手交钱，一手交货”。譬如去超市买方便面，你拿出现金3元付款，营业员随后把你买的方便面给你，这就是现金交易，这个支付过程即为现金支付。这是一个最基本的、只含交易两方、不附带任何信用和契约内容的交易模式，也是个人在日常生活中最普遍和直观的支付行为。不过，由于近年来非现金支付方式逐渐渗透到人们的生活，现金支付的使用比例正在逐渐下降。

非现金交易是指以现金以外其他支付手段进行货款清算的交易方式，非现金支付的工具有票据、银行卡、汇兑、委托收款、托收承付等银行传统支付手段，也包括新兴的电子支付手段。传统支付手段主要是以银行信用为基础，是银行信用制度和结算制度的产物。其中票据支付又分为支票、商业汇票、商业本票、银行汇票、银行本票等。

而所谓电子支付，是指通过金融电子化网络，以电子信息传递形式实现的货币支付和资金流通。相比传统支付，电子支付具有传输数字化、支付环境开放化、通信手段先进性和经济成本优势。电子支付按照支付终端可分为互联网支付、电话支付、移动支付、数字电视支付、POS 机终端支付、自助支付服务终端支付等形式。

狭义的互联网支付（网络支付）仅指通过第三方网络支付平台实现的支付，而广义的互联网支付则指的是一切依托互联网技术的货币资金的支付和转移行为。它主要有电子银行支付和第三方支付等形式。

电子银行是指商业银行等银行业金融机构利用面向社会公众开放的通信通道或开放型公众网络，以及银行为特定自助服务设施或客户建立的专用网络，向客户提供的银行服务。通常包含网上银行（网银）、手机银行（WAP 或 App 形式）、电话银行、短信银行、微信银行、自助终端等多种接入或使用方式。其中网银是其中最重要也是目前电子银行中最主流的支付方式。

第三方支付平台指的是独立于商户与银行，为商户和消费者提供支付结算服务的机构，如支付宝、财付通、银联电子支付、快钱等。第三方支付服务是指这些非金融机构作为收、付款人的支付中介所提供的网络支付、预付卡、银行卡收单以及中国人民银行确定的其他支付服务。

支付行为依据参与者、平台、渠道、终端、工具、技术等环节和要素可以做各种划分，具体内容见下一节。

1.3 支付体系的构成

支付体系实际上是完成各类支付活动的一系列制度安排。现代支付体系主要由支付参与方、支付清算基础设施、支付工具或渠道，以及支付安全和监督等要素组成。

账户是现代支付领域中一个最基本的要素。银行账户集中反映整个社会经济活动资金支付结算的起点与终点，也是一切经济活动资金往来的基础（见第 2 章）。

1.3.1 支付参与方

支付活动的服务对象主要分为个人客户和企事业客户。

中国的支付活动的服务主体主要分三大类。

第一大类是中央银行以及其他监管者。中国人民银行负责制定和实施货币政策，执行金融监管，并提供支付结算服务。人民银行通过中国现代化支付系统（CNAPS，目前为第二代），直接面向银行业金融机构和市场提供支付和结算的基础设施服务，发挥其中枢作用（第 3 章将介绍中国人民银行 CNAPS 的有关内容）。

第二大类是银行业金融机构，包括四大行、股份制银行和城商行等商业银行，它们是我国支付服务最重要的组成部分，也是基础服务的主要提供者。银行业金融机构直接面向企事业单位和社会公众提供支付服务；此外，所有第三方机构的支付服务目前都必须依托于以银行为中介的传统支付结算安排（第 4 章和第 5 章将分别介绍银行的传统支付手段和电子银行支付方式）。

第三大类是非银行支付服务组织，即通常所说的第三方支付平台。其主要功能是连接买卖双方、电子商务平台（电商的集合）和银行业金融机构，在支付指令的传递、交换、处理以及资金清结算中作为“中转站”，以提升网络支付活动的安全与效率。第三方支付按业务类型划分为网络支付、预付卡的发行与受理、银行卡收单。

第三方支付组织的构成很多样化，包括中国银联等卡组织（银联本身是一个具有特殊身份的实体）；银联商务、衫德、汇付天下等第三方收单机构；支付宝、财付通为代表的互联网支付和移动支付第三方机构；资和信、市政交通卡等预付卡发行第三方机构；中国移动、中国联通和中国电信等运营商及其下属的第三方支付机构；以及设备或技术提供商如苹果、华为、部分有线电视公司等支付业务模块。各种机构的业务类型也丰富多彩，近年来发展非常快，很好地满足了国内多样化的零售支付服务需求，已经成为我国支付服务市场非常重要的组成部分（第 6 章将介绍有关第三方支付牌照的内容）。

1.3.2 支付清算基础设施

支付系统作为我国重要的金融基础设施，它既是中央银行履行支付清算职能，改进金融服务的重要核心系统，又是为银行业金融机构提供跨行支付清算服务的公共平台，同时也是连接商品交易和社会经济活动的“大动脉”（见图 1－5）。

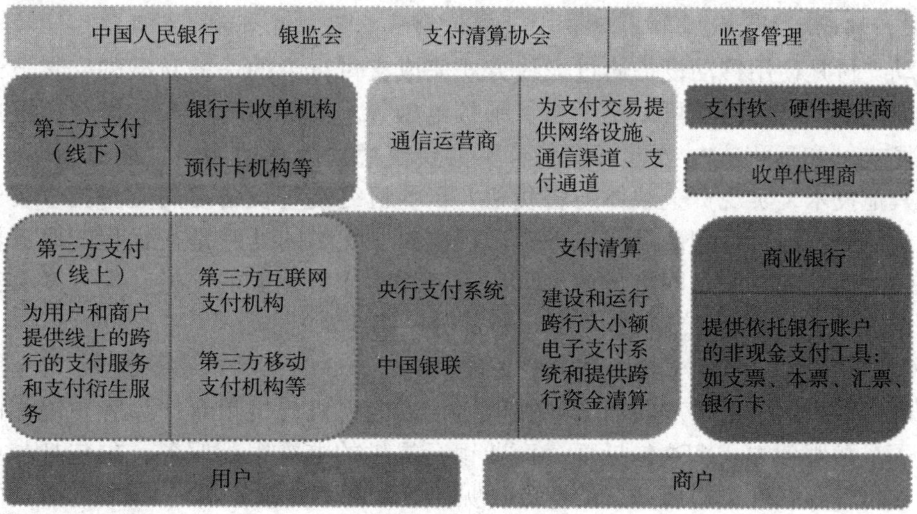

资料来源：艾瑞咨询。

图 1－5 中国支付活动主体及业务

我国支付系统分为批发类和零售类支付系统，在人民银行所建设的大、小额支付系统、支票交换系统、境内外币支付系统以及电子商业汇票系统等，这些系统中大额支付系统是一个批发类支付系统，小额支付系统还有银行卡支付系统等则是零售支付系统（这部分内容将在第3章进行介绍）。

1.3.3 支付工具或渠道

支付工具是用于资金清算和结算过程中的一种载体。

围绕银行服务的传统支付工具有“三票一卡”——支票、汇票、本票和银行卡——以及汇兑等（第4章将进一步介绍这些工具）。

近年来，随着全球经济的高速发展，支付工具也越来越多，逐渐出现了一批电子支付工具，大有取代传统支付工具的势头，按照支付的终端和途径，可以大致分为如下一些门类。

（一）网上支付（基于PC的网银及第三方网络支付）

网络支付是电子支付的一种形式，是在信息时代诞生的一种全新的实时支付结算方式，广义地讲，网络支付是指客户、商家、网上银行（或第三方支付）之间使用安全电子手段，利用电子现金、银行卡、电子支票等支付工具通过互联网送达到银行或相应的处理机构，完成支付的整个过程（见第5章电子银行关于网银的相关内容，以及第7章第三方互联网支付内容）。

（二）电话支付

电话支付指消费者使用电话（固定电话、手机）或其他类似电话的终端设备，通过银行系统就能从个人银行账户里直接完成付款的方式，也就是我们通常所说的电话银行（包括短信银行）。部分第三方支付机构也基于固话支付牌照提供一些类似服务（电话银行内容请见第5章）。

（三）移动支付

移动支付是使用移动设备通过无线方式完成支付行为的一种新型的支付方式。移动支付所使用的移动终端可以是手机、平板电脑等。具体而言，按支付距离还可以再分为近场支付和远程支付。近场支付：不需要使用远程移动网络，通过NFC、红外、蓝牙等其他技术，实现资金载体与售货机、POS机终端等设备之间支付指令传递，支付完毕，消费者即可得到商品或服务；远程支付：支付的处理是在远程的服务器中进行，支付的信息需要通过网络传送到远程服务器中才可完成的支付（第8章和第9章分别介绍远程支付和近场支付；手机银行部分见第5章）。

（四）数字电视支付（数字机顶盒支付）

电视支付指的是通过双向数字电视网络，以电视机与机顶盒作为客户终端的一体化的电子金融服务方式。这包括部分商业银行提供的电视银行服务，也包括一些第三方电视支付牌照获准机构所开展的业务（见第5章和第6章）。

（五）预付卡支付

预付卡，是指发卡机构以特定载体和形式发行的，可在发卡机构之外购买商品或服务的预付价值。按是否记载持卡人身份信息分为记名预付卡和不记名预付卡；按信息载体不同分为磁条卡、芯片（IC）卡（见第10章）。

（六）银行卡收单

银行卡收单是指通过销售点（POS）终端等为银行卡特约商户代收货币资金的行为，这里一般指的是线下收单（网上收单纳入网上支付范畴）（见第11章）。

（七）自助支付服务终端

银行的自助设备包括自动取款机（ATM）、自动存款机、自动存取款机、自助查询机、自助缴费机等，客户可通过自助方式在相应的自助设备上完成存款、取款、转账和查询等交易（见第5章）。

另外，以上前四种方式可以归于基于网络的电子支付方式，即网基支付，而后三种方式则可以归类为基于卡片（银行卡、智能卡）的支付方式，即卡基支付。

1.3.4　支付安全

网上支付的安全性是网上交易的核心和关键。由于网络本身的开放性和目前网络技术发展的局限性，使网上交易面临着种种安全威胁，也带来了交易过程中的各种安全问题。常见的支付风险表现为身份识别困难、支付信息伪造或篡改、支付信息泄露和支付信息被抵赖等。从技术层面讲，目前的解决方法包括三个层级，分别是数据加密（如对称和非对称的密钥加密）、安全认证（如数字签名）和安全协议（包括SSL等）（这些内容见第12章）。

1.3.5　支付监管

支付结算管理体系包括支付结算的法规制度性管理、银行账户管理、支付结算风险控制管理、结算纪律监督管理、支付结算纠纷协调管理和反洗钱工作管理。根据《中国人民银行法》规定，人民银行是中国支付体系的监管者和促进者，中国人民银行对支付体系的目标是要实现安全、高效和保障。

具体而言，一是支付结算的法规制度性管理。要逐步建立起以《票据法》《支付结算办法》《人民币银行结算账户管理办法》《支付清算系统准则》《人民币大额和可疑支付交易报告管理办法》《网上支付业务管理办法》等法规制度为主体的支付结算法规制度体系。

二是银行账户管理。主要依托银行账户管理系统和日常监督检查来实施银行账户管理。规范银行、单位和个人银行账户的开立、使用行为，加强对银行账户使用的监控，抑制逃税、逃债、逃贷、套取现金、贪污腐败、洗钱诈骗等违法违纪行为。同时，中央银行可以对银行结算账户使用中反映出的各种信息进行综合分析，并借此建立支付信用信息系统以及对可疑资金运动的预警机制，准确反映存款人的支付信用状况，及时发现大额可疑资金或异常资金的流出流入，促进社会信用程度的提高，维护经济金融秩序稳定。

三是支付结算纪律监督管理。主要通过实行结算违规社会举报制度、结算纪律的定期报告和检查制度、结算违规处罚制度等一系列管理措施的实施，查处和纠正支付结算的违规违纪行为，维持正常的支付结算秩序。

四是支付结算风险的控制管理。支付结算的参与者的逐利行为和行为的不规范可能会引发支付结算的信用风险、流动性风险、操作风险和系统性风险等。因此，加强支付结算风险的控制和监督是支付结算体系正常运行的可靠保证。

五是支付结算纠纷协调管理。应由具有支付结算法规制度解释权的制度制定者，依据统一的支付结算法规制度，一方面统一口径面向企业单位和个人以及司法部门进行解释，另一方面高效、准确地对银行间支付结算纠纷进行协调处理。

六是反洗钱工作的管理。通过建立大额和异常支付交易监测系统，采集、整理和分析支付清算系统的交易信息，对可疑交易进行调查和报告。

本章小结

本章主要介绍了支付产生的背景和基础。分工产生交换、交换催生货币。在对货币的特性、本质及职能进行介绍的基础上，阐述了相关的支付概念，包括电子支付、电子银行和第三方支付。并对支付体系的构成进行了总体的介绍。

想一想、练一练

◎ 思考题

1. 货币具有哪五种基本职能？试举例说明。
2. 什么是电子支付？
3. 什么是第三方支付？
4. 支付体系的参与方有哪些？其各自起到什么作用？
5. 按照支付终端来区分，目前的支付形式有哪些？

◎ 实训题

1. 尝试为一个电子商务网站设计其支付系统，列出其主要支持的支付方式。
2. 尝试编写 PPT 详细介绍京东商城的支付方式。为什么不能用支付宝？

第2章

账　　户

知识要点

✓ 支付账户的分类和使用
✓ 支付中的若干基本操作
✓ 支付结算中的记账转账原则

案例导读

2015年12月27日，工行在官网发布公告表示，自2016年1月1日起，同一客户在该行全国范围内开立借记卡原则上不超过4张，如果之前已开立4张以上，不得再开立或激活新借记卡，社会保障卡、医疗保险卡、军人保障卡、已销户的借记卡除外。此外，同一代理人，在该行全国范围内代理开卡原则上不超过3张。

工行相关工作人员表示，这一新规是对银监会通知的落实，针对的是借记卡。如果客户此前已经持有4张或以上工行借记卡，并不影响使用，只是不能再开新卡。

一家股份制银行武汉分行工作人员告诉记者，此前，大多数银行约定俗成的开卡上限为每人10张。而目前，不少银行已开始在办理业务时告知客户。近日，各银行将对超过4张以上借记卡的客户进行核查，一旦发现非本人意愿办理的，会中止服务并销卡。

提到支付就无法绕开账户的概念，所有的非现金支付都是基于账户进行的，账户是支付的起点也是终点。账户一般是银行账户，但也可以是第三方支付机构系统的账户（比如支付宝账户、财付通账户等）。具有支付功能的账户是一切现代支付的基础。

银行账户集中反映整个社会经济活动资金支付结算的起点与终点，也是一切经济活动资金往来的基础。存款人进行各项经济活动所产生的支付结算，主要都是通过银行账户之间的资金划转完成的。它分为以下两个方面：一是各政策性银行、商业银行和城乡信用社（以下简称商业银行）为企事业单位或个人在银行开立的用于办理商品交易、劳务供应等经济往来所引起的货币收付活动的各类活期存款账户，包括基本存款账、一般存款账户、专用存款账户、临时存款账户，以及个人账户。二是中央银行为实现银行间支付结算、清算和抑制派生存款为各商业银行开立的具有备付性质的存款准备金账户，又称清算账户。

2.1 银行结算账户

2.1.1 存款人和银行结算账户

存款人一般分为非自然人和自然人，是指在中国境内开立银行结算账户的机关、团体、部队、企业、事业单位、其他组织（以下统称单位）、个体工商户和自然人。即存款人不仅仅是指自然人。

（一）自然人

以自然人名称凭个人身份证件开立的银行结算账户为个人银行结算账户。

（二）非自然人

非自然人是指：（1）企业法人①；（2）非法人企业；（3）机关、事业单位；（4）团级（含）以上军队、武警部队及分散执勤的支（分）队；（5）社会团体；（6）民办非企业组织；（7）异地常设机构；（8）外国驻华机构；（9）个体工商户②；（10）居民委员会、村民委员会、社区委员会；（11）单位设立的独立核算的附属机构；（12）其他组织。

非自然人为了支取现金而在银行开立的账户称为基本账户，基本账户具有唯一性。非自然人填制开户申请书，经开户行审核同意并凭中国人民银行当地分支机构核发的开户许可证才可以开立基本账户。

（三）法人和自然人

根据我国《民法通则》，法人是指具有民事权利能力和民事行为能力，依法独立享有民事权利和承担民事义务的组织。法人与自然人不同，法人是种无生命的社会组织体，法人的实质，是一定社会组织在法律上的人格化。因此，称呼公司的董事长或者总经理为法人是错误的。简单地说，法人不是"人"，它必须通过自然人来表示它的意志，那么能够代表法人的人，就被称为法人代表或者法定代表人，在公司中就是董事长或者执行董事（见图2－1）。

企业法人的这种独立资格的好处在于：企业法人独立于企业成员，即企业法人与组成企业法人的成员互相分离，各自有自己独立的财产权利，也就是各自银行账户资金不能混为一体。

（四）个体工商户

个体工商户虽然是自然人，但是其凭营业执照以字号或经营者姓名开立的银行结

① 法人是具有民事权利主体资格的社会组织，是自然人的对立，而法人代表则必须是自然人。

② 个体工商户是自然人，而列在非自然人之列属于特例。个体工商户属于自然人，不是法人。

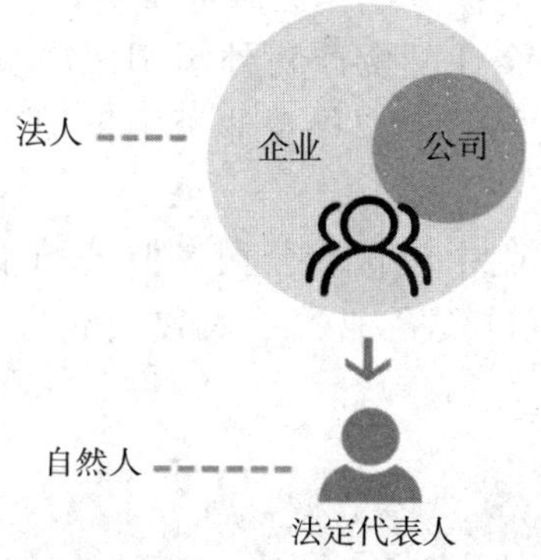

图2-1 法人和法定代表人（法人代表）的区别

算账户需纳入单位银行结算账户管理。也就是说个体户也是需要开立银行基本存款账户的，而且由于经营活动中一般会涉及收款、扣税，开立对公账户较为方便和正规。

例如：甲公司从乙商店购入货物一批，取得增值税专用发票，金额100 000元，税额17 000元，甲公司通过单位银行账户转账给乙商店店主的弟弟贾某个人银行账户。根据规定增值税发票上销售方应与实际收款人一致。以个人银行结算账户结算（单位或有字号的个体户直接以个人银行账户结算）不符合现行税收相关政策文件规定，本例中销货方是乙商店与收款方贾某显然不一致，会被当作疑点列为重点稽查的对象。一旦查实属于虚开会被要求补税罚款，构成犯罪还会被追究刑事责任。

也就是说“个体户银行结算账户”≠“个人银行结算账户”。2003年9月1日起施行的《人民币银行结算账户管理办法》规定：有字号的个体工商户开立银行结算账户的名称应与其营业执照的字号相一致；无字号的个体工商户开立银行结算账户的名称，由“个体户”字样和营业执照记载的经营者姓名组成。假设上例中贾某是有字号（字号为“乙商店”）的个体工商户，则不能以贾某个人银行账户结算货款，而应以“乙商店”开立银行账户结算；如果贾某是无字号的个体工商户，则开立银行结算账户的名称应以“个体户+贾某”命名。

（五）法人企业和非法人企业

根据《中华人民共和国民法总则》第五十七条的规定，法人是具有民事权利能力和民事行为能力，依法独立享有民事权利和承担民事义务的组织。而公司是依照公司法在中国境内设立的是以营利为目的的企业法人，包括有限责任公司和股份有限公司。公司是适应市场经济社会化大生产的需要而形成的一种企业组织形式。公司和法人的区别在于：公司必须是法人，法人不一定是公司。

我国的法人企业主要包括有限责任公司和股份有限公司，非法人企业主要有个人独资企业、合伙企业和企业的分支机构（分公司、办事处、代表处）等。法人企业和非法人企业的区别在于：（1）法人企业是实现了公司的法人财产和股东的个人财产的分离。（2）非法人企业，又称企业非法人，它可以刻制印章、开立往来账户、单独核算、依法纳税，也可以签订商业合同并作为执行人，但是它没有实现公司财产和股东个人财产的分离，投资人对企业债务承担无限连带责任。

简单地说，法人企业只以企业的资产对外承担民事责任，投资人不会再拿出钱来去清偿债务；但是非法人企业的话，如果企业资不抵债，那么投资人就必须要用自己的钱去清偿债务。

企业和公司的关系是：企业中包含着公司，但公司不包含企业。企业除了包括公司以外，还有合伙企业、外商投资企业、个人独资企业，但不包括个体工商户（见图2－2）。

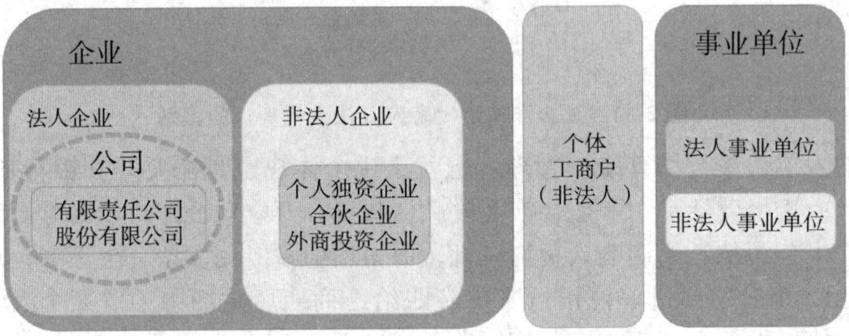

图2－2　企业、公司、个体户和事业单位的关系

另外，个体工商户承担的是无限连带责任而不是有限的责任风险，不是法人企业。从税务角度来看，个体工商户或个人独资企业的经营所得只缴纳个人所得税，而有限公司的经营所得既要缴纳企业所得税，也要缴纳个人所得税。

（六）银行结算账户

银行，一般是指在中国境内经中国人民银行批准经营支付结算业务的政策性银行、商业银行（含外资独资银行、中外合资银行、外国银行分行）、城市信用合作社、农村信用合作社。

银行结算账户（Bank Settlement Account），是指存款人在经办银行开立的办理资金收付结算的人民币活期存款账户。银行结算账户按存款人不同分为单位银行结算账户和个人银行结算账户（见图2－3）。结算账户有以下几个特点：

• 结算账户只能办理人民币业务。这与外币存款账户不同，外币存款账户办理的是外币业务，其开立和使用要遵守国家外汇管理局的有关规定。

• 办理资金收付结算业务。这是与储蓄账户（Savings Account）的明显区别。储蓄的基本功能是存取本金和支取利息，但是不能办理资金的收付。即储蓄账户仅限于办理现金存取业务，不得办理转账结算。个人储蓄账户和个人结算账户具有明确区分的不同功能。

• 是活期存款账户。这与单位的定期存款账户不同，单位的定期存款账户不具有结算功能。

另外，开设结算账户的单位和个人，只要符合相关条件，均可在异地开立相应的结算账户，不受属地限制。

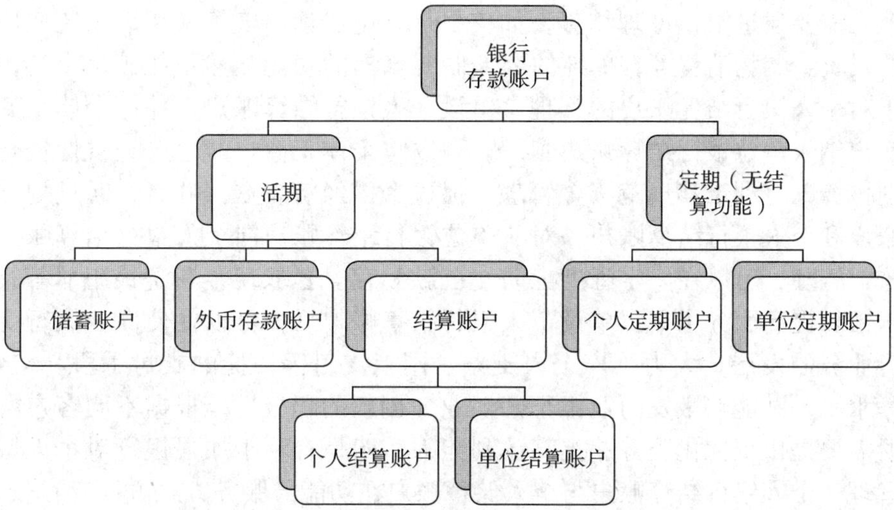

图 2－3 银行结算账户

2.1.2 个人结算账户

（一）概念和功能

按《人民币银行结算账户管理办法》（中国人民银行令〔2003〕第 5 号，以下简称《办法》）规定，个人银行结算账户是指个人客户凭个人有效身份证件以自然人名称开立的，用于办理资金收付结算的人民币活期存款账户。目前，个人结算账户有一定数量限制，可以根据实际需要在本地或异地开立。个人结算账户可用来办理转账汇款、刷卡消费、投资、贷款等各项支付结算业务。

简单地说，无论去信用社还是银行，只要开户时申请了借记卡的，都是结算账户。而储蓄账户则仅限于办理现金存取业务。在默认情况下，银行或信用社也只会给客户开结算账户，因为结算账户用途比较广泛，除非客户明确提出只开储蓄账户。

个人银行结算账户有三个功能：一是活期储蓄功能，可以通过个人结算账户存取存款本金和支取利息。二是普通转账结算功能，通过开立个人银行结算账户，办理汇款、支付水、电、话、气等基本日常费用、代发工资等转账结算服务，使用汇兑、委托收款、借记卡、定期借记、定期贷记、电子钱包（IC 卡）等转账支付工具。三是通过个人银行结算账户使用支票、信用卡等信用支付工具。个人银行结算账户使用支票、信用卡等信用支付工具是丰富个人资金结算手段，促进银行结算服务功能全面提升的必然趋势，也是社会发展进步的重要体现，因此，银行在防范支付风险的前提下，应大力予以推广和扶持。

（二）作用和意义

设个人银行结算账户的原因和目的：一是为适应个人因投资、消费等产生的各种转账结算需要，进一步扩大转账结算范围。随着我国经济的发展、人们生活水平的提高和消费方式的多样化，个人金融业务迅速发展，个人转账支付需求不断增长，越来越多的个人需要通过银行办理结算，如支付水、电、话、气等费用，归还住房信贷款项、证券投资、购物消费等，单纯的个人储蓄账户的功能显然不能满足上述需求。二是有利于对个人银行结算账户的管理。单设个人银行结算账户，并将个体工商户的银行结算账户纳入单位银行结算账户管理，可以将个体工商户的生产经营性资金和消费资金分别核算，有利于其规范资金管理，促进个体经济发展。并且，通过划分单位银行结算账户和个人银行结算账户，对从单位银行结算账户向个人银行结算账户支付款项进行监督管理，可以在一定程度上防止公款私存、套取现金和洗钱犯罪等行为。三是有利于银行提高服务水平。单设个人银行结算账户后，可以促使商业银行更加重视个人零售业务的发展，大力推广个人支票、网上支付等便捷的支付手段和支付工具，改善服务水平，并能够激发商业银行开展业务创新的积极性，根据不同客户群体的投资、理财需要提供个性化服务，提高盈利能力。四是有利于加强银行对个人银行结算账户的管理。个人银行结算账户与个人储蓄账户在功能与服务方式方面存在较大差异，《办法》单设个人银行结算账户，将其同储蓄账户相分离，区别管理，打破了传统的对公、对私界限，可促进商业银行改变经营理念和经营方式，同时也可降低银行的管理成本。

（三）个人借记卡账户分类

平时我们在银行需要开个账户才能存钱或者进行其他交易，那么银行账户只有一个吗？为满足网上理财、快捷支付等需求，人民银行于 2015 年 12 月 25 日发布了《关于改进个人银行账户服务 加强账户管理的通知》，第一次提出对银行账户实施分级管理机制。把传统上在柜面开设的账户设为Ⅰ类账户，属于全功能的银行结算账户。在此基础上，为便利存款人支付，增设了Ⅱ类、Ⅲ类账户。即将个人银行账户分为Ⅰ类账户、Ⅱ类账户和Ⅲ类账户。①

个人借记卡账户分类及 2015 年银行账户分类详细规定分别见表 2－1 和图 2－4。

表 2－1　　个人借记卡账户分类

账户类型	功能	额度
Ⅰ类账户	即传统上在柜面开设的账户，属于全功能的银行结算账户，安全等级最高，可存取现金、理财、转账、缴费、支付等	不限
Ⅱ类账户	具备“理财＋支付”功能，可以购买理财产品和消费支付	单日支付最高不超过 1 万元，购买理财除外
Ⅲ类账户	只能进行小额消费和缴费支付	最高不超过 1 000 元

举个例子：假如存款人小李只有某大行 A 的Ⅰ类账户，而他想要购买某个城商银行 B 在线上直销银行的理财产品，第一步：他可直接在 B 银行线上申请一个Ⅱ类账户，第二步：将Ⅱ类账户与 A 银行的Ⅰ类账户绑定；第三步：B 银行向 A 银行进行客户的

① 注意：信用卡不进行该分类。

	Ⅰ类账户	Ⅱ类账户	Ⅲ类账户
主要功能	全功能 就是常见的借记卡、存折	·储蓄存款及投资理财 ·限额消费和缴费 ·限额向非绑定账户转出资金业务	·限额消费和缴费 ·限额向非绑定账户转出资金业务
账户余额	无限制	无限制	账户余额≤1 000元
使用限额	无限制	非绑定账户转账、存取现金、消费缴费： 日累计限额合计：1万元 年累计限额合计：20万元	非绑定账户转账限额、消费缴费： 日累计限额合计：5 000元 年累计限额合计：10万元
账户形式	借记卡及储蓄存折	电子账户 也可配发实体卡片	电子账户

注：Ⅲ类户的限额已不是最新规定，2018 年新规定见下文。

图 2－4　银行账户分类详细规定（2015）

身份信息核验，这样客户就不必去 B 银行的网点柜台进行申请，省下了客户跑银行的时间和精力，简单的三个操作步骤既方便了客户也提升了银行的服务水平。

银行账户目前分为三类：Ⅰ类账户、Ⅱ类账户和Ⅲ类账户。形象地说，三类银行账户就像是人们 3 个不同资金量的钱包。

银行Ⅰ类账户是“钱箱”：属于全功能账户，个人的工资收入等主要资金来源都存放在该账户中，安全性要求较高，主要用于现金存取、大额转账、大额消费、购买投资理财产品、公用事业缴费等。额度不限；可配发银行卡。

银行Ⅱ类账户是“钱夹”：可用于个人日常刷卡消费、网络购物、网络缴费通过该账户办理，还可以购买银行的投资理财产品。每日转入资金、存入现金的累计限额合计为 1 万元，每年累计限额合计为 20 万元，购买理财产品无限制；可配发银行卡。

银行Ⅲ类账户是“零钱包”：不可存取现金，可进行限额消费和缴费；主要用于金额较小、频次较高的交易，尤其是目前银行基于主机的卡模拟（HCE）、手机安全单元（SE）、支付标记化（Tokenization）等创新技术开展的移动支付业务，包括免密交易业务等。不可配发银行卡。

Ⅰ类账户是资金进出的“总源头”；Ⅱ类账户与Ⅰ类账户最大区别是不能存取现金、不能向非绑定账户转账。而Ⅲ类账户与Ⅱ类账户最大区别是仅能办理小额消费及缴费支付，不得办理其他业务。银行对Ⅲ类账户设置账户资金限额，剩余资金原路返回同名Ⅰ类账户，保证了资金安全。另外，Ⅱ类账户和Ⅲ类账户只有虚拟账户，银行不提供实体卡。

1. 2017年银联建立银行Ⅱ、Ⅲ类账户互联互通合作机制

（1）背景。自2015年底以来，人民银行陆续发文启动账户管理制度改革，包括2015年392号文《中国人民银行关于改进个人银行账户服务加强账户管理的通知》，2016年261号《中国人民银行关于加强支付结算管理防范电信网络新型违法犯罪有关事项的通知》、302号文《中国人民银行关于落实个人银行账户分类管理制度的通知》，明确银行账户分为Ⅰ、Ⅱ、Ⅲ类，各类账户在资金来源、交易权限及使用场景等方面各不相同。其中，持卡人在每家银行只能开立一个Ⅰ类账户，可开立多个Ⅱ、Ⅲ类账户。电子渠道开立的Ⅱ类账户应通过跨行绑定Ⅰ类账户或信用卡账户远程开立，电子渠道开立的Ⅲ类账户应通过跨行绑定Ⅰ类账户、Ⅱ类账户、Ⅲ类账户或信用卡账户，账户资金主要来源于绑定账户。

Ⅱ、Ⅲ类账户业务发布后，各行积极建立自身的电子渠道业务，但在业务发展过程部分银行形成不同的合作联盟，虽然联盟内开放Ⅱ、Ⅲ类账户跨行合作，但联盟间及未参加联盟的诸多银行却无法合作。尤其是大量的中小型银行无法很好地参与Ⅱ、Ⅲ类账户业务跨行合作中，使得支付产品和业务模式创新无法落地，对广大持卡人服务也带来极大不便。

2017年5月12日，中国银联组织全国性银行代表、城商行代表以及农商行代表在北京共同召开“银行Ⅱ类、Ⅲ类账户互联互通合作启动会议”。银联在会议上公布了“公平、对等、合作、共赢”为原则的Ⅱ、Ⅲ类账户业务互联互通合作机制，同时公布的还有银联Ⅱ、Ⅲ类账户风险保障服务、差错争议解决方案及市场推广计划等一系列配套增值服务，为互联互通合作机制保驾护航。

今后，对于加入银联互联互通合作机制的银行客户，只需在任意一个银行拥有一个Ⅰ类账户，就可在其他银行手机银行、网络银行等各类渠道随时、随地开立Ⅱ、Ⅲ类账户，从而享受更便捷、全面、多样化的金融服务。同时，上述银行客户在账户开立后使用包括银联“云闪付”、银联在线支付等各类银联产品服务时产生的资金损失，银联将通过银行向客户提供每人每年不超过3万元的资金损失赔付服务，确保银行客户支付无忧。

（2）意义和创新。Ⅰ类账户是全功能账户，可以支取现金，开户需要在柜面或自助机具经过银行工作人员现场核验，是银行目前的主要获客方式。Ⅱ、Ⅲ类账户不能支取现金，但该两种账户可以在电子渠道开立账户，也均可绑定包括银联二维码产品在内的银联“云闪付”支付产品，是顺应移动互联网发展趋势的账户。因此，Ⅱ、Ⅲ类账户必然成为银行转型及拓展市场的有力抓手，必然会得到重视。

中国银联作为实现中国银行卡联网通用的卡组织，建立银行Ⅱ、Ⅲ类账户互联互通合作机制，支持跨行开户验证、账户绑定、账户间跨行资金划拨以及开立账户的使用，继续充分发挥出卡组织的转接平台优势。

另外，银联Ⅱ、Ⅲ类账户互联互通合作机制还在诸多方面进行了针对性创新：一是对于参加互联互通合作机制内的银行，无须两两协商，只需按照银联的业务规则、

技术标准和价格标准即可快速实现业务联通，充分发挥卡组织平台型作用。同时，也支持机构间优惠价格两两协商等个性化的需求。二是对于账户互验、资金互通过程中的各种业务风险，银联也制订了专项风险责任界定机制及差错争议解决方案，实现Ⅱ、Ⅲ类账户业务风险责任的快速界定和快速解决。三是对于通过银联网络开立的Ⅱ、Ⅲ类账户，银联还对其在银联网络内的交易损失提供高达3万元/人的风险保障兜底服务。

2. 银行账户2018年新规。为进一步提升客户体验，优化个人银行账户服务，2018年1月19日中国人民银行印发了《关于改进个人银行账户分类管理有关事项的通知》（银发〔2018〕16号，以下简称《通知》）（见图2-5）。《通知》明确个人通过采用数字证书或电子签名等安全可靠验证方式登录电子渠道开立Ⅱ、Ⅲ类户时，如绑定本人本银行Ⅰ类账户或者信用卡账户开立的，且确认个人身份资料或信息未发生变化的，开立Ⅱ、Ⅲ类账户时无须个人填写身份信息、出示身份证件等，在有效落实账户实名制要求的同时，大幅提升开户体验。

《通知》中还放宽了Ⅲ类账户的使用限制。一是非面对面线上开立Ⅲ类账户能够接受非绑定账户入金，以满足个人之间小额收付款、发放红包、与个人支付账户对接、银行或商户小额返现奖励等场景需求。二是Ⅲ类账户余额从1 000元提升为2 000元。三是允许银行向Ⅲ类账户发放本行小额消费贷款并通过Ⅲ类账户还款，鼓励银行基于Ⅲ类账户提供更多元化的产品设计和功能组合。四是将Ⅲ类账户消费和缴费支付、非绑定账户资金转出等出金年累计限额从原10万元下调为5万元，将Ⅲ类账户消费和缴费支付、非绑定账户资金转出等出金的日累计限额从原5 000元下调至2 000元。这样能更好地平衡安全和效率的关系，一方面满足小额支付需求，另一方面符合Ⅲ类账户定位。

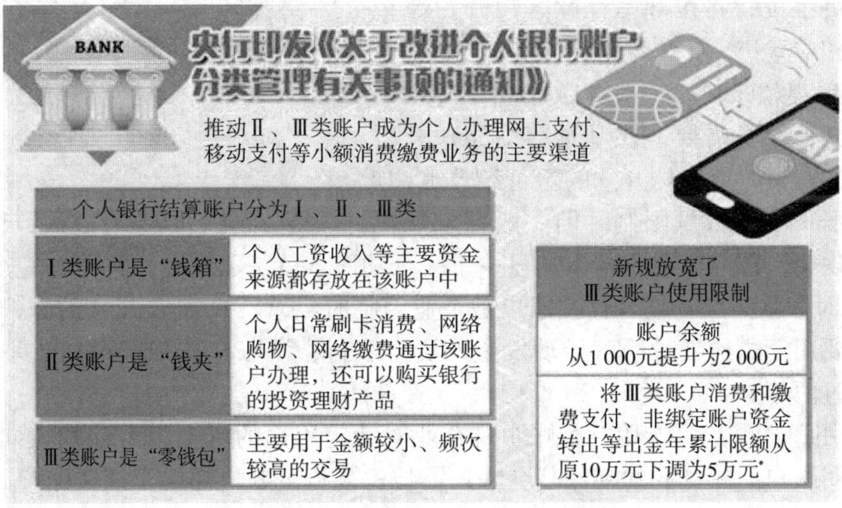

图2-5 银行Ⅲ类账户新规（2018年）

3. 银行账户与支付账户的出入金关系。个人借记卡账户通常被简称为银行账户。而第三方支付账户则被简称为支付账户。现行个人银行账户分类制度对Ⅱ、Ⅲ类账户与支付账户之间的出入金管理作出了较为严格规定，即非面对面线上开立的Ⅱ、Ⅲ类账户可以向支付账户出金，未用完余额可从支付账户退回，但Ⅱ、Ⅲ类账户不能直接从支付账户入金。

主要原因是，支付账户的实名程度相对不高，且支付账户出入金对象不受限，如允许支付账户与线上开立Ⅱ、Ⅲ类账户之间任意转入、转出资金，不利于落实账户实名制，不利于保护绑定Ⅰ类账户以及Ⅱ、Ⅲ类账户资金安全。为落实个人账户实名制，防范风险，《通知》进一步重申将支付账户作为非绑定账户管理，即支付账户不能直接向线上开立的Ⅱ、Ⅲ类账户入金，但允许非绑定账户入金的1个Ⅲ类账户除外。

2.1.3 单位结算账户

（一）企业银行结算账户类型

企业银行结算账户包括四种，即基本存款账户、一般存款账户、专用存款账户和临时存款账户（见图2－6）。

1. 基本存款账户。基本存款账户是存款人办理日常转账结算和现金收付的账户。企业的工资、奖金等现金的支取，只能通过基本存款账户办理。一个企业只能开立一个基本存款账户，其他银行结算账户的开立必须以基本存款账户的开立为前提，凭基本存款账户开户登记证办理相关手续，并在基本存款账户开户登记证上进行相应登记。

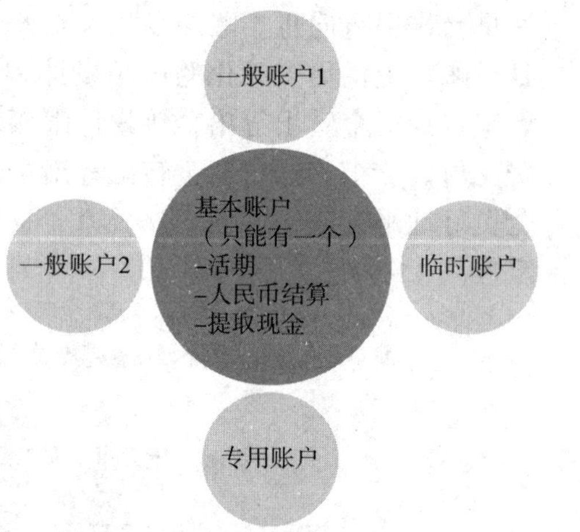

图2－6　企业银行结算账户类型

2. 一般存款账户。一般存款账户是存款人因借款或其他结算需要，在基本存款账户开户银行以外的银行营业机构开立的银行结算账户。一般存款账户不受数量限制。但一般存款账户不能支取现金，即一般户比基本户只少了一个功能，就是取现金，其他的完全一样。

3. 临时存款账户。临时存款账户是企业因临时经营活动需要开立的账户，临时存款账户主要用于机构临时经营活动发生的资金收付，该账户按规定可以支取现金，最长不得超过两年。

4. 专用存款账户。专用存款账户是企业对特定用途的资金，由存款人向开户行出具相应证明账户。如企业的社保基金账户、住房公积金账户都属于该类账户。

（二）2019年新规

为了进一步优化企业开户服务，缩短开户时间，提高企业开户便捷度，提升企业满意度，2019年2月12日，中国人民银行发布《关于取消企业银行账户许可的通知》

（银发〔2019〕41 号），文件明确自 2019 年 2 月 25 日起，在全国范围内分批取消企业银行账户“开户许可”，2019 年底前实现完全取消开户许可证，人民银行不再核发基本存款账户开户许可证。在取消企业银行账户许可地区，办理基本户、临时户采用备案制。

另外，在取消开户许可证的同时，加强企业银行账户管理。即按《人民币银行结算账户管理办法》（中国人民银行令〔2003〕第 5 号），严查企业基本户、临时户的开立、变更、撤销；严厉打击企业多头开户，乱开账户，出租、出借、出售账户行为；始终坚持基本户只能开一个，让匿名账户和假名账户无容身之地。

在功能和具体操作上，企业银行结算账户，自开立之日起就能办理收付款业务。企业每季度最少对账一次，涉及可疑交易报告的账户，银行将按照反洗钱有关规定采取措施，核实违规的，严肃处理。

取消企业银行账户开户许可是不是意味着国家对企业账户的资金转账监管放松了呢？事实上，恰恰相反！对于超限额划款、不合规的公对私转账、用私户发工资、乱用公户等这些行为都要注意了。企业和财务人员需要注意以下这些具体情况：

1. 普通企业账户的大额交易。根据 2017 年 7 月 1 日正式实施的《金融机构大额交易和可疑交易报告管理办法》（中国人民银行令〔2016〕第 3 号）规定有四种交易情况会被重点监管（见图 2－7）。

（1）现金操作：当日单笔或者累计交易人民币 5 万元以上（含 5 万元）、外币等值 1 万美元以上（含 1 万美元）的现金缴存、现金支取、现金结售汇、现钞兑换、现金汇款、现金票据解付及其他形式的现金收支。

图 2－7　四种被重点监管的账户操作

（2）公司转账：非自然人客户银行账户与其他的银行账户发生当日单笔或者累计交易人民币 200 万元以上（含 200 万元）、外币等值 20 万美元以上（含 20 万美元）的款项划转。

（3）境内转账：自然人客户银行账户与其他的银行账户发生当日单笔或者累计交易人民币 50 万元以上（含 50 万元）、外币等值 10 万美元以上（含 10 万美元）的境内款项划转。

（4）跨境转账：自然人客户银行账户与其他的银行账户发生当日单笔或者累计交易人民币 20 万元以上（含 20 万元）、外币等值 1 万美元以上（含 1 万美元）的跨境款项划转。

2. 非银行支付机构账户的大额交易。在关注企业大额交易的同时，根据《中国人民银行关于非银行支付机构开展大额交易报告工作有关要求的通知》（银发〔2018〕125 号），自 2019 年 1 月 1 日起，非银行支付机构也要提交大额交易报告。也就是说，通过微信、支付宝等第三方支付机构转账出现大额交易和可疑交易也将受到严查。

3. 其他注意事项

(1) 并非所有单位开立基本户都取消了“开户许可证”的核发。目前，只针对企业客户（企业法人、非企业法人、个体工商户）取消单位基本账户开户许可证核发，其他单位暂时还按现行规定执行。

(2) 暂不允许网上开立企业基本存款账户，开户时需面签法定代表人或单位负责人。

取消了“单位基本账户开户许可证”核发，开立一般户等需要用到“单位基本账户开户许可证”的银行业务时，银行会提供“基本存款账户编号”，该编号可代替原基本存款账户核准号使用。

2.1.4 结算账户转账

一般来说，公司账户的资金是不可以随意转账到个人账户的。主要有以下几点考虑：

1. 防止挪用公款。公司账户的资金往来一般是有会计账务记录有据可查的，而若是转到个人的私人账户，就难以区分该笔款项是公用还是私用，所以要求单位账户和个人账户的资金分开处理。例如曾经发生过某公司财务人员挪用巨额公款到个人账户中打赏平台主播的案件。根据法律规定，公司的资金必须要受到监管，不可挪作私用，一旦发现有挪用公款的行为，严重的会被判刑入狱。

2. 防止偷税漏税。如果直接从单位账户转账到个人账户，这部分款项就没有缴税，属于偷税漏税。例如某公司的股东将公司的营业收入1 000万元直接转入个人账户，而没有将公司的营业收入转入公司的账户，那么偷逃的税款有：1 000万元的货款需要缴纳170万元的增值税，还有1 000万元需要缴纳1 000×25% =250万元的企业所得税。

3. 防止洗钱交易。一旦个人账户大额收款累积次数过多，就会被银行列为重点监控对象，被排查是否存在洗钱的可能。被列入重点监控的不仅仅是金额大的交易，如果一年内收款次数频繁，也会被监控。根据大额支付交易的规定：根据中国人民银行《金融机构大额交易和可疑交易报告管理办法》的有关规定，自然人与法人银行账户之间单笔或者当日累计人民币50万元以上或者外币等值10万美元以上的款项划转，且自然人客户短期内频繁收取法人的汇款，即属于大额可疑交易，银行将向企业要求出示证明文件。因此从公司账户转到个人账户上需要满足一定的条件，遵循一定的规则。

从单位的结算账户中划转资金到个人的结算账户中，必须遵循《办法》，只有符合《办法》第三十九条、第四十条、第四十一条的规定，才可以顺利转入个人结算账户。

1.《办法》第三十九条。个人银行结算账户用于办理个人转账收付和现金存取。下列款项可以转入个人银行结算账户：

(1) 工资、奖金收入。

(2) 稿费、演出费等劳务收入。

（3）债券、期货、信托等投资的本金和收益。

（4）个人债权或产权转让收益。

（5）个人贷款转存。

（6）证券交易结算资金和期货交易保证金。

（7）继承、赠予款项。

（8）保险理赔、保费退还等款项。

（9）纳税退还。

（10）农、副、矿产品销售收入。

（11）其他合法款项。

2.《办法》第四十条。单位从其银行结算账户支付给个人银行结算账户的款项，每笔超过5万元的，应向其开户银行提供下列付款依据：

（1）代发工资协议和收款人清单。

（2）奖励证明。

（3）新闻出版、演出主办等单位与收款人签订的劳务合同或支付给个人款项的证明。

（4）证券公司、期货公司、信托投资公司、奖券发行或承销部门支付或退还给自然人款项的证明。

（5）债权或产权转让协议。

（6）借款合同。

（7）保险公司的证明。

（8）税收征管部门的证明。

（9）农、副、矿产品购销合同。

（10）其他合法款项的证明。

例如，甲公司从乙个人（偶然发生业务）购入货物一批，取得增值税发票，价税合计117 000元，甲公司单位银行账户转账至乙个人银行账户。甲公司支付时须向其开户银行提供农、副、矿产品购销合同，违反规定的可给予警告并处以5 000元以上3万元以下的罚款。

从单位银行结算账户支付给个人银行结算账户的款项应纳税的，税收代扣单位付款时应向其开户银行提供完税证明。

3.《办法》第四十一条。有下列情形之一的，个人应出具本办法第四十条规定的有关收款依据。

（1）个人持出票人为单位的支票向开户银行委托收款，将款项转入其个人银行结算账户的。

（2）个人持申请人为单位的银行汇票和银行本票向开户银行提示付款，将款项转入其个人银行结算账户的。

注意到人民银行在2007年又发布了《关于改进个人支付结算服务的通知》，简化了从单位银行结算账户向个人结算账户支付款项的手续。从单位银行结算账户向个人银行结算账户支付款项单笔超过5万元人民币时，付款单位若在付款用途栏或备注栏注明事由，可不再另行出具付款依据，但付款单位应对支付款项事由的真实性、合法性负责。

那么有哪些渠道可以进行企业账户对个人账户的转款操作呢？可以分几种情况来进行讨论。

1. 如果收款个人只是这家企业聘请担任的法定代表人，并不是该企业的实际控制人，那么他是无权转出公司账户资金的，如果私下转了，那么就涉嫌“职务侵占罪”①，公司的股东可以对他提起诉讼。

2. 如果收款个人是企业的实际控制人，要想把公司的资金转移到个人账户上，有三种方式：

（1）分红：由于公司每年经营的利润是可以进行分配的，只是分红是需要缴纳20%的个人所得税的，假如公司账户上要转500万元到实控人个人账户，则扣除税金后个人账户中只收入400万元。

（2）工资：企业的实际控制人有在公司任职的，那么是可以给自己发工资的，发工资其实也等于变相将公司的钱转到个人的账户上，但是同样地，发工资也必须要缴纳个人所得税。目前我国的工资个税免征额为5 000元。

（3）暂借款：股东可以通过向公司临时暂借资金用于自己的所需，但是暂借款是必须要有利息的，所以个人可以通过暂借的手续将公司的资金转到自己的卡上，但是要在规定的时间内归还到公司账户并支付相应的利息，因为公司出借款项获得的利息是需要纳税的，如果只是原金额转出转入，而存银行的利息却个人拿了，那么就属于侵占公司利益，而公司也存在偷税漏税的行为，会受到税务部门的处罚。

所以公司的实收资本不要盲目扩大，假如1 000万元投入公司之后，后悔该项出资，想要取回，扣除税款后就不再是1 000万元了。如果不按规定私自转出，那么就存在抽逃资金的嫌疑，金额足够大的还会涉及“抽逃出资罪”②。

由于我国的公司都是承担有限责任的公司，一旦公司破产倒闭，股东只需要承担出资额的有限责任（比如股东出资100万元设立一家公司，后来经营不善，公司倒闭破产欠了1000万元，那么股东只需要还100万元就可以了），如果说公司的资金可以随意转到个人账户上，那么就会出现一些人将企业的各种盈利转移到个人账户上，最后欠下巨款然后故意让公司破产，损失的也仅仅是出资额而已。为了防止这种情况，按照我国《公司法》的规定，公司的钱与控股人的钱是各自独立的，两者不能混合在一起。现实中只要公司倒闭后被发现公私账目混乱的，企业主都是要承担无限连带责任的，也就是公司欠的债企业主全部都要还。

2.1.5 银行账户总体情况

根据中国人民银行《2019年第一季度支付体系运行总体情况》的数据，截至2019

---

① 职务侵占罪，是指公司、企业或者其他单位的人员，利用职务上的便利，将本单位财物非法占为己有。

② 抽逃出资罪：是指公司发起人、股东违反公司法的规定，在公司成立后又抽逃其出资，数额巨大、后果严重或者有其他严重情节的行为。

年 3 月全国共有人民币银行结算账户 104.57 亿户。其中，单位银行结算账户 6288.75 万户，占银行结算账户的 0.6%；个人银行结算账户 103.94 亿户，占银行结算账户的 99.4%。根据数据，个人银行结算账户人均拥有量达到 7.45 户，即我国每人平均拥有 7 个银行账户。

在全国单位银行结算账户 6 288.75 万户之中，基本存款账户 4 464.65 万户，一般存款账户 1 443.44 万户，专用存款账户 362.14 万户，临时存款账户 18.52 万户，分别占单位银行结算账户总量的 70.99%、22.95%、5.76%和 0.29%。

2.2 人民银行账户结构

商业银行在人民银行开设的账户在支付交易的清算和结算中起着十分重要的作用。商业银行在人民银行的开户原则是它的每一级机构都在同一级人民银行的分支行开设账户，在通常情况下，各商业银行之间互相不开设账户，一家商业银行内各分支机构之间也不相互开立账户。商业银行的总行主要作为该银行系统的行政管理中心而发挥作用，而其每一级分支行，却像一家单独的实体以半自治的方式在运作。从商业银行在人民银行开设的账户的管理方式，可以更清楚地理解其各分支行的半自治特点。

不难看出，各商业银行在中央银行的账户开设和管理是高度分散式的。牢记这一点，对于理解中国支付系统的现状是十分有帮助的。每一家商业银行的主要分支机构在相应的人民银行分支行开设三个账户：

- 储备金账户：储备金是封存资金，不允许用于资金清算，通常对城市分行每 20 天调整一次，对农村的分行机构一个月调整一次。
- 备付金账户：用于支付清算和结算的、商业银行的缴存款。目标是吸收存款的 5% ~7%。
- 贷款账户：登记由其总行分配的人民银行给该分支机构的贷款。

支付交易的结算是通过备付金账户余额转账而实现的。因为在同一级商业银行、分行之间或人民银行各分行之间不开设账户，所以支付结算通常需要把资金转到上一级人民银行分行。

账户开设、管理方式和商业银行各分支机构的半自治运营特点，决定了在中国目前的情况下，所谓跨行支付结算实际上是跨分支行间的支付结算。

2.3 支付操作

2.3.1 记账

对于账户的操作要进行记录，记录的方法称为记账方法。复式记账法是指对每一笔经济业务都要以相等的金额，同时在两个或两个以上相互联系的会计账户中进行登记的记账方法。

复式记账法的种类有借贷记账法、收付记账法、增减记账法等。1993 年 7 月 1 日开始实施的《企业会计准则》规定，企业记账必须采用借贷记账法。记账凭证如图 2－8所示。借贷记账法的好处是不但反映数量上的增减变化，而且还记录某一具体经济事项的来龙去脉。“贷”字表示资金运动的“起点”（出发点），即表示会计主体所拥有的资金（某一具体财产物资的货币表现）的“来龙”（资金从哪里来）；“借”字表示资金运动的“驻点”（短暂停留点，因资金运动在理论上没有终点），即表示会计主体所拥有的资金的“去脉”（资金的用途、去向或存在形态）。

借记和贷记的原则视会计账户的类型而定（见图 2－9）。资产类账户，借方登记增加数，贷方登记减少数；负债类账户，借方登记减少数，贷方登记增加数，与资产类账户相反。例如，供应商送来 100 元材料，正确的记账应该是：借：原材料，贷：应付账款。

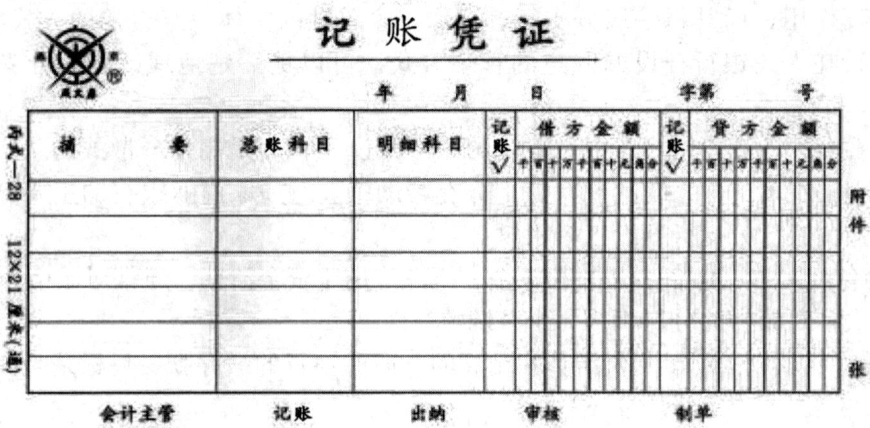

图 2－8　记账凭证

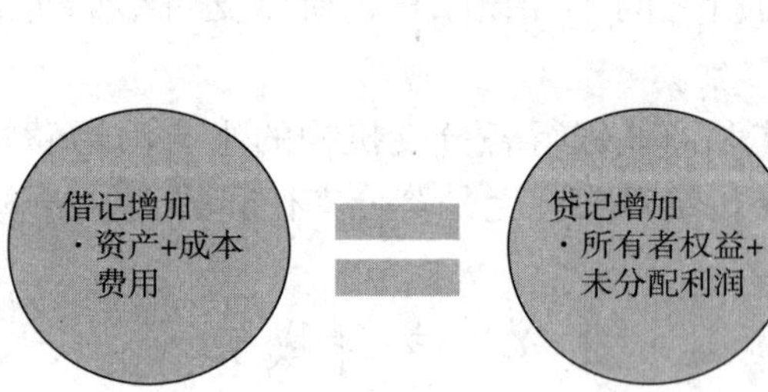

图 2－9　会计借贷记账法

同样是银行存款账，企业和银行记账的方向正好相反。因为对于企业而言，银行存款是企业的一种资产，企业可以自由支配和使用。所以企业记账时，银行存款增加，应该记借方。对于银行而言，企业存款是一种负债，银行要随时准备支付给企业资金。所以银行记账时，企业存款增加，要记贷方。即银行的处理就是“借：存放中央银行款项等 贷：吸收存款——××企业存款户”，这里的存放中央银行款项科目就相当于企业的银行存款。

再看银行发放给企业贷款时的记账，银行的资产科目“贷款”增加，“存放中央银行款项”减少所以分录为：借：贷款——本金　贷：存放中央银行款项

2.3.2　清算和结算

账户的状态可以分为动态和静态两种。账户的动态即主要指其交易记录，每笔交易记录都记载了其变动的时间和内容轨迹。账户的静态即主要指其账户余额，即当前时点下的账户数值。动态的支付交易时刻刷新着账户的静态余额。

每次支付都代表着一次交易的进行，在多次支付过程中，账户发生多笔交易，有借有贷，那么需要对其多笔交易进行汇总计算以反映账户的状态。这样的汇总计算操作可以理解为结算。以中国的银行系统为例，简单地说结算就是某银行系统内的一种账务结算，它只限于本系统。

而清算则是相对于本系统或者是为本系统服务的相关机构，通常它是介于两个独立结算系统之外的第三方有偿清算服务。比如说工、农、中、建这四大银行就具有独立结算的系统，而怎么通过一个中介机构来把各家的结算业务连接起来呢？中国人民银行清算中心担任了这一重要的角色。

结算是指银行对自己所有账户（对公和个人）进行的核算业务，包括现金存取、转账收付、汇兑业务、中间业务、代理业务，存款、贷款、票据业务等；而清算业务是指银行间的资金结算业务，一般为联行业务。简单地说，结算是指对自己所有客户账户（对公和个人）进行的核算业务，清算业务是指银行间的结算业务。

一般而言，支付活动的过程包括交易、清算和结算。其中，清算和结算均是清偿收付双方债权债务关系的过程及手段。在支付活动中，同行内账户资金往来直接结算便可，而涉及不同行之间账户资金往来的，则需先清算再结算。

2.3.3　清分轧差

支付从表象上来看，带来的是个人或者组织的账户上货币数量上的变化。当然要正确地实现这样的变化，还需要一系列的流程、工具和系统的保障。在支付系统中，非现金支付的全过程包括三种处理，即支付（Payment）、清分轧差（Clearing）和清算（Settlement）。清分轧差是指收、付款银行交换支付信息，把支付指令按接收行进行分类，并计算借、贷方差额的过程，为最终清算做准备。

【小知识】 轧差

轧差有多种形式，是用来控制双边信用风险最常见的方法之一，包括支付轧差（Payment Netting）、出清轧差（Closeout Netting）、跨产品轧差（Cross – Product Netting）等多种形式。

支付轧差：指通过降低必须支付的金额来降低信用风险。如果支付到期，A欠B的金额大于B欠A的金额，A向B支付所欠金额之差。

举例来说，如果A欠B 10万元，B欠A 4万元，则A对B的净欠额为6万元。没有轧差，A需向B支付10万元，而B需要向A支付4万元。假设B在向A支付4万元的过程中没有意识到A会违约，如果A已经得到B支付的4万元，则B可能无法收回其10万元，那么其信用损失将大于轧差后的6万元。

2.4 其他支付账户

2.4.1 虚拟账户

（一）概念和功能

从账户操作角度，电子商务的线上支付分为两种：网银支付（也可称为网关支付）和第三方支付（也可称为虚拟账户支付）。网关支付就是把各个银行网银入口集中到商户网站，这样消费者就可以直接使用银行网银对线上消费进行支付。而虚拟账户支付则是由消费者在第三方支付机构开设虚拟账户（如支付宝、财付通），并用虚拟账户内的资金进行支付。

目前人民银行要求第三方支付机构必须通过虚拟账户进行网络支付才能获得网络支付牌照。虚拟账户通常是指在第三方支付平台系统中所设立的账户。网络支付平台为交易双方开立账户，同时与商业银行建立起支付网关，第三方支付平台通过自己的后台系统处理网上支付指令，并且与银行进行最终的资金处理。

国内第三方支付机构的虚拟账户功能，实际上分为两种，一种是少数如支付宝一样，介入清算功能；另一种是停留在支付发起的交易环节，而把清算后续环节留给了其他组织，如拉卡拉与银联的合作。

（二）虚拟账户的优势

虚拟账户的优势在于：（1）方便快捷。不需要转接到银行网银页面，输入账户、密码等（支付宝仅需要输入一次支付宝密码就可完成支付）。（2）经济。虚拟账户之间的支付转账不需要银联转接，几乎无成本，而且由于规模大，虚拟账户与银行的交易费用也低于普通水平。

（三）虚拟账户与银行账户的关系

第三方支付成立的虚拟账户（如支付宝等），必须在银行成立一个总的备付金账户。虚拟账户的资金统一在这个备付金账户中处理。备付金账户中的沉淀资金有两类：第一类是待清算资金（如利用支付水、电、煤气费用、还信用卡和银行卡转账），这类资金由于通过银行代付周期一般在一天以上，因此这些资金在被划走前会沉淀在备付金账户；第二类是账户信用托管资金（如淘宝购物），由于第三方支付的一大功能是信用中介，因此顾客在网上购物“付款”后，资金首先被划拨到支付平台的信用托管资金账户，当顾客收到货物再主动或者被动确认付款。备付金账户的利息收入主要来自于第二类，这是因为第一类资金的沉淀周期太短，因此收入贡献度低。

2.4.2　银联账户

在中国，银联是具有特殊地位的国有金融企业，其股东已囊括主要国有银行、股份制银行和城商行。目前，中国境内的银行卡清算市场只有中国银联唯一一个经营主体，央行规定所有的银行卡支付跨行清算均需通过银联网络进行。所以对银联账户体系的了解，对于深刻理解远程支付的各个方面都是非常重要和有帮助的。

（一）银联的备付金账户

国内互联网第三方支付平台前三甲分别是：支付宝、财付通和银联，它们占到市场份额的90%以上。支付宝和财付通的备付金管理模式一致，但银联有所不同。由于银联的备付金账户设在人民银行而非商业银行，因此其备付金账户的资金是得不到利息收入的。银联的盈利模式主要依靠交易手续费。

（二）银联的清算结算

如图2－10所示，银联境内清算的清算账户均开立在人民银行，跨境业务的清算账户开立在代理清算银行（中国银行和汇丰银行）。银联在人民银行开立的清算账户从本质上说应属于备付金账户；而商业银行在人民银行开立的清算账户分准备金账户和备付金账户。

银联在境内的跨行清算通过人民银行的大额支付清算系统完成资金划拨，银联可以主动借记或贷记成员机构的清算账户。境外的跨行清算通过银联代理清算银行，通过银行与银行直接的结算汇兑系统完成，但目前只能实现贷记结算（在大额支付清算系统中还享有借记特权的只有国债登记公司，而且其借记操作还须有国债作抵押）。

银联在境内的收单清算可以通过人民银行的小额支付清算系统完成资金划拨，部分银联分公司仍保留通过当地人民银行票据交换系统完成资金划拨的方式，但均只能实现贷记结算。

银联清算系统的清算对象是成员机构、第三方机构和直联商户。

清算的对账是用来检验清算结果是否正确的操作。清算一般分为自主清算与非自主清算。简言之，自主清算就是以我为主的清算，非自主清算就是不以我为主的清算。境内的跨行清算和收单清算均采用自主清算，其相应的对账方式是先以银联清分结果为准，先行办理资金划拨，然后成员机构、第三方机构或商户再根据银联的对账文件，比对本身的交易明细，如果有错误就通过差错方式处置。外卡收单清算及部分跨境业务均采用非自主清算。

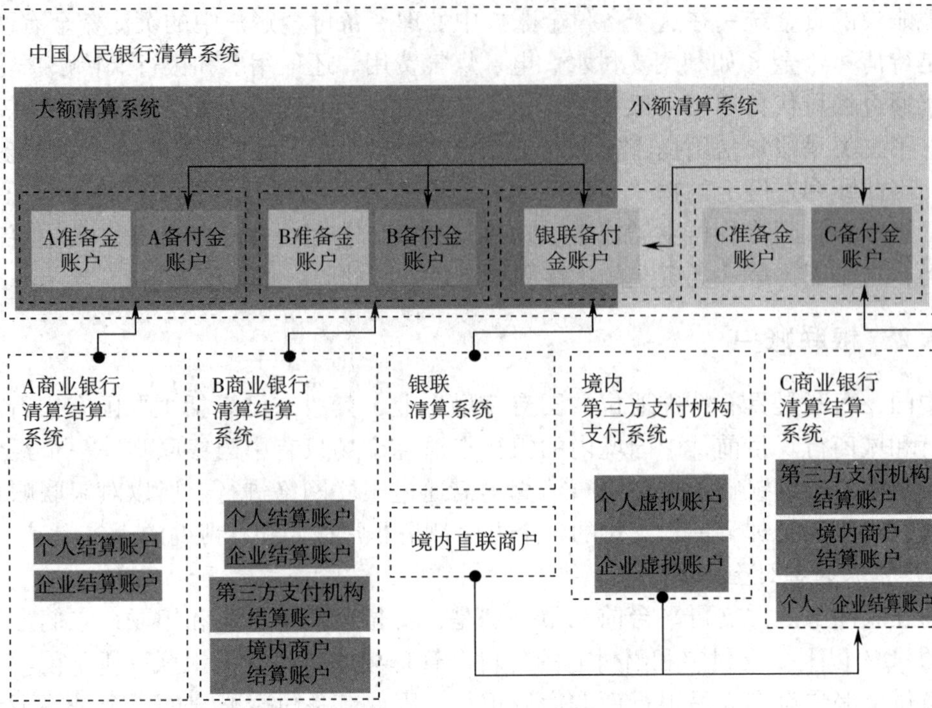

图 2－10 银联清算系统

本章小结

本章主要介绍了支付中银行账户的基本概念。非现金支付通常都离不开账户的概念，账户是支付中核心而基本的要素。本章围绕银行账户的设立，对于支付的参与者，比照法律条文进行了详细讲解。同时还对结算账户的定义以及与其他账户类型的区别进行了辨析，并进一步对个人结算账户和单位结算账户作了详尽的解释和分析。

想一想、练一练

◎ 思考题

1. 什么是对公账户？它又分为哪几类，各有何特点？
2. 例如企业存款 50 万元到银行，银行的借贷记账是怎样的？
3. 试谈谈清算和结算的区别。
4. 什么是清分轧差？
5. 试论述虚拟账户与银行账户的关系。

◎ 实训题

1. 调查并总结要设立一家公司的银行结算账户的步骤及注意要点。
2. 查阅资料，总结个体工商户和一般公司的基本账户的管理要求有什么区别。

第3章

支付清算体系

知识要点

✓ 支付清算体系整体概念
✓ 人民银行中国现代化支付系统
✓ 人民银行第二代支付系统特点
✓ 银行卡支付流程系统结构特点

案例导读

广东华兴银行铺就现代化支付系统“高速路”

2011年2月，“汕头市商业银行”重组为“广东华兴银行股份有限公司”的方案经中国银行业监督管理委员会批准，由华兴银行筹备组和侨鑫集团有限公司、哈尔滨银行股份有限公司等发起人投资筹建华兴银行，注册资本为人民币50亿元。

经人民银行统一部署，广东华兴银行现代化支付系统于2012年3月26日成功上线运行。这标志着广东华兴银行支付结算渠道得到进一步拓宽，使跨行的资金汇划真正实现“零在途”，迈入支付结算的“高速路”。这将极大地方便客户办理资金划转业务，支付结算水平迈上新台阶。

现代化支付系统的上线运行进一步丰富了华兴银行的支付结算渠道，突破落后技术和传统业务处理方式，使客户资金在途延滞的瓶颈制约得到解决，最终使每笔支付业务不到60秒即可到账，实现全国支付清算的每日零在途。现代化支付系统中的大小额支付能够提供多种支付工具，大力推动华兴跨境人民币交易、银行汇票、银行承兑汇票等业务的开办，从而有效解决通汇难、结算难、结算工具单一的问题。

3.1 支付清算体系概述

支付清算体系是一个国家的金融基础设施，由央行主导，大体可以分为“结算—清算”二级制的支付体系。银行与商户、消费者之间为结算关系，由银行、非金融支付公司等向客户提供服务，也就是所谓的支付业务。银行之间构成清算关系，其实就是对跨行交易而产生的银行间债务债权进行定期净轧（比如每日），从而结清债务债权。两个层次交易完成后，支付环节才算完成。清算银行自身接入清算系统，非金融支付公司则以自己开户的备付金托管行代理，接入清算系统。

3.1.1 中国人民银行的支付清算职责

《中国人民银行法》规定了中国人民银行对清算的义务和责任：其一，中国人民银行应当组织或者协助组织银行业金融机构相互之间的清算系统，协调银行业金融机构相互之间的清算事项，提供清算服务，具体办法由中国人民银行制定。其二，中国人民银行会同中国银行保险监督管理机构（银保监会）制定支付结算规则。

随着我国社会经济的快速发展，金融改革继续深入，金融市场日益完善，支付方式不断创新，这对央行的支付清算服务提出了许多新的、更高的要求。对此，人民银行按照我国支付清算需要自主开发建设了能够高效、安全处理各银行办理的异地、同城各种支付业务及其资金清算和货币市场交易的资金清算的应用系统，即现代化支付系统。它是各银行和货币市场的公共支付清算平台。前央行支付结算司司长欧阳卫民在《“十一五”时期中国现代化支付体系基本建成》中曾表示“支付系统是一国社会经济发展最核心的金融基础设施之一”。

3.1.2 体系概况

2019 年第一季度支付业务统计数据

2019 年第一季度，支付系统共处理支付业务 1 070. 58 亿笔，金额 1 648. 15 万亿元，2019 年第一季度中国的 GDP 总量达到 21. 34 万亿元，支付业务金额是该季度全国 GDP 总量的 77. 22 倍。

（一）人民银行支付系统

第一季度，人民银行支付系统共处理支付业务 38. 90 亿笔，金额 1 243. 72 万亿元，同比分别增长 13. 36% 和 18. 15%，分别占支付系统业务笔数和金额的 3. 63% 和 75. 46%。日均处理业务 4 513. 94 万笔，金额 20. 52 万亿元。

大额实时支付系统业务量稳步增长。第一季度，大额实时支付系统处理业务 2. 67 亿笔，金额 1 180. 02 万亿元，同比分别增长 6. 29% 和 18. 95%。日均处理业务444.49万笔，金额19.67万亿元。

小额批量支付系统业务金额大幅增长。第一季度，小额批量支付系统处理业务5.51亿笔，金额12.74万亿元，同比分别增长10.36%和65.24%。日均处理业务612.70万笔，金额1 415.84亿元。

网上支付跨行清算系统业务量增速放缓。第一季度，网上支付跨行清算系统处理业务29.94亿笔，金额24.05万亿元，同比分别增长14.96%和20.32%。日均处理业务3 326.72万笔，金额2 672.73亿元。

同城清算系统（包括同城票据交换系统和同城电子清算系统）业务金额保持下降趋势。第一季度，同城清算系统处理业务7 751.54万笔，金额24.81万亿元，笔数同比增长1.62%，金额同比下降19.92%。日均处理业务129.19万笔，金额4 134.81亿元。

境内外币支付系统业务笔数小幅下降。第一季度，境内外币支付系统处理业务50.36万笔，金额3 111.33亿美元（折合人民币约为2.10万亿元），笔数同比下降4.99%，金额同比增长0.41%；日均处理业务8 393.18笔，金额51.86亿美元（折合人民币约为349.17亿元）。

（二）其他支付系统

银行业金融机构行内系统业务量有所下降。第一季度，银行业金融机构行内支付系统处理业务43.33亿笔，金额302.87万亿元，同比分别下降47.52%和10.49%。日均处理业务4 814.42万笔，金额3.37万亿元。

银行卡跨行支付系统业务笔数大幅增长。第一季度，银行卡跨行支付系统处理业务227.99亿笔，金额38.27万亿元，同比分别增长283.32%和40.69%。日均处理业务2.53亿笔，金额4 251.81亿元。

城市商业银行汇票处理系统和支付清算系统业务笔数降幅较大。第一季度，城市商业银行汇票处理系统和支付清算系统处理业务103.04万笔，金额1 561.89亿元，同比分别下降92.80%和0.91%。日均处理业务1.14万笔，金额17.35亿元。

农信银支付清算系统业务量大幅下降。第一季度，农信银支付清算系统处理业务2.20亿笔，金额7 901.28亿元，同比分别下降83.17%和57.18%。日均处理业务243.97万笔，金额87.79亿元。

人民币跨境支付系统业务量持续增长。第一季度，人民币跨境支付系统处理业务38.78万笔，金额7.62万亿元，同比分别增长17.97%和39.76%。日均处理业务6 462.80笔，金额1 270.13亿元。

网联平台运行平稳。第一季度，网联平台处理业务758.15亿笔，金额54.72万亿元。日均处理业务8.42亿笔，金额6 079.60亿元。

从以上数据可以大致了解我国支付清算体系的格局是由中国人民银行主导的，已形成以中国现代化支付系统为核心，商业银行行内系统为基础，票据交换系统和银行卡支付系统并存，支撑多种支付工具的应用并满足社会各种经济活动支付需要的结构。

中国银行业现代支付系统主要包含七大部分（见图3－1）：人民银行支付系统、银行卡跨行支付系统、银行业金融机构内支付系统、城市商业银行资金清算系统和农信银支付清算系统、人民币跨境支付系统、网联清算系统。其中人民银行支付系统又主要由六部分构成，包含大额实时支付系统、小额批量支付系统、网上支付跨行清算系统、境内外币支付系统、同城清算系统、全国支票影像交换系统等。

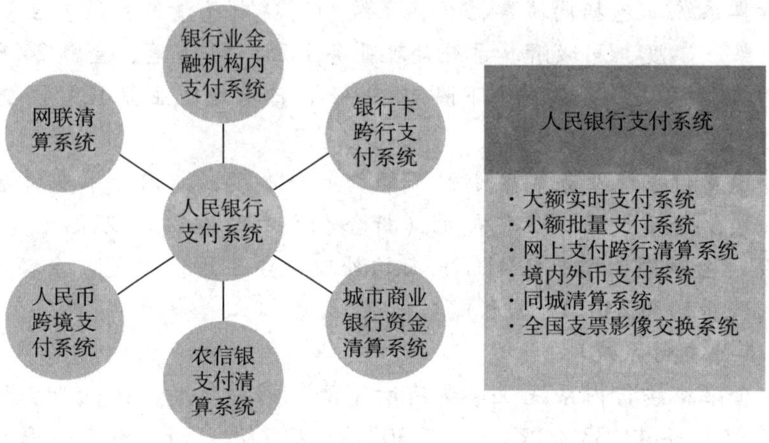

图3－1　中国银行业现代支付系统结构

3.2　人民银行支付系统

3.2.1　中国现代化支付系统（CNAPS）概述

中国现代化支付系统（China National Advanced Payment System，CNAPS）是中国人民银行按照我国支付清算需要，利用现代化计算机技术和通信网络开发建设的，能够高效、安全处理各银行办理的异地、同城各种支付业务及其资金清算和货币市场交易资金清算的应用系统。现包括大额实时支付系统（HVPS）、小额批量支付系统（BEPS）、全国支票影像交换系统（CIS）、电子商业汇票系统（ECDS）、境内外币支付系统（CFXPS）、网上支付跨行清算系统（IBPS，即超级网银）六个业务应用系统。

中国现代化支付系统主要提供商业银行之间跨行的支付清算服务，是为商业银行之间和商业银行与中国人民银行之间的支付业务提供最终资金清算的系统，是各商业银行电子汇兑系统资金清算的枢纽系统，是连接国内外银行重要的桥梁，也是金融市场的核心支持系统。

中国现代化支付系统是集金融支付、支付资金清算、金融经营管理和货币职能于一体的现代化支付清算系统，它将商业银行为客户提供金融服务的下层支付服务系统与中央银行为商业银行提供支付资金清算服务的上层服务系统通过中国国家金融网络（China National Financial Network，CNFN）有机地结合在一起。它是适合我国国情的、综合的、安全的金融服务系统，是我国全面实现金融电子化的奠基石。

中国现代化支付系统第二代（The 2nd Generation of China National Advanced Payment System，CNAPS2）已于2013年10月上线。

3.2.2 CNAPS 层级

中国现代化支付系统（CNAPS）以CNFN的三级网络为物理承载，采用以国家处理中心（National Processing Center，NPC）为核心，以城市处理中心（City Clearing Processing Center，CCPC）为接入点的两层应用结构。各政策性银行、商业银行的分支行可以与当地的支付系统城市处理中心连接，也可以由其总行通过所在地城市处理中心集中接入支付系统，商业银行下属各分支机构通过各商业银行的行内系统连接中国现代化支付系统处理支付业务。目前，中国现代化支付系统业务覆盖全国所有省、自治区和直辖市，连接中国境内办理结算业务的各银行金融机构、香港和澳门人民币清算行以及中央债券登记结算公司、中国银联、中国外汇交易中心、全国银行同业拆借中心和城市商业银行汇票处理中心，提供实时全额资金清算服务、净额资金清算服务、支付管理信息服务。

从账户登记和管理的角度来看，我国的金融账户体系结构框图如图3-2所示。各商业银行对应自己的三个层级，分别在CNAPS相应的三个层次开设账户。同时CNAPS也接纳政府经济管理部门以及其他金融机构的账户。这样的结构和设置有利于资金的监管和结算。

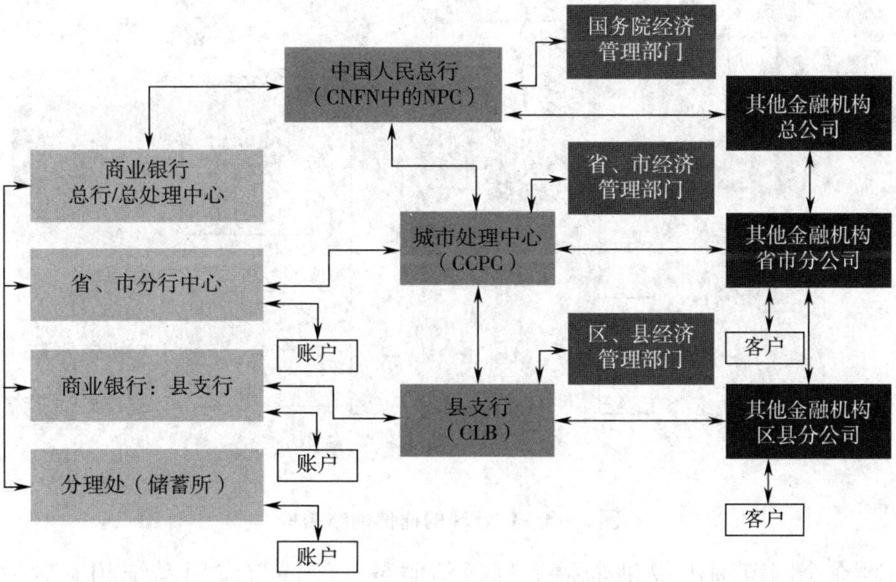

图3-2 我国的金融账户体系结构

3.2.3 CNFN

中国国家金融网络（CNFN）是使中央银行、各商业银行和其他金融机构有机连接在一起的全国性的计算机网络系统。我国的金融机构通过该系统可连接全国各领域成千上万个企事业信息系统。从而为广大的客户提供全面的支付服务和金融信息服务。如图3－3所示，CNFN在北京和无锡分设两个国家处理中心（National Processing Center，NPC）。这两个NPC有同样的结构和处理能力，且互为备份。NPC也称主站。两个NPC之间由SCPC（单路单载波）高速卫星线路（通信速率为512～2 048Kbps）和地面高速E1线路（2.048Mbps）相连。在正常工作情况下，由主用NPC（北京主站）控制、管理全网。一旦发生灾难，备用NPC（无锡主站）就接管瘫痪了的主用NPC的所有业务。CNFN网络分为二级三层。网络的三层节点中，一级节点是国家处理中心（NPC），二级节点是城市处理中心（City Clearing Processing Center，CCPC），三级节点是中国人民银行县支行处理节点（Country Level Bank，CLB）。三级节点组成了二层网络。NPC与600个CPC，构成国家级主干网络；CPC与CLB构成区域网络。国家级主干网以中国人民银行的卫星通信网为主体，以中国金融数据地面通信骨干网和邮电部门的公用数据通信DDN为辅助信道。各商业银行总行采用DDN线路与NPC连接。

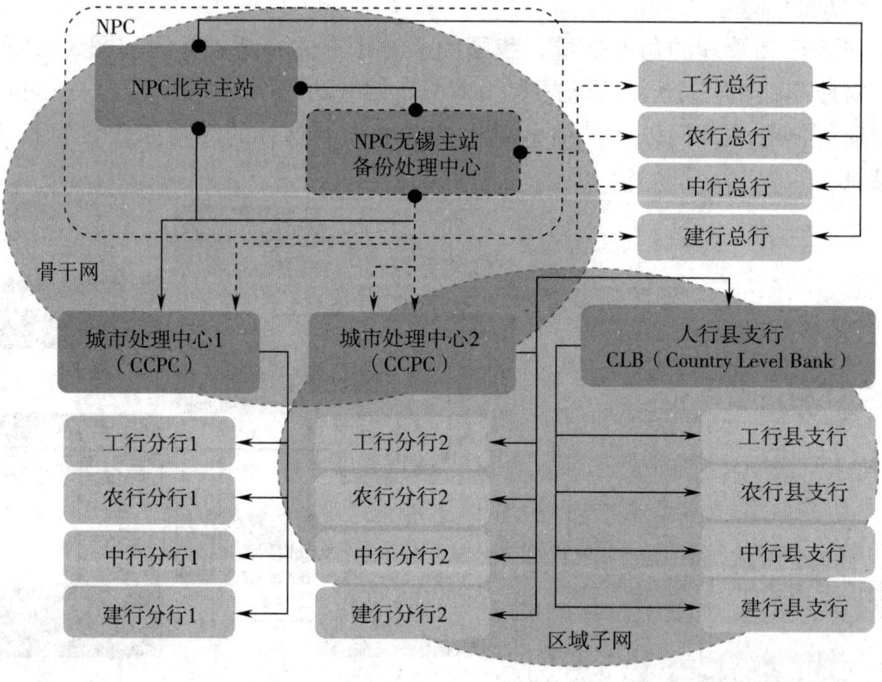

图3－3 CNFN的通信网络结构

CNFN在全国范围内提供金融信息通信服务，保持与应用系统相互独立。建成CNFN之后，中国的整个金融网络就主要由CNFN（包括中国金融卫星通信网和中国金融数据地面通信骨干网）、各商业银行的全国数据通信网、保险公司等其他金融机构的全国数据通信网等系统构成。

3.2.4 第二代 CNAPS 的组成

（一）大额实时支付系统

大额支付系统（High Value Payment System，HVPS）由人民银行拥有和运行，是所有其他支付应用系统的核心，采用实时金额结算（Real Time Gross Settlement，RTGS）方式，支付指令逐笔实时发送，资金全额结算，为跨行资金转账、金融市场、证券市场、外汇市场提供当日资金结算。也为小额支付系统、同城清算所、银行卡网络以及商业银行电子汇兑系统提供日终净额结算。系统于 2005 年中完成全国推广，大额支付系统连接着境内办理人民币结算业务的中、外资银行业金融机构，香港、澳门人民币清算行等，拥有 1 600 多个直接参与机构，9 万多个间接参与机构，日均处理业务 110 多万笔，资金超过 3.2 万亿元。每笔业务实时到账，其功能和效率达到国际先进水平。

【小知识】　净额结算、全额结算与实时全额结算 RTGS

净额结算指结算机构以结算参与人为单位，对其买入和卖出交易的余额进行轧差，以轧差得到的净额组织结算参与人进行交收的制度。净额结算又可以分为双边净额结算和多边净额结算两种形式。双边净额结算是指结算机构对交易双方之间达成的全部交易的余额进行轧差，交易双方按照轧差得到的净额进行交收的结算方式。这种结算方式下，交易对手就是交收对手。多边净额结算是指结算机构介入交易双方的交易关系中，成为“所有买方的卖方”和“所有卖方的买方”，然后以结算参与人为单位对其达成的所有交易的应收应付资金予以冲抵轧差，每个结算参与人根据轧差所得净额与结算机构这一个交收对手进行交收的结算方式。多边净额结算模式的优点是提高结算效率，但加大了结算机构的风险。

全额结算（Gross Settlement）支付系统对各金融机构的每笔转账业务进行一一对应结算，而不是在指定时点进行总的借、贷方净额结算。

按结算发生时间的不同，全额结算又分为：（1）定时结算。支付结算集中在营业日系统运行期间的一个指定时刻，如这一时刻为日终，则称为日终结算。（2）实时结算。支付结算在营业日系统运行期间的任何时刻都可进行，支付指令随时发送随时处理，属于资金转账指令处理和资金结算同步、持续进行的实时全额结算（Real Time Gross Settlement）。

相对于净额结算系统，实时全额结算（RTGS）系统中处理流程和资金转账指令的最终结算是实时连续发生的，没有轧差借记抵付贷记，系统结算流程是基于央行资金的实时转账。RTGS 系统可以减小甚至消除结算处理中基本的行间风险，缩短信用周期以及流动性风险的产生，这是央行在大额转账系统中采用 RTGS 的主要动机。由于定义的宽泛，RTGS 系统的处理设计也呈现多样化，尤其当发送行在央行账户上没有足够的补进资金时，支付处理的实现会有重大的差别，如系统对转账指令的拒绝、在央行系统中的列队、利用央行信用进行结算等，这些可行的支付处理是可以并用的，近几年新型的或者正在改进中的RTGS倾向于采用多种处理办法的结合使用。在发达国家中，第一个自动化的RTGS系统是美国的Fedwire，其现代化版于1970年投入使用。至20世纪80年代末，荷兰、瑞典、瑞士、德国、日本、意大利六个国家采用了RTGS工具建立大额转账系统。90年代出现了更新型的RTGS系统，一些原有系统也升级了风险管理能力以及系统架构，从原先的净额结算系统转为RTGS系统。

1. 业务种类。目前，我国银行业为社会提供的支付业务主要划分为三类：一是贷记支付业务，包括汇兑、委托收款、托收承付等；二是借记支付业务，包括银行汇票、国内信用证、银行本票、支票、旅行支票；三是其他支付业务，如商业汇票、银行卡以及其他创新的支付业务。

大额支付系统主要处理：规定金额起点以上的跨行贷记支付业务；规定金额起点以下的紧急跨行贷记支付业务；各银行行内需要通过大额支付系统处理的贷记支付业务；特许参与者发起的即时转账业务；城市商业银行银行汇票资金的移存和兑付资金的汇划业务；中国人民银行会计营业部门和国库部门发起的贷记业务及内部转账业务；中国人民银行规定的其他支付清算业务。

2. 运行时间。大额支付系统按法定工作日运行。对每一工作日，系统又依次分为日间、业务截止、清算窗口、日终处理和营业准备五个运行时段。各运行时段的起始和结束由国家处理中心统一控制，并确保支付系统各节点运行状态的协调一致。

目前大额支付系统运行时间是，8:30至17:00为日间业务处理时间，17:00后为业务截止、清算窗口和日终处理时间。日终处理完成后进入下一个工作日营业准备状态。工作日及运行时间段根据管理的需要可以调整，由中国人民银行提前公布。

3. 作用。大额实时支付系统是金融基础设施的核心系统，是连接社会经济活动及其资金运动的“大动脉”“金融高速公路”。大额实时支付系统对于加速社会资金周转、畅通货币政策传导、密切各金融市场有机联系、促进金融市场发展、防范支付风险、维护金融稳定等方面正在发挥重要的作用。大额支付系统在全国推广使用后，成功取代了原来的全国电子联行系统，彻底解决了“天上三秒，地下三天”资金汇划速度较慢的问题，给社会带来了巨大的经济效益，促进市场经济的快速发展。

大额支付系统给银行和广大企事业单位以及金融市场提供快速、高效、安全的支付清算平台，最大的特点是实时清算，实现了跨行资金清算的零在途。支付指令逐笔实时发送，全额清算资金。该系统处理同城和异地的、金额在规定起点以上的大额贷记支付业务（人民币5万元以上）和紧急的小额贷记支付业务。有了大额支付系统的支持，企业开户行可以通过大额支付系统为企业快速办理资金汇划业务，减少企业间在途资金的占用，为企业资金有效利用提供便利。例如，杭州A企业和深圳B企业做成一笔几百万元的生意，A 企业在工行开户，B 企业在农行开户，A 企业要汇款给B 企业。在没有大额支付系统的情况下，款项到达 B 企业账户上需要几天时间，通过大额支付系统后几分钟内即可到账。大额支付系统也是广大百姓日常跨行汇款的最好途径，它实时清算资金，原则上大额支付系统处理 5 万元以上的汇款业务，当然 5 万元以下也可以通过大额支付系统汇划，但是只受理紧急款项，手续费要高一点。

（二）小额批量支付系统

小额批量支付系统（Bulk Electronic Payment System，BEPS）简称小额支付系统，它通过在一定时间内对多笔业务进行轧差处理，净额清算资金的方式运行，是中国现代化支付系统的重要组成部分。小额支付系统在功能上作为大额支付系统的补充，支持 7×24 小时连续不间断运行。小额支付系统批量处理业务，支持多种支付工具的使用，满足了社会多样化的支付清算需求，为社会提供了低成本、大业务量和便利的支付清算服务。

1. 业务种类。小额支付系统主要服务于日常消费性支付，批量或实时发送支付指令，轧差净额清算资金，能够支撑多种支付工具的应用。小额支付系统主要处理同城跨行、异地纸质凭证截留的借记支付业务以及金额在规定起点以下的小额贷记支付业务。目前，小额支付系统处理贷记业务的金额上限为 5 万元，即只有金额≤5 万元的贷记支付业务可以通过小额支付系统处理，对金额 >5 万元的业务应通过大额实时支付系统处理。其他支持的业务如：汇兑、委托收款；托收承付；网银支付；代付工资、养老金、保险金；代收水、电费等公用事业费用；国库批量扣税；个人储蓄通存通兑业务；对公通兑业务等。根据支付业务的发起和接收参与者是否属于同一城市处理中心，小额支付系统处理的业务还可以分为同城业务和异地业务。

2. 运行时间。虽然小额支付系统是全天 24 小时运行的，但是批量轧差清算是有时间场次的。小额系统的轧差场次分为全国场次和各省场次，前者由人民银行总行设置，后者由人民银行各省分行设置，因此是不完全一样的。全国场次目前是一天三场，分别是11:00、14:30 和 16:00。小额支付系统的处理特点是系统实时轧差转发，跨行定时清算。各行入账时间不完全一致，有些是收到业务即可实时入账，有些是一场清算完成以后再入账，还有一些是日终才入账。

3. 作用。一是可以提高银行业金融机构的资金使用效率。小额支付系统采取实时轧差、净额清算的处理方式，可以有效节约银行业金融机构的流动性，降低其机会成本，提高资金使用效率。

二是有利于畅通跨行支付清算汇路。除各类传统的借、贷记业务以外，小额支付系统还可处理财税库横向联网、跨行通存通兑、支票圈存和支票截留等业务，支撑各种汇划和托收支付工具的处理，有效畅通跨行资金汇路，适应经济活动和业务发展的需要。

例如对于跨行通存通兑业务的支持。在小额支付系统上线前，部分银行已经开通了行内通存通兑业务，客户使用本行存折可以在同一银行的任一营业网点办理存取款业务。但对于跨行通存通兑业务，由于缺乏相应的系统支撑，公众无法通过存折办理跨行存取款业务，如遇购车、买房等大宗跨行消费性支付，客户通常要携带大量现金，既不方便，也不安全。小额支付系统的开通，实现了各银行业金融机构营业网点的共享，客户在任意一家银行业金融机构的营业网点可以办理实时存取款业务。

三是有利于银行业金融机构改进金融服务。小额支付系统实行 7×24 小时连续运行，可以支持跨行网上支付、电话缴费等日常支付活动。银行业金融机构可根据支付活动及业务发展需要，基于小额支付系统这一平台，灵活拓展各类中间业务，有效改进金融服务。

四是有利于银行业整体资源的优化配置。小额支付系统作为金融基础设施，与各银行业金融机构业务系统连接，通过报文信息交换，将各银行机构的营业网点连接为一个有机的整体，实现银行金融服务资源共享，避免重复投资，有效节约社会资源。

目前在小额支付领域，能与央行“全网”媲美的商用支付网络主要有：银联围绕银行卡建立的跨行支付交换网络（覆盖 300 多个地级以上城市、80 多家银行），四大国有商业银行内部的全国电子资金汇兑系统与邮政汇兑系统，众多支付厂商与电信运营商、银行合作构建的第三方支付网络。但目前这三类支付商的网络规模仍无法与央行小额支付系统相比。

（三）全国支票影像交换系统

全国支票影像交换系统（Cheque Image System，CIS）是指运用影像技术将实物支票转换为支票影像信息，通过计算机及网络将影像信息传递至出票人开户银行提示付款的业务处理系统，它是中国人民银行继大、小额支付系统建成后的又一重要金融基础设施。影像交换系统定位于处理银行机构跨行和行内的支票影像信息交换，其资金清算通过中国人民银行覆盖全国的小额支付系统处理。支票影像业务的处理分为影像信息交换和业务回执处理两个阶段，即支票提出银行通过影像交换系统将支票影像信息发送至提入行提示付款；提入行通过小额支付系统向提出行发送回执完成付款。

支票影像交换系统支持支票全国通用，异地使用支票的提示付款期一般为10 天，金额不超过 50 万元。支票的便利性主要体现在用途广泛、携带方便、结算便捷。支付款项时，只需在支票上记载出票日期、金额、收款人名称等事项，并在指定位置签章，其余的工作全部由银行完成。收款人在收到支票时，可以将支票送交自己的开户银行委托收款，可以直接到付款人开户银行提示付款，也可以根据需要将支票转让他人。

从付款时间上讲，中国人民银行规定，在支票影像交换系统将支票信息转发后的 2 个工作日内，出票人开户银行必须按规定支付支票款项，并通知持票人的开户银行。所以，根据收、付款银行的处理方式不同，持票人最早可在 2～3 小时之内收到款项，一般最长在银行受理支票之日起 3 个工作日内可以收到异地支票款项。

（四）电子商业汇票系统

电子商业汇票系统（Electronic Commercial Draft System，ECDS）于 2010 年 6 月 28 日全国推广，该系统依托网络和计算机技术接收、登记、转发电子商业汇票数据电文。是提供与电子商业汇票货币给付、资金清算行为相关服务并提供纸质商业汇票登记、查询、公开报价服务的综合性业务处理平台。纸质商业汇票登记查询和商业汇票转贴现公开报价也通过电子商业汇票系统办理。目前，电子商业汇票系统开通了电子商业汇票业务处理功能和纸质商业汇票登记查询功能。电子商业汇票系统的建立，大大降低了票据操作风险，同时为金融机构统一管理票据业务提供了基础平台和技术手段。目前，电子商业汇票系统各类业务的运行时间均与大额支付系统运行时间相同。

电子商业汇票系统的建成将对商业银行传统的商业汇票业务处理流程带来质的变化，商业银行可以借助电子商业汇票系统提升盈利能力。与此同时，对中央银行来说，电子商业汇票系统的建成将使中央银行成为电子商业汇票市场的一个经常性交易主体，未来可能成为中央银行公开市场操作的一个主要手段。通过电子商业汇票系统，中央银行能够全面监测商业汇票各种票据行为，准确了解资金流量流向，为宏观经济决策提供重要参考依据。

（五）超级网银

案例　　“超级网银”第一案　网购损失10万元

2013年5月，陈女士称她在一家“超人气潮流2013”网店内购买连衣裙后，店家却告诉她交易未支付成功，需要联系订单异常处理中心处理，并告诉了一个名为“异常处理中心”的QQ号码。当陈女士按照该“工作人员”的要求在其发来的网址链接上进行操作后，银行账户中的10万元居然被瞬间转走。据陈女士称她的工行银行卡在工行还设置过交易限额，一天内都不能在网上转账超过2 000元。

几天后，嫌犯符某等3人落网。据嫌犯交代，当他们发现陈女士准备购物时，便告知陈女士交易支付出现异常，随后由符某扮成所谓的异常处理中心管理人员，诱骗陈女士进行超级网银的授权支付操作，并让她完成相关指令。随后，符某立即启用超级网银权限，将陈女士卡内的10余万元钱分多次转入以叶某身份证办理的银行卡中，变现分赃。

“超级网银”是对央行推出的第二代网上支付跨行清算系统的称呼，可实现实时跨行转账、跨行账户查询、跨行支付等功能。一个网银账户能实现多张银行卡的跨行查询和转账。它还有一个授权签约服务，用户可以授权任何人对自己的账户进行查询和转账。一旦与别人签约，那个人就能不经同意划走你卡上的钱。因为你已经授权给他了，所以密码之类的都用不着。另外，由于这是与工行的交易系统完全独立的平台，因此工行的交易限额对跨行转账没有限制作用。

所以“超级网银”可以用一个网银账户，实现多张银行卡的跨行查询和转账。

超级网银的授权操作被指存在一定安全风险，比如网银用户可以授权任何人对自己的账户进行查询和转账，授权只需将授权页面的链接复制下来，发送给他人"签约"。所以尽量不要通过电子邮件或QQ、旺旺等即时对话信息中的网址登录银行，不点击陌生人发来的各类"验证激活""签约认证"等链接，当收到银行发来的授权支付的提醒短信时，一定高度警惕、仔细查看，凡是非本人操作或授权陌生人转账时，应立即中止授权过程，并拨打银行电话挂失或注销账号，确保账户资金安全。

2002年中国银联的出现让各大银行的ATM完成了互联互通，而2010年中国人民银行推出的超级网银则实现了各大银行网银的互联互通。"超级网银"是第二代网上支付跨行清算系统，主要处理用户通过在线方式发起的小额跨行支付（金额在5万元以下）和账户信息查询业务，主要包括跨行转账、跨行账户查询、资金归集等功能。而传统网络银行也被称为第一代网银，处于银行间"各自为政"的状态。第一代网银只有在同一银行账户转账时才能实时入账，但不同银行账户之间转账时，支付指令则要通过付款人开户银行网银支付平台、人民银行跨行支付系统、收款人开户银行行内业务系统等多级系统，有的环节甚至需要手工干预，因此跨行转账耗时需要一分钟到两三天不等。超级网银，作为第二代支付系统则打破了银行之间的壁垒。通过一个操作界面便可查询多家商业银行的账户情况，还可直接向各银行发送交易指令。跨行转账、支付能够实现实时到账，单笔业务20秒内即可处理完成，还可以进行跨行账户查询、在线签约……超级网银有着诸多传统网银不可比拟的优势。

另外，为了方便节假日的支付，中国人民银行决定自2015年7月11日起，将周末（周六、周日）及法定节假日首日0：00至节假日末日24：00期间小额支付系统普通贷记业务（国内跨行普通转账）的限额调整为50万元/笔，工作日上限仍为5万元/笔。注意这是柜面业务（银行周末大部分网点也正常营业）。

如果是从网银线上跨行转账的话，节假日期间网银也提供24小时全时服务，但每一笔转账仅支持金额5万元（含）以下的资金汇划。大额跨行线上转账的话，要拆分为多笔小于或者等于5万元的来进行。

我们以招商银行为例，招商银行的限额规定是这样的：招行专业版每日限额可自行更改，单笔转账最低限额为0.01元，最高限额与客户自行设置的转账额度、选择的转账模式以及证书类型有关：（1）文件证书（同行跨行）转账汇款单笔最高限额5万元，每天无总限额。（2）专业版ukey移动证书，每天无总限额，同行转账无单笔限额限制，跨行转账限制如下：①"普通"模式（到账时间取决于对方银行的系统处理情况，手续费为2元/笔）最高可以无限额；②"快速"模式（一般5分钟到2小时内到账，具体到账时间取决于对方银行的系统处理情况，手续费3元/笔）：5万元以下（含5万元）的跨行转账7×24小时均可受理；5万元以上的跨行转账，工作日8：35－16：55期间可受理转账，法定节假日（首日零点至节假日末日24点）可受理

50 万元以内（人行系统关闭等特殊情况除外）；③“实时”模式（一般立刻到账，手续费按交易金额的 0.2% 收取，最低 2 元，最高 20 元）：单笔限额 5 万元。

其中，普通模式是通过当地清分系统，需要会计手工定期汇总提交。而快速模式默认走大、小额支付系统且采取逐笔实时发送方式，确保交易实时提交至人行。其中，小于等于 5 万元的交易 7×24 小时可受理（节假日 50 万元内），5 万元以上的交易于工作日工作时间内受理。实时模式则是通过人民银行“网上支付跨行清算系统”实现 7×24小时的小额跨行实时转账的功能，即所有加入人民银行“网上支付跨行清算系统”的银行之间才能实现实时转账。

（六）境内外币支付系统

境内外币支付系统（China Domestic Foreign Currency Payment System，CDFCPS）是我国第一个支持多币种运行的全国性银行间外币实时全额结算系统，为我国境内的银行业金融机构和外币清算机构提供外币支付服务。境内外币支付系统于 2008 年 4 月 28 日投产，目前开通了港元、英镑、欧元、日元、加拿大元、澳大利亚元、瑞士法郎和美元 8 种货币支付业务，满足了国内对多种币种支付的需求，提高了结算效率和信息安全性。系统由中国人民银行清算总中心对参与者的支付指令进行接收、清算和转发，由代理结算银行负责对支付指令进行结算。

3.2.5　第二代 CNAPS 的新特征

与第一代支付系统相比，第二代支付系统对于完善我国支付清算体系，维护金融体系的安全、高效运行，以及央行履行宏观调控和服务职能具有重要意义。第二代支付系统相对于第一代系统，能支持参与机构一点接入、一点清算，适应了银行业金融机构（以下简称银行机构）行内系统数据大集中的发展趋势，为银行机构节约了流动性和接入成本；大额、小额、网银各应用系统间的技术耦合，增加了参与机构对应用系统的自主选择权；支付结算方式的创新和服务质量的优化，高效支撑了各种跨境、电子支付和金融市场交易，提升了支付体系整体竞争力。

第二代 CNAPS 的更新内容包括：

增加了超级网银功能，即网上支付跨行清算系统。与传统网银的转账功能相比，“超级网银”的优点在于“实时”和“便捷”。此前跨行网银转账是通过央行的大、小额支付系统，其中小额转账交易是一天四次组包，无法实现资金实时到账，而“超级网银”上线后，跨行转账能实时到账，且可实时得知到账结果。

对于第一代系统分散的接入渠道进行了统一。第二代系统在信息传输方面采用类似于 SWIFT 的传输渠道，信息传输和业务处理相分离，所有参与机构接入公共信息传输平台，业务信息经公共信息传输平台清分后，分别提交大额、小额、网银三个应用系统处理，多个参与机构可以通过一个前置机接入支付系统。

调整国家处理中心和城市处理中心的功能定位。引入接入云概念，全国 32 个城市处理中心（CCPC）仅仅作为参与机构接入第二代系统的物理接入节点，进行最基本的报文格式检查，不再具备第一代系统的轧差、管理和数据存储功能，各 CCPC 可以互为备份。所有轧差、数据存储和管理功能均集中到了国家处理中心（NPC），时序、权限和参数管理也由位于NPC的公共控制管理系统进行。

各个业务应用系统相互独立。第二代系统解除了大额系统和清算账户系统的绑定关系，以及小额系统和轧差服务器的内嵌关系。清算账户系统直接为大额、小额和网银系统提供资金结算服务，小额和网银系统无须通过大额系统提交轧差净额，轧差服务器从小额系统中分离出来，为小额和网银系统管理净借记限额和提供轧差服务，因此，大额、小额和网银三个应用系统相互独立，可分别运行。

提供多边轧差净额结算模式。除了支持各种贷记、借记、即时转账业务外，第二代系统还开发了多边轧差净额结算模式，能为支付清算组织提交的一揽子参与机构多边轧差净额提供资金结算服务，正如欧元区大额支付系统Target2，为证券交易、零售支付和货币市场等金融市场支付清算系统提交的多边轧差净额业务，完成参与机构资金账户的最终结算。

支持外汇交易市场的“款款对付”结算。“款款对付”结算简称PVP结算，是指不同币种资金同步进行交收并互为交收条件的结算方式，一直被视为外汇交易结算系统应该实现的最重要功能之一。第二代系统设计了PVP结算的完整流程，通过大额支付系统、外汇交易清算系统和结算银行的同步处理，本、外币两笔即时转账业务将分别完成外汇交易中本币和外币的资金转账处理，避免了外汇交易的本金风险。

启用多种排队业务解救机制。一是不仅为小额排队业务提供撮合功能，还为大额排队业务设计了日间双边撮合和业务截止多边撮合机制，只要排队业务符合撮合条件，即可解救因账户余额不足导致的排队队列；二是为在央行开立多个清算账户的法人银行提供了“资金池”管理功能，当分支机构清算账户因缺乏头寸而出现排队业务时，系统依据法人银行事先授权自动将资金从法人银行调入分支机构账户解救排队业务；三是为不同法人银行提供自动拆借功能，当法人银行头寸不足支付时，系统依据法人银行事先签订的拆借协议，启动法人银行之间的资金拆借功能，化解流动性风险，确保当日不能解退的轧差净额清算业务完成最终结算。

提供各类账户查询功能。法人银行可于当日查询所有分支机构清算账户的余额、可用头寸、预期头寸，还可以查询其在人民银行非清算账户的余额信息；分支机构则可查询自身清算账户和在人民银行开设的非清算账户的有关信息。此外，与第二代支付系统同步上线的中央银行会计核算数据集中系统还为银行机构设计了零余额账户管理功能，有利于法人银行清算账户和非清算账户资金的集中归并和使用。

适应跨境和创新业务的发展。为适应跨境业务的发展趋势，拓展跨境业务种类，划分为资本项下跨境支付和退款，服务贸易结算和退款，货物贸易结算和退款等支付种类，报文采用ISO20022标准并支持英文填写。小额系统票据截留业务增加了银行汇票、商业汇票、银行本票等种类，能支撑各类票据的影像信息传递和资金结算。第二代系统还强化了非金融支付服务组织的支付业务功能，为集中代收付中心开辟了实时代收、实时代付业务功能，增加了协议信息验证功能，统一了协议核验要素。

全面改进参与机构服务体验。人民银行发起的涉及银行机构清算账户资金变动的单边、错账冲正和同城轧差净额业务，均会通知该参与机构；特许参与者发出的即时转账、多边轧差净额业务如遇排队情形，也会及时通知缺款行，方便其筹措资金。此外，所有涉及清算账户的维护信息都会通知到清算账户所属的银行机构。

3.3　银行卡跨行支付系统

案例导读

银行卡ATM转账不受央行系统升级影响

2016年春节期间，中国人民银行相关支付清算系统暂停运行，具体时间为：2月6日19：00至2月9日20：00，中国人民银行小额支付系统、网上支付跨行清算系统暂停运行；2月6日19：00至2月9日20：30，全国支票影像交换系统暂停运行；2月6日21：00至2月9日21：00，电子商业汇票系统暂停运行。

受此影响，各商业银行都发布公告，将暂停受理跨行小额支付业务、网上支付跨行清算业务、全国支票影像交换业务和电子商业汇票业务。对于普通个人客户来讲，这三天将不能进行跨行转账汇款。

如果在春节停运期间确需办理跨行支付、汇款等业务，市民可通过商业银行ATM办理，或者通过支付宝、微信等第三方支付平台进行转账。因为银联系统和第三方支付机构账户的转账不受央行系统的影响。

在中国，银行卡支付系统是由中国银联来统一进行运营和管理的。2004年12月，中国银联自主研发的中国第一代银行卡信息交换系统正式投入运行。该系统以“集中交换，统一清算”为目标，旨在通过建成一个覆盖区域广泛、业务品种齐全、处理功

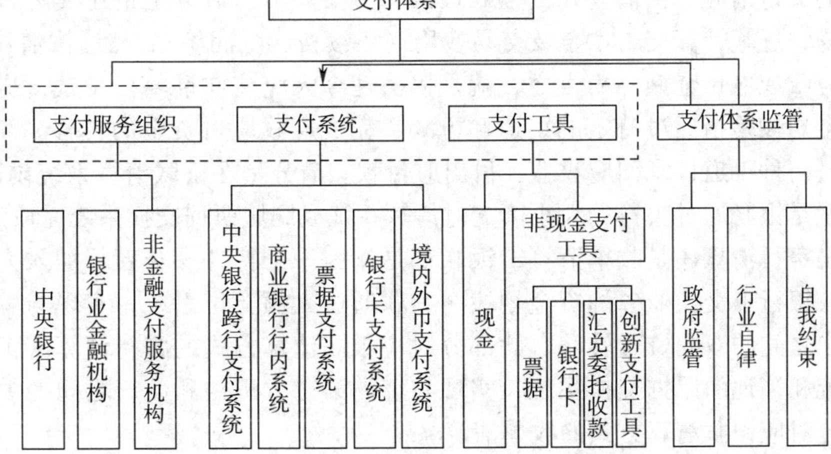

图3－4　银行卡支付系统与支付体系

能强大、稳定高效的一体化银行卡跨行信息交换平台，最终实现国内银行卡信息的跨行交换集中处理，以及全国银行卡业务联网联合通用。

3.3.1 银联网络拓扑结构

银联的银行卡跨行交易清算系统英文简称 CUPS（China Union Pay System），其网络是一个二层的网络结构，其中的网络节点按层次不同，可划分为核心节点（上海信息中心、北京信息中心）和骨干节点（银联分公司），如图 3－5 所示。

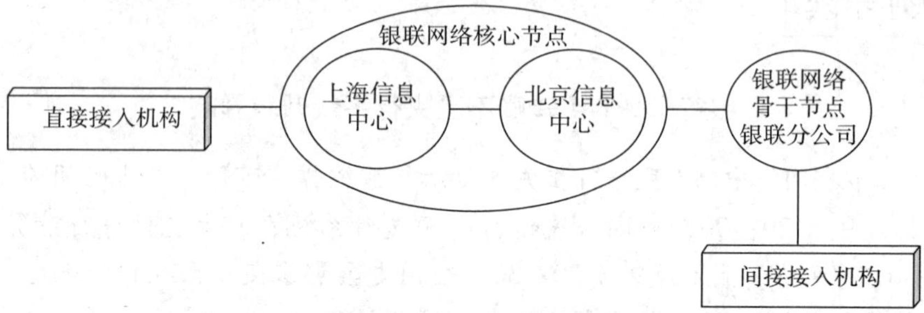

图 3－5 银联网络拓扑图

全国性的入网机构与境内的外资银行（如全国性的商业银行总行、汇丰银行境内机构）直接与上海信息中心与北京信息中心连接，属于直接接入机构。

间接接入机构，如当地农村信用社或城市商业银行，选择当地银联分公司接入银联网络；而全国性入网机构在各地的分支机构可选择当地的银联分公司接入，也可以采用总对总的方式，通过其全国性入网机构接入银联网络。

3.3.2 银联的清算模式

银联清算方式包括跨行清算和收单清算。跨行清算是针对收单机构和发卡机构的清算；而收单清算是代替收单机构针对商户和收单专业化服务机构的清算。

银联的支付清算包括清分和资金划拨两个重要环节。清分是指对交易日志中记录的成功交易，逐笔计算交易本金及交易费用（手续费、分润等），然后按清算对象汇总轧差形成应收或应付金额。简言之，就是搞清楚今天应该向谁要多少钱，应该给谁多少钱。资金划拨是指通过特定的渠道和方式，完成应收应付资金的转移。简言之，就是明确通过何种渠道，拿回应收款、付出应付款。清分是在银联清算系统内部完成的。而资金划拨是银联通过央行的大小额支付清算系统或同城票据交换系统完成的。

无论是跨行清算还是收单清算，银联都是作为一个特许参与者，加入大小额支付系统，完成银行卡交换业务的资金划拨。银联通过大额支付系统，实现与境内成员机构清算账户之间的双向资金转移，此部分对应银联清算方式的跨行清算。银联通过小额支付系统和当地的票据交换系统，实现与境内第三方机构和商户之间的单向资金转移，此部分对应银联清算方式的收单清算。

在大额支付清算系统中，银联享有比商业银行更大的特权，因为银联可以借记或

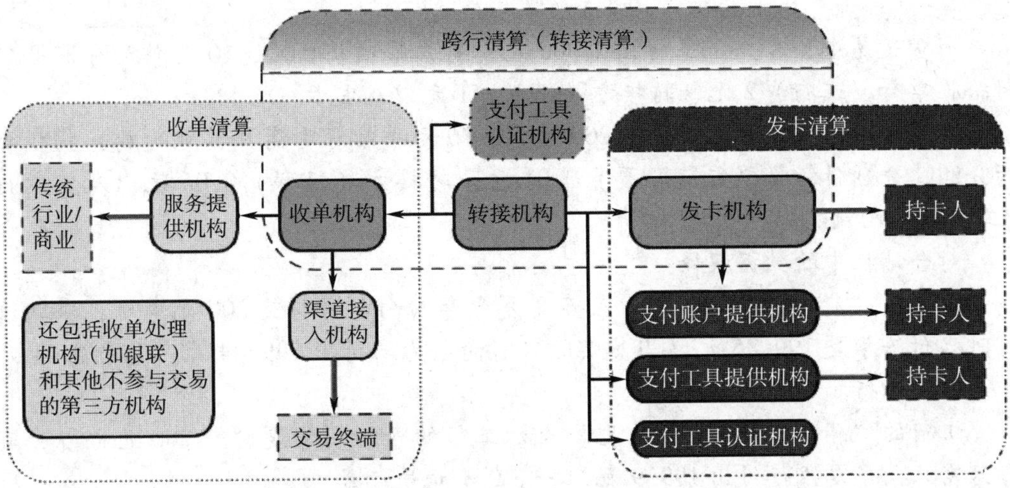

图3－6 银行卡的支付清算

贷记对方的账户，商业银行只能贷记对方的账户。在大额支付清算系统中还享有借记特权的只有国债登记公司，而且其借记操作还需有国债作抵押。

【小知识】 **银联清算业务处理过程示例**

1. 持卡人张三2010年6月1日持招行贷记卡，在上海八佰伴商场（直联商户，工行收单）成功刷卡购物1 000元。该商户开户行为工行。

2. 持卡人李四2010年6月1日持工行借记卡，在华夏银行布放的支付易终端上，成功缴付了一笔200元的电费，华夏银行收单。该用户所属电力局开户行为华夏银行。

3. 假设消费交易执行交换费0.7%，转接费0.1%，收单费0.2%；缴费交易执行交换费0.10元，转接费0.05元，收单费0.01元（交换费即为发卡方分成，转接费即为转接方分成）。

手工计算的清分结果如下：

手工计算的清分结果（站在银联视角，● 代表直联收单清算）

序号	华夏	工行	银联	招行	合计
1		贷记：1 000元 借记：8元	贷记：1元	借记：1 000元（张三） 贷记：7元	0
2	贷记：200元 借记：0.15元	借记：200元（李四） 贷记：0.10元	贷记：0.05元	0	
合计	贷记：199.85元 收单收益0.01元	贷记商户：990元 代记工行：2元 借记工行：199.9元	贷记1.05元	借记：993元	0

消费交易中，客户张三付出 1 000 元，商户收款 990 元，10 元作为分润分别付给收单行（工行）2 元、转接方（银联）1 元以及发卡行（招行）7 元。

缴费交易中，客户李四付出 200 元，0.16 元手续费由商户（电力局）提供作为分润，分别付给收单行（华夏）0.01 元，转接方（银联）0.05 元以及发卡行（工行）0.10 元。

对合计栏中的数据解释：

华夏的“贷记：199.85 元”表示华夏代李四向电力局交 200 元电费，银联清算时只付给华夏 199.85 元（当然实际只需向电力局付出 199.84 元，其中 0.01 元华夏银行自行扣下）。

工行的“借记工行：199.9 元”表示工行的李四向华夏转交 200 元电费，实际只需只向华夏银行付出 199.9 元，扣下 0.1 元手续费。

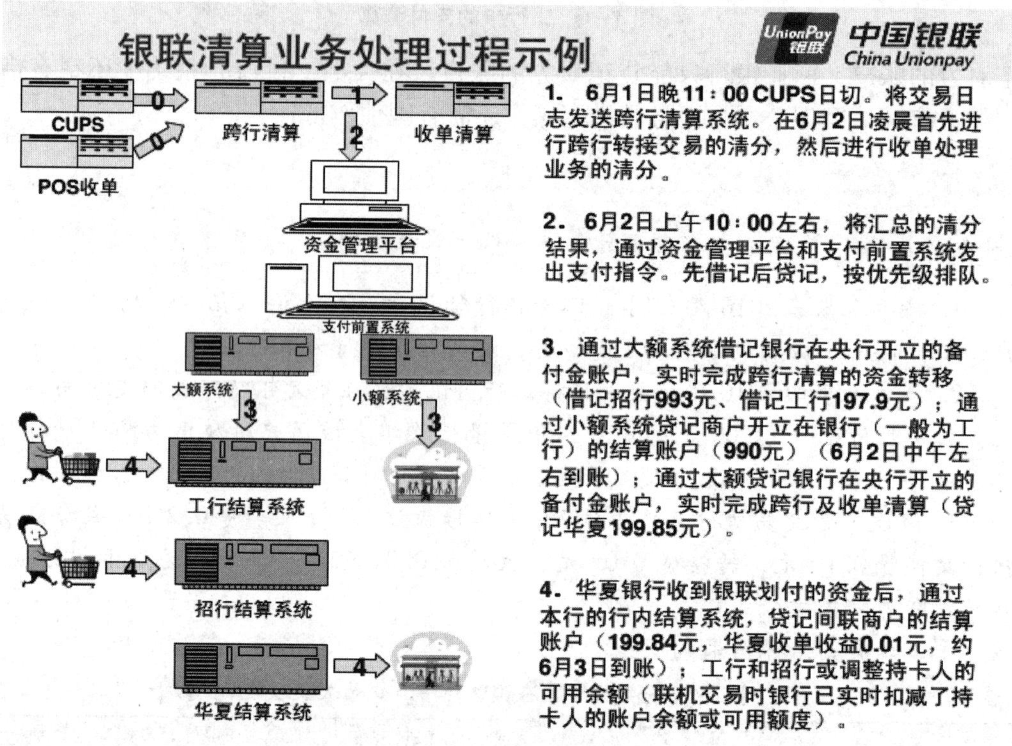

银联清算业务处理过程示例

银联账户通过操作 993 + 197.9 - 990 - 199.85 = 1.05 元，即为银联收入。

3.3.3 银联二代系统

2010 年银联推出其第二代跨行交易清算系统。该系统仍由中国银联自主研发设计，拥有自主知识产权，交易处理能力和安全性、稳定性均达国际同业领先水平，每日交易处理能力可达1亿笔，实现了系统集中运营、资金集中清算和风险集中管理。较之第一代系统，在实现性能超越的同时，还完成了服务范围、灵活性、安全性和可靠性的超越：该系统将服务范围从转接、清算服务延伸至支付综合服务，具有参数化、模块化的架构特点，可根据客户需求，灵活定制服务内容，同时，“全冗余设计、双中心运行、无缝切换”的系统架构将力保系统运行的安全与可靠。目前，第二代银行卡跨行交易清算系统已申请国家专利24项，为加快中国银行卡产业发展、提高国际竞争力、满足多元化创新支付需求、增强客户服务能力等提供了技术支撑，将有效满足我国银行卡产业未来五年的发展需要。

第一代清算系统包括一次清分和二次清分系统。一次清分主要负责跨行清算，二次清分主要负责分公司辖内机构的跨行清算和收单清算。第二代清算系统合并了一、二次清分系统，分设了跨行清算系统和收单清算系统（见图3－7）。

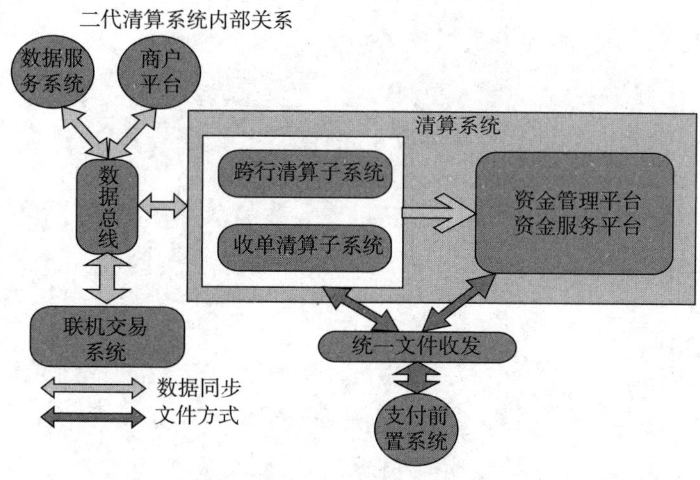

图3－7　二代清算系统内部关系

本章小结

本章详尽介绍了人民银行的中国现代化支付系统（CNAPS），通过多个角度的图示，立体展现其系统构成、功能应用和外围系统。通过对基本结算方式的分析，加深对于大小额支付系统的设计理解。同时还简要介绍和分析了我国的银行卡支付一般流程和所涉及的系统。

想一想、练一练

◎ 思考题

1. 简述大额支付系统与小额支付系统各自的特点和业务处理范围。

2. 什么是CNAPS？它由哪几个部分组成？试从系统组成和功能特点角度比较第一代和第二代CNAPS。

3. 银行卡支付流程是怎样的?

4. 试举例说明银联清算业务处理过程。

5. 什么是银联第二代跨行交易清算系统?

◎ 实训题

1. 从人民银行网站下载并阅读最新的《20××年支付体系运行总体情况》报告，写出读后感。

2. 小额支付系统主要处理与居民日常生活密切相关的各种支付业务，一般具有金额小、业务频繁等特点。试概括其具体分为哪几类，并举例说明。

第4章

银行传统支付和结算

知识要点

✓ 商业汇票、银行汇票
✓ 本票
✓ 支票
✓ 银行卡
✓ 国际贸易支付

案例导读

银行工作人员识破10万元假承兑汇票

2016年6月16日下午3时许，在农业银行邢台市冶金路支行，柜员齐艳辉在对来自其他银行的一张10万元商业承兑汇票进行验票时，发现该票纸张颜色偏浅，纸张较滑，无凹凸感，缩微文字模糊不清，无水印，这引起了工作人员的重视。

经过核对，银行工作人员发现该票收、付款人全称打印错误，应为“轧”误打为“扎”，进一步审核发现，承兑人、出票人签章存在纰漏，承兑人预留手章缺角，而该票手章完好无损，初步判定为假票，银行工作人员随即上报，进行复验后确认为假票。

4.1 银行结算业务

银行结算业务，是指一定经济行为所引起的货币关系的计算和结清，即社会经济生活中的交易各方因商品买卖、劳务供应等产生的债权债务通过某种方式进行清偿。不严格的说法中也可称之为“清算”，实际上两者有一定区别。结算分为两种，现金结算和转账结算。

转账结算亦称“非现金结算”“划拨结算”，是通过银行把款项从付款人账户划转到收款人账户而完成的货币收付行为，往往采用非现金结算方式。

所谓结算方式，是指用一定的形式和条件来实现各单位（或个人）之间货币收付的程序和方法。结算方式是办理结算业务的具体组织形式，是结算制度的重要组成部分。结算方式的主要内容包括：商品交易货款支付的地点、时间和条件，商品所有权转移的条件，结算凭证及其传递的程序和方法等。现行的银行结算方式包括：银行汇票、商业汇票、银行本票、支票、汇兑、委托收款、异地托收承付七种。这七种结算方式根据结算地点的不同，可以划分为同城结算方式、异地结算方式和通用结算方式三大类（见图4－1）。其中，同城结算方式是指在同一城市范围内各单位或个人之间的经济往来，通过银行办理款项划转的结算方式，具体有支票结算和银行本票。异地结算方式是指不同城镇、不同地区的单位或个人之间的经济往来通过银行办理款项划转的结算方式，具体包括银行汇票、汇兑结算和异地托收承付结算。通用结算方式是指既适用于同一城市范围内的结算，又适用于不同城镇、不同地区的结算，具体包括商业汇票和委托收款，其中商业汇票结算方式又可分为商业承兑汇票和银行承兑汇票。

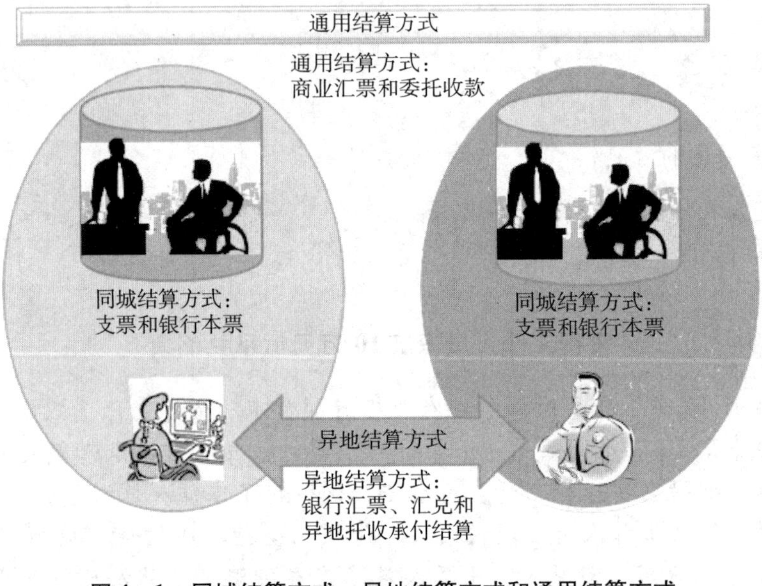

图4－1　同城结算方式、异地结算方式和通用结算方式

下面将对这些结算方式逐一进行介绍。

4.1.1　票据业务

传统支付手段有现金、票据、银行卡支付、资金汇兑等。现金支付的特点是具备匿名性，使用方式上简单、直观、便捷。但是其缺点也是非常明显的，比如容易磨损、丢失、被盗、伪造，交易时空受限（交易时空不可分离），大量携带不方便等。而票据支付一般指票据法所规定的汇票、本票和支票范围内的支付，它克服了现金的缺点，具有异地交易、汇兑功能、避免清点现金的错误、节约时间等诸多优势。

（一）本票业务

所谓本票（Promissory Note），通俗地说就是客户把钱交给银行后，银行签发一张票据，并且承诺，银行在见票时，无条件支付确定的金额给收款人或者持票人。比如，市民买车时，他只需向银行申请签发一张收款人给车商的银行本票，买车时把银行本票交给车商，对方就可以随时持票到银行提款。

（二）支票业务

所谓支票（Cheque，Check），通俗地说就是客户签发的一张取款证明，金额不得超出其银行存款金额。如果支票金额超出银行存款金额，银行将拒付给持票人。这种支票称为空头支票，出票人要负法律上的责任。支票可分为现金支票、转账支票、普通支票、划线支票。划线支票与一般支票不同，划线支票非由银行不得领取票款，故只能委托银行代收票款入账。使用划线支票的目的是为了在支票遗失或被人冒领时，还有可能通过银行代收的线索追回票款。

支票一经背书即可流通转让，具有通货作用，成为替代货币发挥流通手段和支付手段职能的信用流通工具。运用支票进行货币结算，可以减少现金的流通量，节约货币流通费用。

本票和支票的区别如图4－2所示。

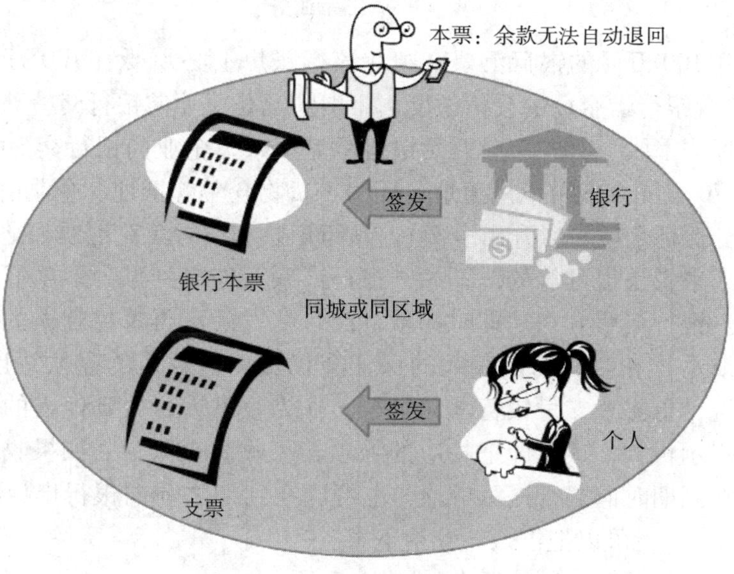

图4－2　本票和支票的区别

（三）汇票业务

汇票（Bill）按出票人的不同可以分为银行汇票和商业汇票（见图4－3）。商业汇票又可以分为商业承兑汇票和银行承兑汇票。

商业承兑汇票（Commercial Acceptance Bill）是以银行以外的任何商号或个人为承兑人的远期汇票。

银行承兑汇票（Bank's Acceptance Bill）承兑人是银行的远期汇票。

汇票有多种，就银行汇票而言也有常见的两种，一般企业间用得较多的是银行汇票和银行承兑汇票，前者是要企业在银行有全款才能申请开出相应金额的汇票（即如

图 4－3　汇票业务

果要在开户行开 100 万元的银行汇票，则在该行账户上必须要有 100 万元以上的存款才行），后者要看银行给企业的授信额度，一般情况是企业向银行交一部分保证金，余额可以使用抵押等手段（如开 100 万元银行承兑汇票，企业向银行交 30% 保证金，即 30 万元，其他 70 万元企业可以用土地、厂房、货物仓单等抵押，企业信誉好的话，也可能只要交部分保证金就可以开出全额）。银行汇票和银行承兑汇票都是由银行来兑付的，对于收款人来说是很可靠的。不过，银行汇票可即时到账，承兑汇票需要到期后才能得到兑付。银行汇票方式是即时扣款，而且签发后不再算付款人的存款，而银行承兑汇票要到期后才扣款，前期存入的保证金仍然算付款人的存款并且计息。所以，对于付款人来说，更愿意支付银行承兑汇票。作为收款人，收到他人的银行汇票后可以立即向银行提示付款，银行即把相应的款项转入收款人账户。如果收到的是银行承兑汇票，可以在到期时向银行提示付款，也可以在到期之前向银行申请贴现（银行会扣除相应的利息），也可以把汇票转让给下家。

银行汇票和银行承兑汇票的区别如图 4－3 所示。

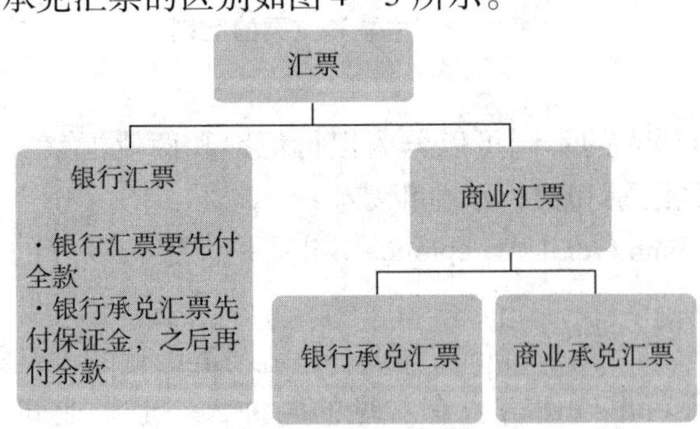

图 4－4　银行汇票和银行承兑汇票的区别

4.1.2　汇兑等其他业务

（一）汇兑业务

汇兑又称“汇兑结算”，是指企业（汇款人）委托银行将其款项支付给收款人的结算方式。这种方式便于汇款人向异地的收款人主动付款，适用范围十分广泛。汇兑根据划转款项的不同方法以及传递方式的不同可以分为票汇、信汇和电汇三种，由汇款人自行选择。信汇是指将信汇委托书以邮寄方式寄出，而电汇则通过加密电报或电传方式传递划款指令。票汇有两个特点：一是票汇的传送不通过银行而且汇入行无须通知收款人取款，而由收款人上门自取，这与电汇、信汇是不同的；二是收款人通过背书可以转让汇票而信汇委托书则不能转让，因而到银行领取汇款的，有可能并不是汇票上列明的收款人本人，而是其他人。这样票汇牵涉的当事人可能就多于电汇和信汇这两种方式（见图4-5）。在国际贸易实务中，进出口商的佣金、回扣、寄售货款、小型样品与样机、展品出售和索赔等款项的支付，常常采取票汇方式汇付。

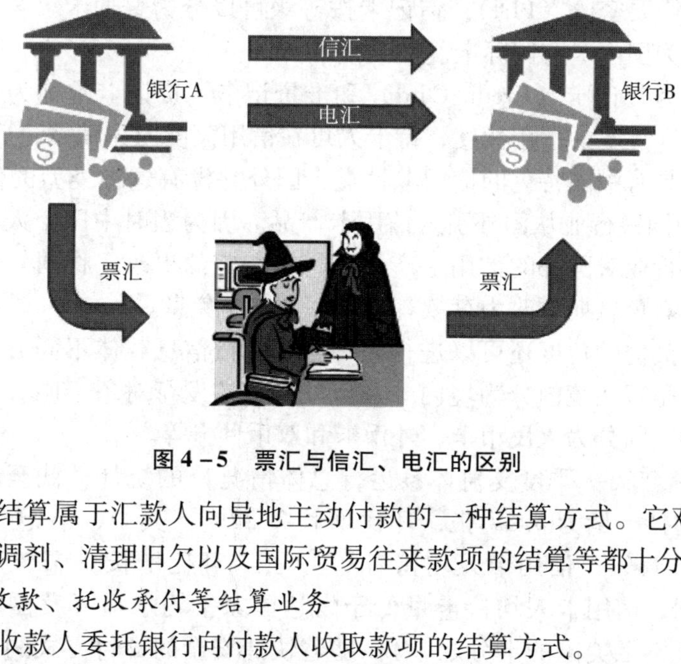

图4-5　票汇与信汇、电汇的区别

总之，汇兑结算属于汇款人向异地主动付款的一种结算方式。它对于异地上下级单位之间的资金调剂、清理旧欠以及国际贸易往来款项的结算等都十分方便。

（二）委托收款、托收承付等结算业务

委托收款是收款人委托银行向付款人收取款项的结算方式。

托收承付亦称异地托收承付，是指根据购销合同由收款人发货后委托银行向异地付款人收取款项，由付款人向银行承认付款的结算方式。结算款项划回可用邮寄或电报两种方式。

委托收款与托收承付结算方式的主要区别有以下两点：

一是委托收款适用范围广泛很多，无论同城，还是异地，均可使用，且不受金额起点限制。凡在银行或其他金融机构开立账户的单位，各种款项结算都可采用。而托收承付如前所述只适用于异地企业之间有协议或合同的商品交易，且有金额起点，为

10 万元（根据人民银行支付结算办法的规定，对原托收承付的金额起点 10 万元作了改变。即托收承付结算每笔的金额起点为 1 万元，新华书店系统每笔的金额起点为 1 000元）。

二是在两种结算方式中，银行的作用也不一样。采用委托收款方式，银行只起结算中介作用，付款方无款支付，只要退回单证就行；拒付，银行不审查理由。而采用托收承付，银行还行使行政仲裁职能，要审查拒付方的拒付理由。

4.1.3 银行卡

银行卡是指经批准由商业银行（含邮政金融机构）向社会发行的具有消费信用、转账结算、存取现金等全部或部分功能的信用支付工具。它具有消费信用、转账结算、存取现金等全部或部分功能。一般情况下，银行卡按是否给予持卡人授信额度分为信用卡和借记卡。

借记卡（Debit Card）可以在网络或 POS 消费或者通过 ATM 转账和提款，不能透支，卡内的金额按活期存款计付利息。消费或提款时资金直接从储蓄账户划出。借记卡在使用时一般需要密码（PIN）。借记卡按等级可以分为普通卡、金卡和白金卡；按使用范围可以分为国内卡和国际卡。

信用卡又分为贷记卡（Credit Card）和准贷记卡。贷记卡常称为信用卡，是指发卡银行给予持卡人一定的信用额度，持卡人可在信用额度内先消费，后还款的信用卡。准贷记卡是一种具有中国特色的信用卡种类，国外并没有这种类型的信用卡。20 世纪 80 年代后期，中国银行业从国外引入信用卡产品。因为当时中国个人信用体制并不是很完善，中国银行业对国外的信用卡产品进行了一定的更改，将国外传统的信用卡存款无利息，透支有免息期更改为存款有利息、透支不免息。

银行卡按照其他的角度还可以进行多种分类：按信息载体不同分为磁条卡和芯片卡；按发行主体是否在境内分为境内卡和境外卡；按发行对象不同分为个人卡和单位卡；按账户币种不同分为人民币卡、外币卡和双币种卡等。

根据《2019 年第一季度支付体系运行总体情况》的统计，截至 2019 年 3 月底，全国银行卡人均持卡量为 5.57 张，环比增长 2.32%。其中，借记卡人均持有 5.05 张，环比增长 2.48%；信用卡人均持有 0.49 张，环比增长 0.63%。借记卡人均持卡量居世界前列，信用卡人均持卡量低于发达国家平均水平（美国大约为 6 张，我国人均持卡量还不足美国的十分之一）。随着快捷安全的支付方式的不断创新，用户体验的提升以及国内征信体系的逐步完善，我国信用卡发卡市场仍具备较强的发展潜力。

银行卡清算是指银行卡持卡人用卡消费或是缴费等交易后，银行与银行、银行与受理卡片的商家之间的资金结算、转账的过程。直到不久前，国内唯一一家运营银行卡人民币交易处理和资金清算系统的专营性机构还只有中国银联一家。2015 年，国内银行卡支付结算市场全面对外开放，符合要求的境内外机构均可申请在中国境内从事银行卡清算业务。

4.2 国际贸易支付

在国际贸易中，由于贸易双方位于不同国家的不同银行，银行间的联系非常松散，而且贸易双方一般互相不太了解。在贸易上，一般都是用国际汇票作为付款方式。卖方如果没有寄送商品，就无法产生提货单。另外，买方如果不付款就从银行拿不到商品提货单。国际汇票连接运送和付款，使买卖双方皆有保障。

外贸出口常采用的支付方式主要分为三种，信用证 L/C（Letter of Credit）、电汇 T/T（Telegraphic Transfer）、托收支付（Collection）（见图 4－6）。其中托收支付是发货人委托银行代为收取货款的方式，又可分为光票托收、付款交单 D/P（Document Against Payment）、承兑交单 D/A（Documents Against Acceptance）。其中 L/C 用得最多，T/T 其次，D/P 较少。

（一）信用证

信用证（Letter of Credit，L/C）是指由银行（开证行）依照（申请人的）要求和指示或自己主动，在符合信用证条款的条件下，凭规定单据向第三者（受益人）或其指定方进行付款的书面文件。即信用证是一种银行开立的有条件的承诺付款的书面文件。信用证从理论上来说是非常保险的付款方式，也正因为如此，一份可靠的信用证甚至可以作为担保物，拿到银行去贷款，为卖方资金周转提供便利。

（二）电汇

电汇（T/T）也是贸易中常见的付款方式，是指汇出行应汇款人的申请，采用电报（Cable）、电传（Telex）、环球同业银行金融电讯协会（SWIFT）方式将电汇付款委托书给汇入行，指示解付一定金额给收款人的一种汇款方式。

电汇是最快捷的汇款方式，银行对电汇业务一般均当天处理，不占用汇款资金。不过，由于银行在收取汇费时还要加收电报费，所以费用也比较高，电汇中的电报费用一般由汇款人承担。电汇通常用于紧急款项或大额款项的支付、资金调拨、各种支付指示等。随着信息事业发展和讲求效率的要求提高，采用电汇方式越来越多。

常见的电讯方式有：SWIFT、电传（Telex）、电报（Cable，Telegram）等。

（三）托收

托收（Collection）支付方式属于商业信用，出口商是否能成功收到款完全要靠进口商的资信和付款能力，托收行的作用仅限于代收货款，但银行不对伪造的单据、拒付和货物保管等承担责任。而信用证是属于银行信用，不用担心进口商拒付款带来的损失，因为信用证的开证行担负起第一付款责任。所以说托收的风险明显大于信用证。但是由于托收的手续简单，费用相对信用证来说比较低，因此得到很多进口商的青睐。

- 光票托收（Clean Collection）：托收时如果汇票不附任何货运单据，而只附有“非货运单据”（发票、垫付清单等），叫光票托收。这种结算方式多用于贸易的从属费用、货款尾数、佣金、样品费的结算和非贸易结算等。
- 跟单托收（Documenttary Collection）：托收时汇票附有货运单据。根据交单条件的不同又可分为付款交单（D/P）和承兑交单（D/A）。

D/P 简单地说就是付款给银行后才能获得单证。通常是指出口方的交单是以进口方的付款为条件，即进口方付款后才能向代收银行领取单据。它又可以分为即期(D/P At Sight）和远期（D/P After Sight Or After Date）。

D/A 简单地说就是付款人承兑后就能获得单证，风险较大。通常是指出口人的交单以进口人在汇票上承兑为条件。即出口人在装运货物后开具远期汇票，连同商业单据，通过银行向进口人提示，进口人承兑汇票后，代收银行即将商业单据交给进口人，在汇票到期时，方履行付款义务。由于承兑交单是进口人只要在汇票上办理承兑之后，即可取得商业单据，凭以提取货物。所以，承兑交单方式只适用于远期跟单汇票的托收。

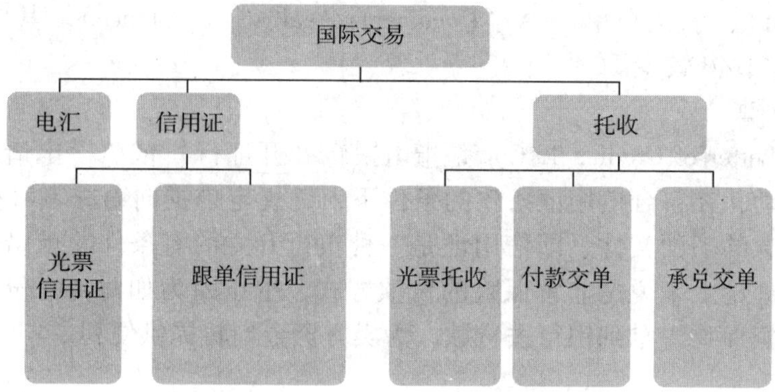

图 4-6　国际贸易支付方式

本章小结

本章主要介绍和分析了票据业务、汇兑业务及国际贸易支付等传统支付工具和支付方式的使用场合和特点。

想一想、练一练

◎ 思考题

1. 银行汇票和银行承兑汇票有何区别？
2. 银行本票和银行汇票有何区别？
3. 国际贸易支付中一般有哪些支付方式？各有何特点？

◎ 实训题

1. 试制作一个 PPT 来向客户介绍银行常用的结算业务。
2. 制作 PPT，讲解互联网票据业务的现状与发展。

第 5 章

电子银行

知识要点

✓ 电子银行概念和分类
✓ 网银在线支付的特点、规模
✓ 手机银行的历史发展和挑战
✓ 其他类型电子银行种类和特点

案例导读

电子银行成主要交易渠道 8 家银行柜面替代率超 70%

来自中国电子银行网的消息，2013 年银行上半年业绩报告显示，各家银行电子银行呈现爆发式增长。电子银行交易替代率普遍超过 70%。而民生银行、招商银行的电子银行替代率更是突破 90%，达到 94.43% 与 91.85%。

而 2014 年上海市银行同业公会的调查显示，银行交易电子化替代率越来越高，以云计算、大数据为代表的互联网技术趋于成熟，客户对银行物理网点的依赖程度逐步下降。目前，上海辖内银行电子银行业务主要以网上银行为主，网银交易金额占比达 95.85%。如工商银行上海市分行 2013 年电子银行交易额逾 50 万亿元，比上年增长 17%，其中电子渠道完成的业务量占总业务量的 88%。

根据银行业协会统计，2012 年，我国银行离柜交易额约为 923.71 万亿元，到 2018 年离柜交易额已增长至 1936.52 万亿元；同时，银行业平均业务离柜率由 2012 年的 54.37% 上升到 2018 年的 88.67%。

电子银行业务是指商业银行等银行业金融机构利用面向社会公众开放的通信通道或开放型公众网络，以及银行为特定自助服务设施或客户建立的专用网络，向客户提供的银行服务。例如，利用电话等声讯设备和电信网络开展的电话银行业务，利用计算机和互联网开展的网上银行业务，利用移动电话和无线网络开展的手机银行业务，以及其他利用电子服务设备和网络，由客户通过自助服务方式完成金融交易的业务。

根据接入网络的不同，电子银行可以分为三大类。第一类是基于互联网直接连接的电子银行，即网络银行或简称网银。其中包含桌面电脑上的网银、Wi-Fi 连接的手机端网银（WEB 或 App 形式）等。第二类是基于通信网络连接的电子银行，比如电话银行、短信银行、自助终端 ATM、POS 等。第三类是基于广电网络连接的电子银行，比如电视银行，目前还较少看到，但电视支付已经逐步兴起。而且由于以上这三大网络要逐步进行融合，所以其网络界限将逐步模糊。比如 POS 传统上是通过固定电话线路或 GPRS 等移动通信网络进行连接的，现在也出现了通过 Wi-Fi 和宽带互联网进行连接的无线 POS。另外，除以上的三类网络，在中国，全国性的网络还有电力网络，电力入户光纤连接中的电子银行虽然可行，但目前还罕有提及，主要取决于其网络的发展和融合。

可见在这样的分类模式下，会产生一些跨界的理解。比如手机银行，可以通过 Wi-Fi和宽带互联网连接，也可以通过 3G/4G 等移动通信网络来连接。所以更为清晰的分类最好是基于应用的分类。从应用的视角，电子银行可以分为浏览器网银（可以在桌面电脑上也可以在手机上用浏览器进行使用）、手机 App 银行、电话银行、短信银行、自助终端 ATM、POS 等。

5.1 网银（WEB 浏览器方式）

2018 年手机银行用户比例首超网银

2018 年 12 月 13 日，中国金融认证中心（CFCA）正式对外发布《2018 中国电子银行调查报告》，“中国电子银行调查报告”系列报告已连续发布 14 年，是目前国内针对电子银行最权威的调查报告之一。报告显示，2018 年手机银行用户比例达 57%，首次超越网银用户比例 53%。转账汇款与账户查询是手机银行用户经常使用的功能，使用比例均超过 50%。

报告主要针对个人电子银行与企业电子银行进行调研，并针对不同年龄段人士使用习惯进行调查研究。个人电子银行主要包括：网上银行、手机银行、电话银行、微信银行和直销银行。

报告数据显示，2018 年个人电子银行各渠道用户比例均有所提升，其中网银渠道用户增速放缓，用户比例为 53%，而手机银行用户比例首次超越前者，达 57%。另外，第三方支付用户比例为 78%，创历史新高。微信银行与电话银行用户比例分别为 34%和 22%。

网上银行即由商业银行等金融机构通过互联网向其客户提供各种金融服务的线上银行，其业务包括传统银行业务和因信息技术应用带来的新兴业务。具体业务种类包含开户、销户、查询、对账、行内转账、跨行转账、信贷、网上证券、投资理财等。

网上银行又被称为“3A 银行”，因为它不受时间、空间限制，能够在任何时间（Anytime）、任何地点（Anywhere）、以任何方式（Anyhow）为客户提供金融服务，使客户足不出户就能够安全便捷地管理活期和定期存款、支票、信用卡及个人投资等。可以说，网上银行是在互联网上的虚拟银行柜台。根据服务面向的客户不同，网上银行一般分为个人网上银行和企业网上银行。

5.1.1 相关概念

（一）在线支付

在线支付（含离线支付）是相对于线下支付而言的，比如网上银行支付就是在线支付。线下支付，是指消费者必须亲自到购买现场进行支付操作的资金支付行为。其中，订单的产生可能通过互联网线上完成，但支付动作一定是到达现场才完成的。线下支付的具体表现形式，包括 POS 机刷卡支付、拉卡拉等自助终端支付、预付卡支付、手机近端支付以及网点支付等。

在线支付是目前在互联网上从事电子商务的商户普遍采用的收款方式。消费者在互联网环境下选择商户的商品或服务，然后在线付款给商户。简单地说，无须亲自去刷卡的支付就是在线支付。按使用的终端不同在线支付又可以分为桌面在线支付和移动在线支付（见图 5－1）。按使用的网络不同又可分为互联网支付（网上银行）、（固定/移动）电话支付、数字电视支付等。

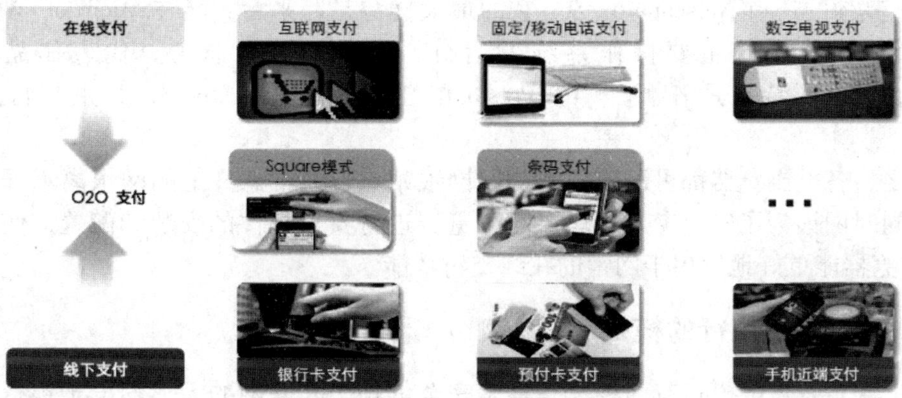

图 5－1 在线支付：桌面在线支付与移动在线支付

桌面在线支付即电脑支付，是最先兴起的互联网支付方式。从某种程度上来说，桌面在线支付的兴起推动了电子商务产业的发展。虽然近期随着移动支付的兴起，地位受到挑战，但在目前仍然占据着互联网支付中最多的份额。桌面在线支付之所以还能够保持主导地位，是缘于以下几个条件：（1）安全方面，桌面支付还是要强于移动支付。从信息通道层面，即便是通过 https 或者传统的 SSL 的通信方式依旧无法有效保证移动支付信息是否被篡改和伪造；从操作系统层面，移动手机的操作系统安卓本身是一个开放的开发环境，用户信息被窃取的事情也出现过很多次；从硬件管理层面，只要把手机拿到，几乎可以毫无障碍地取走支付宝、网银内大笔的钱。（2）实用性方面，桌面支付暂时还无法被移动支付所代替。移动端天然的屏幕窄小、电池待机时间和屏幕分辨率决定了在很多场景下桌面端还具备暂时的优势，短期内无法取代。另外在资源存储空间和通信网络带宽方面，移动端无法像传统桌面端一样有着庞大的存储量和高速的互联网带宽。在云存储没有真正发展起来的这段时间，桌面端依旧拥有其生存优势。

无论是通过桌面形式还是移动形式，网银界面都可以通过浏览器入口进入，其展示的界面、操作和功能几乎是完全一致的，并无根本性的区别。所以网银也可称为WEB形式的网银或浏览器网银。

（二）浏览器

桌面电脑或者手机中都可以运行互联网浏览器，可以通过浏览器访问各类电子商务网站、网络银行网站以及第三方支付平台网站，从这个意义上说浏览器就是进入在线支付界面的工具，是在线支付的第一个步骤，同时对于在线支付安全也有着非常重要的意义，比如用户名和密码都是要通过浏览器进行交互的。浏览器的种类非常多，所支持的网络标准也不尽相同。如果按浏览器核心分类，一般分为四种，它们分别是：Trident、Gecko、WebKit和Presto。（1）Trident核心，代表产品是微软的Internet Explorer，其他的还有如Maxthon遨游、世界之窗、腾讯TT、Netcapter、Avant等，但Trident只能应用于Windows平台，且是不开源的。（2）Gecko核心，代表作品Mozilla Firefox，其他的还有Netscape 6—9。它的最大优势是跨平台，能在Microsoft Windows、Linux和MacOS X等主要操作系统上运行。（3）WebKit核心，代表作品Safari、Chrome，其主要特点是开源。（4）Presto核心，代表作品Opera，其主要特点是速度快。

总之，各类浏览器都可以被用来访问网银站点，通常意义上的网银离不开浏览器入口。同时网银为了安全考虑，还要对浏览器进行安全控件的安装和配置，使通用的WEB浏览器能更好地被用于网银的在线支付功能。

5.1.2 网上银行的模式

网上银行发展的模式有两种，一种是完全依赖于互联网的无形的电子银行，也叫“虚拟银行”。所谓虚拟银行就是指没有实际的物理柜台作为支持的网上银行，这种网上银行一般只有一个办公地址，没有实体分支机构，也没有线下营业网点，采用互联网等科技服务手段与客户建立密切的联系，提供全方位的金融服务。以美国安全第一网上银行为例，它成立于1995年10月，是在美国成立的第一家无营业网点的虚拟网上银行，它的营业厅就是网页画面，当时银行的员工只有19人，主要的工作就是对网络的维护和管理。

另一种是在现有的传统银行的基础上，利用互联网开展传统的银行业务交易服务。即传统银行利用互联网作为新的服务手段为客户提供在线服务，实际上是传统银行服务在互联网上的延伸，这是目前网上银行存在的主要形式，也是绝大多数商业银行采取的网上银行发展模式。国内现在的网上银行基本都属于第二种模式。

但如果从互联网金融角度来看，截至2019年5月全国18家民营银行中8家为纯互联网银行（没有线下网点的纯网络银行，参见图5－2）。全国18家民营银行为：2014年开业的有深圳前海微众银行，2015年开业的上海华瑞银行、温州民商银行、天津金城银行、浙江网商银行，2016年开业的重庆富民银行、四川新网银行、湖南三湘银行，2017年开业的福建华通银行、武汉众邦银行、威海蓝海银行、北京中关村银行、江苏苏宁银行、吉林亿联银行、梅州客商银行、安徽新安银行、辽宁振兴银行，再加上2019年5月获得筹建批复的南昌裕民银行共18家。此外，上海张江银行、广州花城银行、瑞丽边贸银行、贵州贵安银行、甘肃西部银行等不同地区的民营银行都处在不同的筹备阶段。

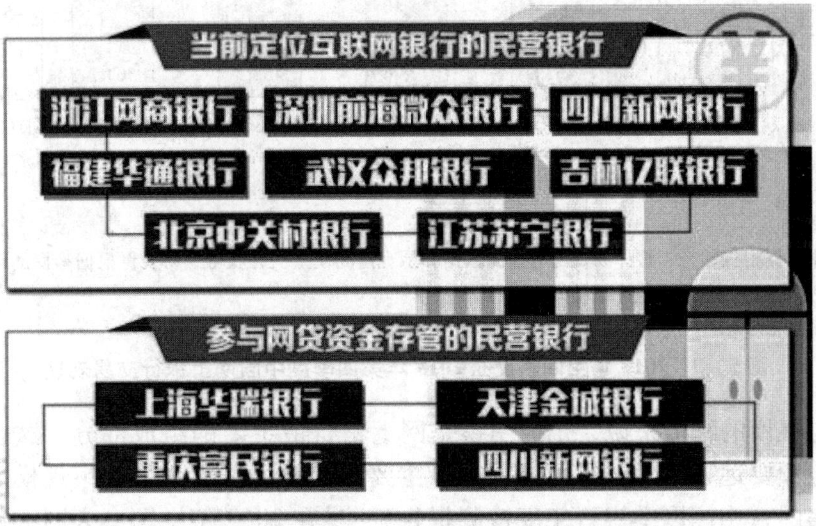

图5－2　8家互联网银行（纯网络银行）

随着互联网应用的进一步深化，全民进入电子商务时代。电商时代的B2C、C2C发展非常迅速，在网络交易日渐盛行的时期，买家卖家一般无法见面直接交易，在对对方一无所知的情况下如何进行安全的付款成为一个亟待解决的难题。正因为网络上的交易者之间存在一个支付信任难题，显然通常意义下的网银转账，即单纯提供从买家到卖家直接的资金支付模式是无法破解这个困局的，还需要有全新设计的支付模式，这种支付模式的创新设计直接催生了第三方支付公司的迅速发展，给整个支付行业带来了巨大的变革。

5.1.3　网银的发展与规模

（一）交易规模

Analysys易观产业数据库发布的《中国网上银行市场季度监测报告2018年第四季度》数据显示，2018年第四季度，中国网上银行客户交易规模为501.7万亿元人民币

（见图5－3）。由于手机银行和第三方支付的快速发展及其对个人网银的替代效应，个人网银交易规模下降；受益于企业网银用户数增长、功能不断丰富、用户体验提升等因素影响，企业网银交易规模保持增长，从而带动整体网上银行交易规模增长。

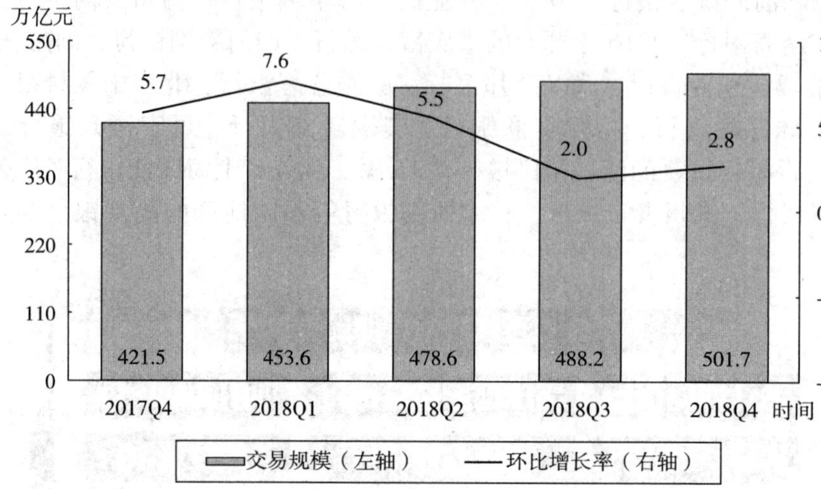

注：图中数据根据银行年报、易观自有监测数据和易观研究模型估算获得，易观将根据掌握的最新市场情况对历史数据进行微调。

资料来源：Analysys 易观，www. analysys. cn。

图5－3　2017年第四季度至2018年第四季度中国网上银行交易规模

从交易规模的结构来说，企业网银是网上银行最主要的组成部分。这也是网银的总体交易金额要远超第三方支付的一个最主要的因素。仅就个人网银规模而言，根据艾瑞咨询集团《中国网上银行年度检测报告》，早在2010年中国个人网上银行交易规模为78.5万亿元，就已远超2013年的第三方支付交易金额了。2018年艾瑞咨询数据显示，第三方移动支付交易规模为190.5万亿元，第三方互联网支付（特指桌面电脑和便携式电脑发起的支付）交易规模为29.1万亿元。这两者与网银支付规模相比还是有较大差距的。

（二）用户规模

虽然在交易金额上网银远超第三方支付，但是从用户数量的角度，网银则不如第三方支付。根据中国互联网络信息中心（CNNIC）2018年发布的第42次《中国互联网络发展状况统计报告》，截至2018年6月，中国网上银行用户规模为4.17亿人（见图5－4）。例如根据2018年末建设银行年报数据，其个人网银用户数已达到3.05亿户。但是2019年1月9日支付宝正式对外宣布，支付宝全球用户数已经超过10亿，但是注意这是全球用户而不单是指中国用户。阿里巴巴2019财年第二季度季报披露，截至2018年9月30日，支付宝的国内年度活跃用户超过7亿。

（三）使用偏好

根据2018年12月13日中国金融认证中心（CFCA）正式对外发布的《2018中国

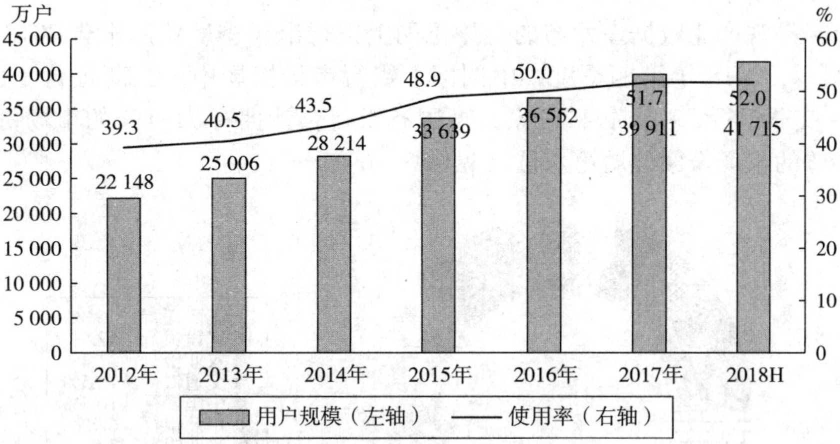

图5-4　2012—2018年中国网上银行用户规模及使用率情况

电子银行调查报告》数据，2018年个人网银用户比例为53%（见图5-5）。随着各行网银功能的逐步完善，银行业务线上迁移基本完成，对线下网点的分流作用明显。

2018年个人网银交易用户比例为51%，与2017年基本保持一致。其中，使用工商银行和建设银行的个人网银进行交易的用户比例最高。网上银行渠道的角色逐渐转变为手机银行等其他电子银行渠道的补充与备份，但仍然是用户进行大额交易时最安全可靠的电子渠道。

根据调查显示，网银功能丰富，能够满足用户需求，且使用不受时间限制是用户开通个人网银的主要原因。在网银的众多功能中，对于网络支付的需求是用户开通个人网银的首要动因，占比达46%。其次，网银的安全性高也是用户开通与使用网银的必要条件。此外，银行网点资源稀缺，流程烦琐也均促进了用户由网点渠道向网银渠道的迁移。调查还显示转账汇款、查询账户与网络支付是用户通过网银办理的主要业务。安全性则是用户使用网上银行时首要关注的因素。

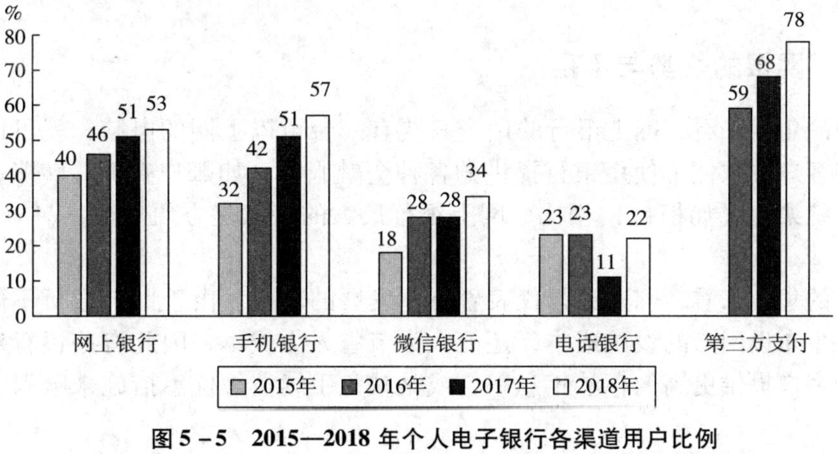

图5-5　2015—2018年个人电子银行各渠道用户比例

（四）份额分布

Analysys易观产业数据库发布的《中国网上银行市场季度监测报告2018年第四季度》数据显示，2018年第四季度，中国网上银行市场格局中，工商银行、建设银行、农业银行、交通银行、中国银行五家大型国有银行合计拥有71.1%的市场份额，招商银行以6.9%的市场份额位居第六位（见图5－6）。

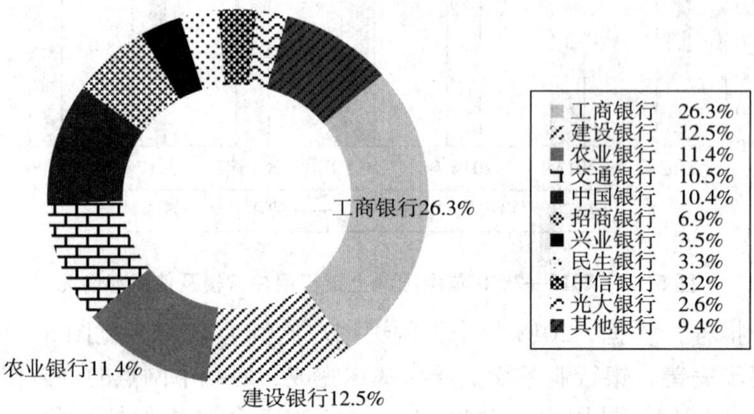

注：图中数据根据银行年报、易观自有监测数据和易观研究模型估算获得，易观将根据掌握的最新市场情况对历史数据进行微调。

资料来源：Analysys易观，www. analysys. cn。

图5－6　2018年第四季度中国网上银行市场交易份额

从具体网上银行来看，建设银行个人网银推出轻量版个人网银、新西兰版本海外个人网银、全新个人网银英文版、繁体版个人网银，进一步扩大客群范围，该行个人网银用户数已超3亿户，企业网银用户数757万户，为该行网上银行的发展奠定了用户基础。招商银行充分发挥企业网银的优势，持续加强企业网银客群的基础建设，推进启动重塑客户体验的“网银焕新”项目，企业网银客户规模及交易额均有所增长。

5.1.4　网银的优势与不足

从客户的角度来看，网上银行的用户只要有一台可以上网的电脑，就可以使用浏览器或专有客户端软件来使用银行提供的各种金融服务，如账户查询、转账、网上支付等。与传统渠道（如柜台）相比，网上银行最大的特点是方便快捷，24小时服务，不必排队。

从银行的角度来看，网上银行代表着行业发展的趋势。由于网上银行不但可以让银行省下不少布设网点的设施成本，还能大大节省人力成本，因此有些银行对于使用网上银行的客户提供更高的存款年息率，或是减免手续费等优惠措施来吸引客户和推广其使用。

从商家的角度来看，在自己电子商务的平台上提供网银支付通道也是非常方便快捷的一种收款方式。

但网银的不足之处也是很明显的：首先，商家面对数量众多的银行，一家一家去谈判，去签约加入其网银支付通道，非常烦琐。其次，对于消费者的浏览器，不同银行的网银在首次使用的时候往往会提示下载安装不同的安全控件，每个消费者在首次使用或者更换电脑、重装系统等场景下都会收到网银提示的下载安装的要求，较为烦琐。例如目前国内网上银行的密码输入框，一般采用了 ActiveX 控件，苹果的 Mac 平台以及谷歌、火狐等非 IE 系的浏览器，与该控件大多不兼容。再者，网银对银行的研发实力要求较高，很多小银行暂时还没有实力开发或购买建立自己的网银。最后，网银支付最大的安全隐患在于钓鱼网站，因为使用网银支付时，需要跳转页面，进入银行特定页面，这给钓鱼网站以可乘之机。

5.2 手机银行（WAP、App 方式）

全球共有 51 亿人使用移动服务，占全球人口的 67%

2019 年 3 月 4 日在巴塞罗那世界移动大会（MWC Barcelona 2019）上发布的 2019 全球版 GSMA《移动经济》旗舰报告系列显示，截至 2018 年底，全球共有 51 亿人使用移动服务，占全球人口的 67%。自 2013 年以来的 4 年里，新用户增加了 10 亿（平均每年增长 5%）。预计 2018 年至 2025 年年均增长 1.9%，届时移动用户总量将达到 58 亿（占总人口的 71%），全球五分之四的联网将通过智能手机进行。在 2025 年将出现三个新的智能手机超级大国：中国、印度、印度尼西亚。到 2024 年，全球移动数据使用量将增长 5 倍，这主要得益于智能手机的普及和可负担得起的高速网络，智能手机在世界各地的普及使得消费者可以参与到许多应用中去，包括手机银行。

手机银行属于电子银行业务中的一种，主要的表现形式有 WAP 手机银行和 App 手机银行。如工行的手机银行，就明确地分为 WAP 和 App 两种，如图 5－7 所示。

根据多家银行的年报，截至 2018 年底，A 股上市的工、农、中、建、交五家国有大行手机银行用户数已合计超过 10 亿户，在市场中牢牢占据主流地位。其中，工商银行、建设银行、农业银行位列市场前三强，依次达到 3.13 亿户、3.1 亿户、2.57 亿户，分别同比增长 11%、16.2%、24.8%。参考中国报告网发布的《2018 年中国手机银行 App 行业分析报告——市场运营态势与发展趋势研究》的数据，每月使用手机银行 App 在1～2次的用户比例最多，占 40% 左右。值得注意的是，随着手机银行 App 被打造为集购物、买基金、订机票等于一体的手机商圈，手机银行 App 月度使用次数 11 次以上的用户比例在不断攀升。

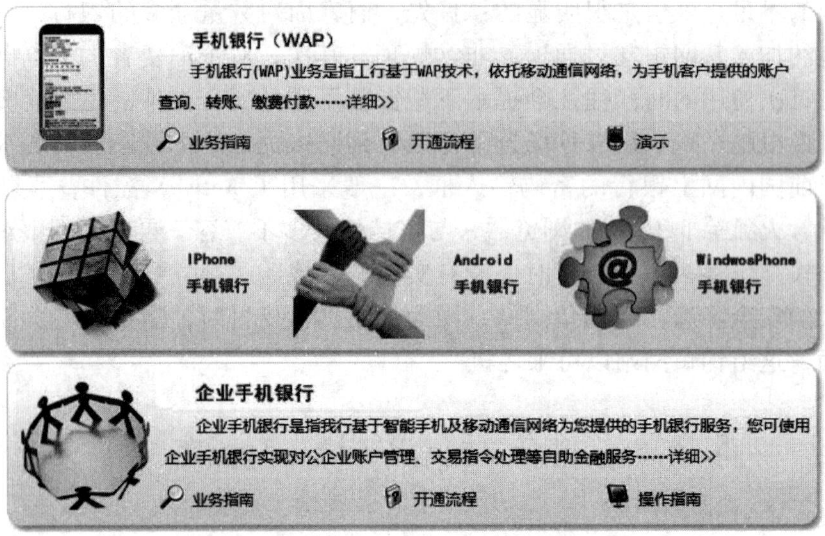

图 5－7　中国工商银行手机银行

5. 2. 1　WAP 手机银行

十多年前，在手机的屏幕还很小、手机的运行速度还比较慢的年代，为了和电脑一样能用手机访问网站，提出了 WAP（Wireless Application Protocol）的概念。WAP 的目标是使国际互联网 Internet 的内容和各种增值服务适用于手机用户和各种无线设备用户。WAP 能够运行于各种无线网络之上，如 GSM、GPRS、CDMA 等，可以将 Internet 的大量信息及各种各样的业务引入移动电话、PALM 等无线终端之中，其中就包括网银业务（见图 5－8）。

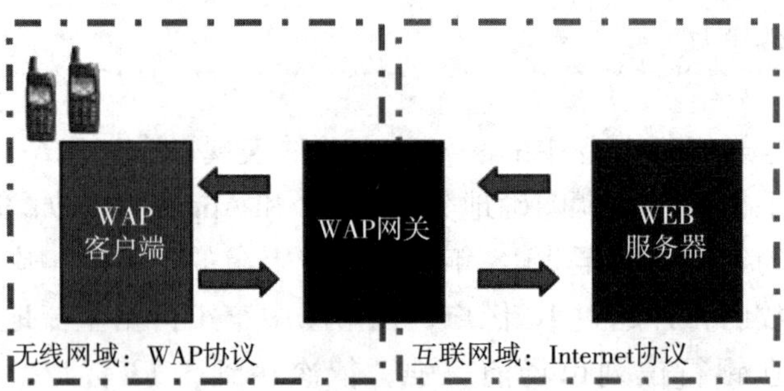

图 5－8　WAP 手机访问互联网

但是手机硬件的快速发展以及网络速度的加速升级，使得当今大屏的智能手机运行速度和网络速度丝毫不逊色于普通的台式电脑，使用的视觉和操作体验与桌面电脑也无太大差别，甚至更优。WAP 作为昙花一现的技术产物，虽然在当年暂时部分满足了手机访问互联网的需求，但是目前几乎不被发展和使用了。现在的 WAP 网银功能的存在，基本上还是基于历史遗留的原因。新的 WAP 网银用户几乎不会再增加了。

5.2.2 App 手机银行

近年来全球智能手机用户规模迅速壮大。根据 IDC 的统计数据，2015 年至 2017 年间，全球智能手机用户数量从 28.71 亿增长到 36.66 亿，年均复合增长率为 13.0%。其中，中国境内的智能手机用户从 8.08 亿人增至 9.24 亿人。

中国智能手机渗透率的快速提升，使得手机银行 App 装机量大爆发。App 是 Application的缩写，通常专指手机上的应用软件，或称手机客户端。手机 App 就是手机的应用程序，总的来说就是一款软件，属于移动设备上面运行的一款终端软件。传统金融机构银行在自身网点服务的基础上，继推出浏览器网银之后，进一步将一些业务移植到手机的专门软件上即手机银行 App。目前的手机银行，更多的像是网上银行在手机上的一种延伸。

（一）市场规模

Analysys 易观产业数据库发布的《中国手机银行市场季度监测报告 2018 年第四季度》数据显示，2018 年第四季度，中国手机银行客户交易规模为 77.1 万亿元人民币，环比增长 8.8%（见图 5-9）。

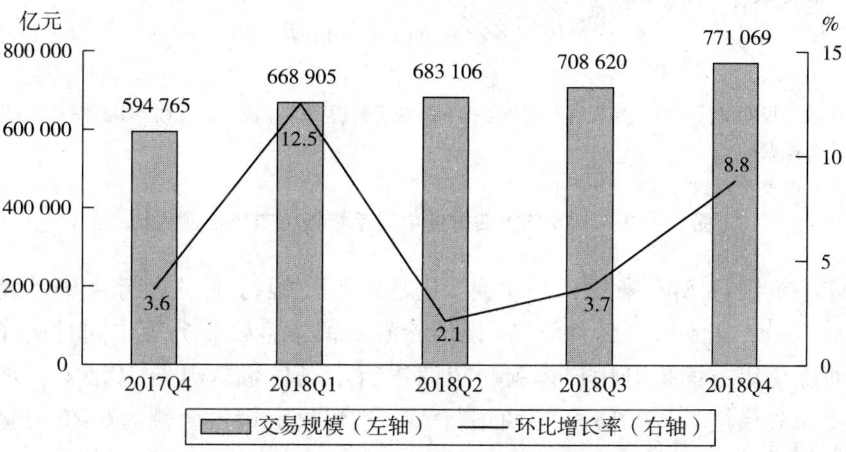

注：图中数据根据银行年报、易观自有监测数据和易观研究模型估算获得，易观将根据掌握的最新市场情况对历史数据进行微调。在本季度对 2018 年第二季度、第三季度数据进行了校对。

资料来源：Analysys 易观，www.analysys.cn。

图 5-9 2017 年第四季度至 2018 年第四季度中国手机银行交易规模

2018 年，手机银行交易规模继续保持增长态势，银行通过多措施提升手机银行用户规模及交易规模：一是加大电子账户注册，手机银行已成Ⅰ、Ⅱ、Ⅲ类账户全客户经营载体，部分直销银行已与手机银行合并。二是线下存量客户挖掘及转化，梳理优质对公存量客户，积极开展上门营销，走入企业现场开通手机银行和激活。三是不断丰富手机银行产品及服务，如推出智能投顾产品、出国金融服务，转账功能优化、账户查询及金融资产视图功能优化、UI设计优化等，丰富的产品可以充分满足不同群体用户需求，而转账、查询功能及UI优化可以有效提升用户使用体验、增强用户黏性。四是营销活动多样化，包括针对转账、缴费充值、信用卡还款等推出的交易促销活动；针对新用户、信用卡用户、大学生群体等特定群体推出的营销活动，针对特定节日如春节期间推出集五福活动等；同时，探索新型营销模式，打造持续性的积分营销平台，如农行“嗨豆乐园”等。

在2018年第四季度中国手机银行市场格局中，建设银行、工商银行、农业银行分别以21.4%、19.1%、17.2%的市场份额位列前三位（见图5－10）。

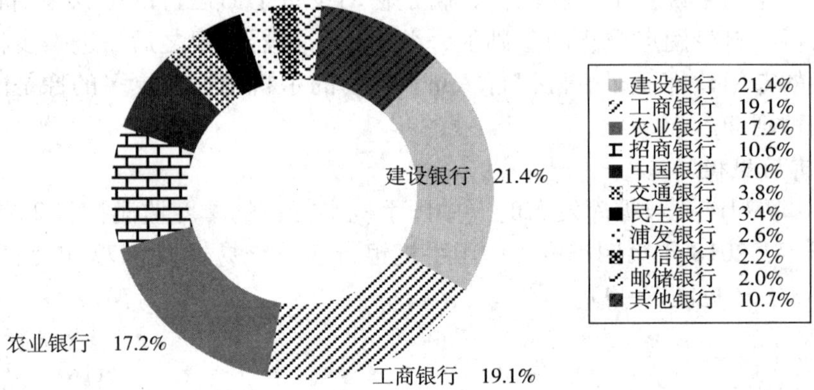

注：图中数据根据银行年报、易观自有监测数据和易观研究模型估算获得，易观将根据掌握的最新市场情况对历史数据进行微调。

资料来源：Analysys易观，www.analysys.cn。

图5－10　2018年第四季度中国手机银行市场份额占比

从具体手机银行App来看，2018年10月，工商银行手机银行4.0上线，推出了“随心查”、“一点即转”、“云保管”、出国旅游及留学金融服务等，同时从降低注册门槛、主界面优化等方面提升用户体验。招商银行市场份额提升至10.6%，理财、转账等推动其交易规模增长。2018年招商银行App理财投资销售金额为6.26万亿元，同比增长41.3%，占全行理财投资销售金额的59.1%。

当前，大中型银行纷纷将手机银行作为零售银行的“主战场”，期望通过手机银行的客户经营来增强零售银行竞争力或实现弯道超车。2018年，工商银行、招商银行、平安银行等银行手机银行客户数占零售客户总数的比例均超50%。未来，手机银行交易规模仍将保持稳定增长。

（二）优势

从功能方面看，手机银行不但随时随地可操作的优势明显强于网上银行，其他功能也略胜一筹。如浦发银行手机银行可实现手机号汇款，可使用唯一的手机号登录手机银行，进行财富管理、现金管理。

手机银行 App 让银行更易于控制客户端。首先银行对于用户的入口具有完全的控制权。因为手机 App 是一款专门为银行度身定制的软件，其界面、功能可以完全按照银行的意愿和需求进行设计和修改。其次是无须让用户手动去下载安装浏览器安全插件了，而且每次安全方面的更新都有可能导致浏览器插件的更新和手动下载，会带来较差的用户体验。另外，由于手机银行 App 是银行完全掌握的软件，其安全方面较能为银行所控制和把握，而且版本更新可以自动进行。

银行的手机客户端业务能降低银行的运营成本。据统计，手机银行交易成本仅为传统方式的五分之一。国外手机银行处理一笔交易的平均成本为 0.16 美元，大大低于 1.07 美元的传统柜台交易成本；而国内平均柜台交易约为人民币 4 元，而使用移动交易的成本仅为 0.6 元。因此，利用手机提供的便利性，能减少银行的营运成本，增加移动运营商的收入，让消费者及相关公司都能受惠。

银行大力推广手机客户端业务还有一个非常重要的原因，就是激活刷卡率，刺激用户多消费。用户打开手机客户端之后，发现里面可以购物、买彩票、手机充值、买基金、买电影票等，这就相当于形成了一个手机上的商圈。

（三）服务内容

手机银行近年来已逐渐成为在线金融的新趋势、新潮流，各家银行都在积极推广自家的移动客户端，其业务大致可分为三类：（1）查缴费业务，包括账户查询、余额查询、账户的明细、转账、银行代收的水电费、电话费等；（2）购物业务，指客户将手机信息与银行系统绑定后，通过手机银行平台进行购买商品；（3）理财业务，包括炒股、炒汇等。图 5－11 所示是中国银行手机银行的服务功能。

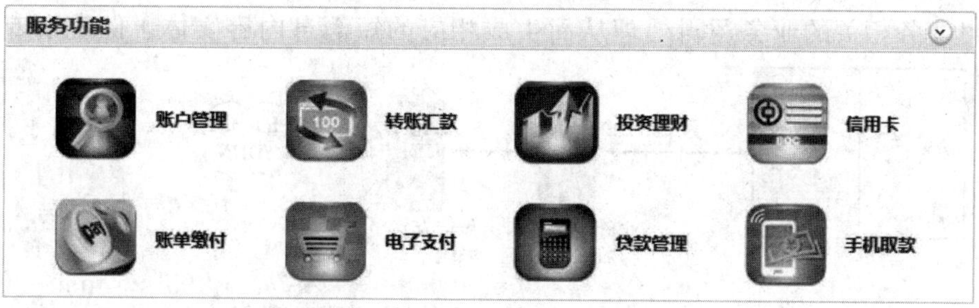

图 5－11　中国银行手机银行

（四）挑战

随着智能手机的推广，人们的支付习惯也在变化，在支付服务的竞争过程当中，银行受到来自第三方支付机构的强有力竞争。根据 2018 年 12 月 13 日中国金融认证中心（CFCA）发布的《2018 中国电子银行调查报告》数据，手机银行用户比例为 57%，相较 2017 年增长 6%，第三方支付用户比例为 78%，同比增长 10%。第三方支付在用户办理转账汇款业务时具有明显优势，但手机银行渠道有赶超趋势。并且，用户在办理大额转账汇款时仍优先选择网银或手机银行等银行端的电子渠道。调研结果显示，64% 的用户常用支付宝办理转账汇款，常用微信转账的用户为 43%。虽然常用手机银行转账汇款的用户仅为34%，但常用转化率较高，达71%。并且，用户在访谈中表示使用第三方支付进行转账汇款的单笔交易金额较网上银行和手机银行更小，网上银行与手机银行在大额交易业务上仍有优势。

5.3 其他电子银行

5.3.1 电话银行

电话银行是指使用计算机电话集成技术，利用电话自助语音和人工服务方式为客户提供账户信息查询、转账汇款、缴费支付、投资理财、业务咨询等金融服务的电子银行业务。电话银行服务系统是20世纪90年代已出现的一种银行服务，由于它采用了电脑FAX/语音转换技术，使银行的各种资料能通过电话语音或传真机及时准确地传递给客户。

5.3.2 手机银行（短信方式）

短信银行是指客户通过编辑发送特定格式短信到银行的短信服务号码，银行按照客户指令，为客户办理相关业务，并将交易结果以短信方式通知客户的电子银行业务。以光大银行的短信银行为例：客户使用手机编辑固定格式的短信内容发送至95595即可查询相关账户信息。编辑“?”发送到95595即可获取短信银行常用功能菜单。

系统结构如图5－12所示。业务逻辑处理与数据库服务系统主要功能是实现与银行短消息业务相关的业务逻辑处理从而生成相应的短消息内容实体、储存所有发送信

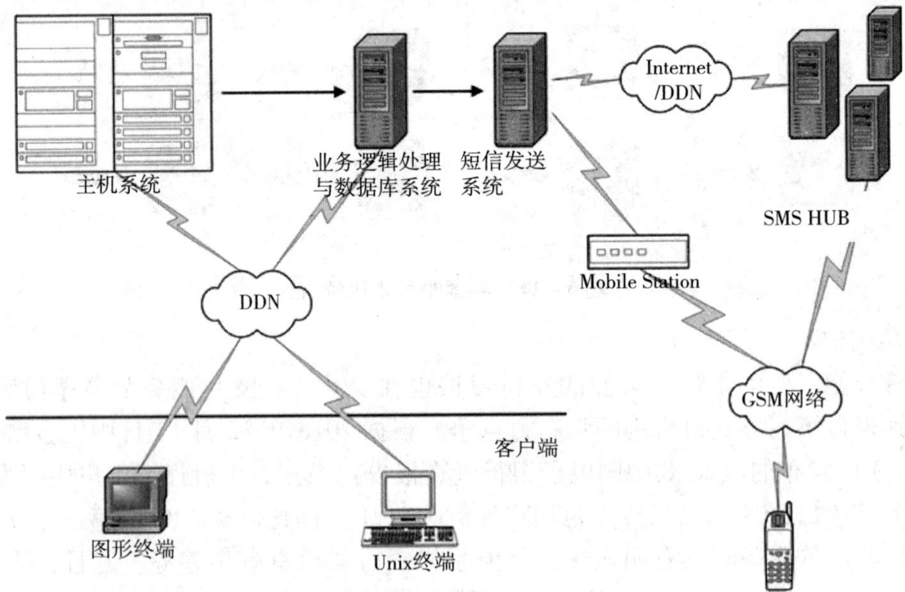

图5－12　短信银行示意

息、保存客户资料，并将所需发送的短消息推送到短信发送系统。短信发送系统把从业务逻辑处理与数据库系统中推送过来的短消息实时地发送到SMS HUB上。

5.3.3 自助终端

银行的自助设备包括自动取款机（ATM）、自动存款机、自动存取款机、自助查询机、自助缴费机等，客户可通过自助方式在相应的自助设备上完成存款、取款、转账和查询等交易。传统的自助终端设备远程都是通过电信专网连接到银行网络的，随着三网融合的逐步发展，底层采用何种网络的区别已经逐渐淡化，现在也出现了无线ATM等设备，可以经过无线路由器接入互联网，再联入银行的网络系统。

20世纪80年代中期，中国银行为了提升银行现代化形象，开始引进ATM。自20世纪90年代末以来，中国开始投入大量人力、物力，进行ATM的研制和生产。经过多年的培育，中国的ATM市场得到了长足发展。自2000年以来，中国的ATM总保有量以24.62%的年均复合增长率高速增长。截至2019年第一季度末，全国ATM机具已达4111.14万台（这里不仅统计银行业存款类金融机构布放的在用自助存款机、自助取款机、存取款一体机、自助缴费终端等传统自助设备，还新增统计了自助服务终端、可视柜台（VTM）、智能柜台等新型终端设备）。全国每万人对应的ATM数量7.96台，环比下降0.33%。随着移动支付的快速发展，银行ATM机等现金自助设备受到影响。央行公布的《2018年支付体系运行总体情况》数据显示，2018年第四季度银行ATM机总量111.08万台，较上季度末减少1.77万台。这是央行自扩大ATM机统计范围后首次数量出现下滑，同时，ATM机生产企业2018年业绩也难以止跌。不过短期内，银行还处于数字化交易和纸币交易并存的状态，银行ATM机立刻退出历史舞台的可能性不大。

5.3.4 电视银行

所谓电视银行，就是通过双向数字电视网络，以电视机与机顶盒作为客户终端，遥控器作为操作工具，为家庭成员提供方便、快捷的一体化金融服务的新型电子渠道。

电视银行是继网上银行、电话银行、手机银行、ATM之后的又一自助渠道，具有多项优点。与网上银行相比，电视银行更加安全，操作更加简便。由于数字电视自身线路和系统较为封闭，因而更具安全性；同时，电视的操作简单易行，年纪稍长的用户更易接受。与手机银行相比，客户操作的可视界面尺寸更大，更加简单、直观。与ATM相比，电视银行让客户免去出行奔波和排队等候，可办理业务也更多。

电视银行结构如图5-13所示。电视银行支持银行现有各种金融业务，包括个人客户人民币账户信息查询、转账（定活互转、行内转账、跨行转账）、电视支付、信用卡（还款、账单查询）、缴费、银行产品信息查询、个人客户外币通（定活互转、外币理财）、基金业务、理财业务、个人贷款、第三方存管业务以及地方性特色业务等功能，为客户提供完善的电子金融服务渠道。

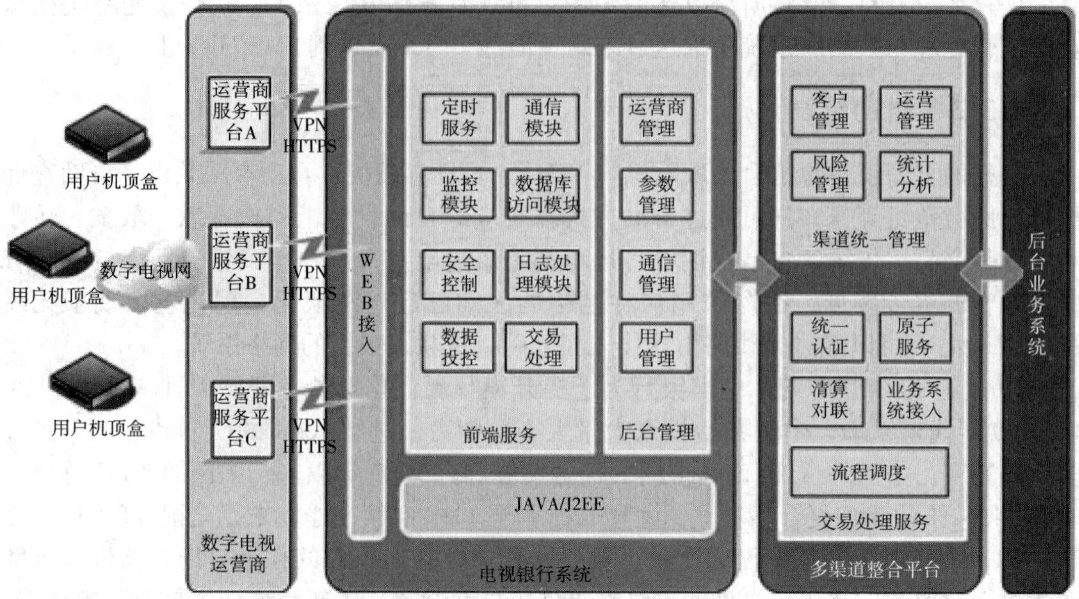

图 5－13　电视银行示意

本章小结

本章采用通常的分类方式，逐类介绍了电子银行中的网银、手机银行以及电话银行、短信银行等其他的一些电子银行形式。在深入理解网络类型和连接方式的基础上，介绍了网银的规模、应用和特点。针对移动互联网的兴起，对于手机银行的主要形式做了阐述，对其所面临的来自第三方支付的挑战和今后的发展做出了描述。

想一想、练一练

◎ 思考题

1. 试论述网银目前的支付规模以及网银的优势与不足。
2. 手机银行有哪几类？简述手机银行目前的支付规模。
3. 试述电子银行有哪些形式。试述中国的 ATM 规模以及发展趋势。
4. 请描述电视银行的概念及其特点。

◎ 实训题

1. 查找资料，试分析研究智能网络机顶盒市场及其有代表性的几款产品，并分析其是否支持电子银行业务。
2. 下载并安装 3 家银行的手机网银，并对比其各自的使用特点。

第6章

第三方支付概论

知识要点

✓ 第三方支付与互联网金融支付的关系
✓ 互联网金融支付的概念、构成及趋势
✓ 第三方支付的地位、规模及支付形式
✓ 具有特殊地位的第三方支付机构银联

案例导读

2019年4月银联云闪付App用户突破1.5亿

2019年4月2日15时，当一位来自北京的用户在北京农商行的引导下完成了注册后，云闪付App注册用户正式突破1.5亿。此时，距离2017年底云闪付App正式发布不到一年半时间，用户增速喜人。

作为中国银联与各商业银行及产业各方共商共建的统一App，云闪付发布以来从功能、场景两端发力，不仅汇聚了支付、卡管理、理财等基础金融功能，也深入移动支付便民工程“十大场景”，为人们日常生活的方方面面提供便利与普惠。

“云闪付”App作为统一入口及开放平台，汇聚了银联及各大银行的支付工具、支付场景及特色服务，一个App即可管理所有银行卡，显著降低了百姓金融服务门槛。

截至目前，云闪付App已支持在线申请包括工行、农行、中行、交行、中信、招商、浦发、民生、华夏、平安等21家银行的80余种信用卡；支持国内所有银行卡的绑定，230多家银行的持卡人可通过云闪付App使用银联二维码支付。此外，云闪付App卡管理频道还提供卡对卡免费转账、逾120家银行信用卡账单查询、0手续费还款等刚需服务，在普惠让利中实现银行卡管理全流程服务。

云闪付App还是中国银联深耕移动支付便民工程“十大场景”的重要支付工具之一，不论是交通、医疗、校园，或是商超便利、公共缴费等，用户都只需一部手机，便可享受便捷的线上线下支付体验。

在公交地铁、菜场、商超便利店、校园、医疗、公共缴费等人们日常生活的刚需场景，云闪付 App 正逐步扩大便民支付覆盖面。以公交出行为例，目前云闪付 App 公交乘车码已在上海、广州、天津、南京、重庆等 18 家城市开通。而在医疗领域，云闪付 App 中的银联智慧医疗平台已支持我国 29 个省区市、140 余个地市，合计约 1500 余家医院挂号就诊。

1.5 亿用户的突破体现了广大用户对银联移动支付产品的认可，更是银联开启普惠便民新征程的契机与动力。

6.1 第三方支付概述

网络购物的盛行

2003 年 10 月，远在日本横滨留学的淘宝卖家崔卫平将一台九成新富士数码相机，通过支付宝“担保交易”卖给西安买家焦振中，这是该支付工具第一笔交易，却预示着网上支付和网络购物即将空前繁荣。截至 2013 年底支付宝实名用户已近 3 亿，其中超过 1 亿的手机支付用户在一年中完成了 27.8 亿笔、金额超过 9 000 亿元的支付，支付宝成为全球最大的移动支付公司。由此可以看出整个网上支付产业和网络经济互相联动，更在无形中改变了当今主流中国人的生活模式。

据 2014 年 5 月 7 日阿里巴巴向美国证监会（SEC）提交的招股说明书中的数据，每个淘宝用户在 2013 年购物频次平均为 49 次。用户网络购物习惯在逐渐深化。艾瑞咨询数据也显示，以个人消费者参与为主的 B2C 在中国网络购物市场交易规模的比重在 2013 年已达到 36.2%，其比重已超过三成，B2C 市场正在成为网络购物用户购物的重要选择，也是网络购物市场发展的主要推动力。2013 年，中国有近一半的网民加入了网络购物大军，网购人数达到了 3 亿人，相当于美国的人口总数。

中国网络购物行业继续保持高速发展势头，网络购物交易规模在社会消费品零售总额中的占比持续提升。屡创新高的交易额和持续攀升的网购渗透率显示出我国网络购物市场巨大的发展潜力。在行业高速发展的过程中，移动购物、跨境电商、开放平台及 O2O 转型等逐渐成为中国网络购物行业新的热点。与美国总人口规模相当的网民踊跃投入网络购物中，个人参与的 B2C 已经成为网购的主力军。根据 Analysys 易观发布的《中国网络零售 B2C 市场季度监测报告》，2018 年第四季度，中国网络零售 B2C 市场交易规模为 15267.6 亿元人民币，同比增长 28.4%（见图 6－1）。

如图 6－2 所示，2018 年末 B2C 市场格局依然呈现“两超多强”格局，天猫和京东以绝对的市场份额优势一路领先，优势明显。其他的重要参与者包括苏宁易购、唯

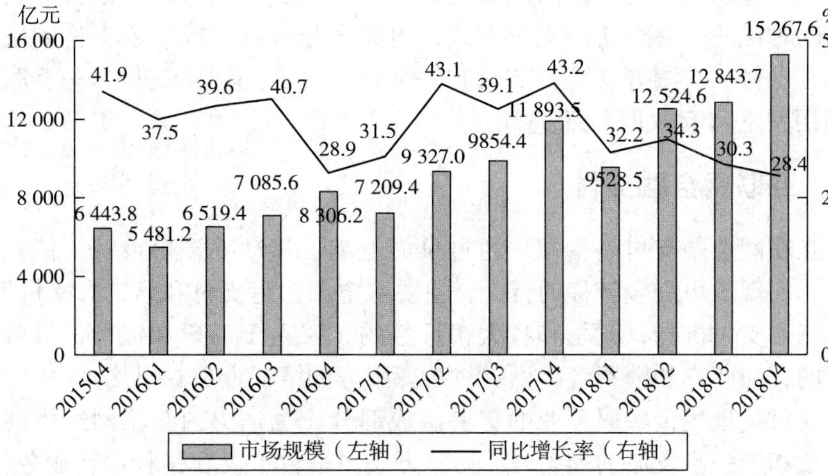

资料来源：Analysys 易观，www. analysys. cn。

图 6－1　2015 年第四季度至 2018 年第四季度中国网络零售 B2C 市场交易规模

品会和国美等。

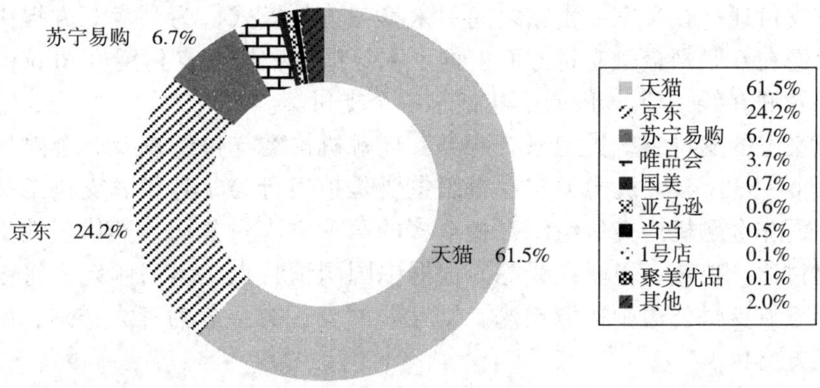

注：①由于四舍五入的关系，份额加总可能不等于 100%。②数据基于对行业内的专家深访、厂商征询以及相关公司财报，再由易观自有模型推算得出。

资料来源：Analysys 易观，www. analysys. cn。

图 6－2　2018 年第四季度中国网络零售 B2C 市场交易份额

另外中国的企业也积极通过互联网进行采购和销售。根据《中国企业电商化采购发展报告（2018）》显示，2018 年我国企业电商化采购市场规模约为 3600 亿元，同比增速达 80%。企业电商化采购表明，互联网平台由个人消费市场扩大到企业消费市场。

网络购物是通过互联网进行的买卖，在整个过程中必然要有资金的流动，一般可以选用的支付方式有：互联网金融支付、现金货到付款（Charge On Delivery，COD）、邮局或银行汇款以及其他方式。其中互联网金融支付是其最主要的支付方式。本书所定义的“互联网金融支付”，就是特指支付信息通过开放的互联网进行传递的一种支付形式。它是一种有别于货到付款的现金支付，也有别于通过邮政或银行专属网络的支付，是互联网时代的一种全新的支付方式，内涵十分丰富。或者说支付的发展途径可以概括为现金支付—支票等（票据支付）—银行卡（专用网络支付）—互联网金融支付（通过通用网络“互联网”而进行）。

6.1.1　互联网金融支付

广义的互联网金融支付是指用户通过桌面电脑、移动终端等设备，依托互联网发起支付指令，实现货币资金转移的行为，主要有电子银行支付和第三方支付等形式。

所谓第三方支付机构，就是和各大银行签约，独立于商户和银行，具备一定实力和信誉保障的，为商户和消费者提供支付结算服务的第三方独立机构。

第三方支付是现代金融服务业的重要组成部分，也是中国互联网经济高速发展的底层支撑力量和进一步发展的推动力。第三方支付平台不仅在弥补银行服务功能空白、提升金融交易效率等方面表现突出，同时在健全现代金融体系、完善现代金融功能方面起着重要作用。随着国内电子商务的兴起，一些信息服务企业兴办的支付平台也已经开始崭露头角，第三方支付作为新技术、新业态、新模式的新兴产业，具有广阔的市场前景。

第三方支付通过在买家、卖家之间引入第三方的模式，为买卖双方提供了支付信用担保，已经在互联网金融支付方面占据了主导地位，比如支付宝（Alipay）、财付通（Tenpay）、银联在线（ChinaPay）、快钱、中金支付等。

严格意义上的支付组织类型只有两类：金融机构类支付组织及非金融机构类支付组织（见图6－3）。金融机构类支付组织主要是指银行类，其代表支付工具是各家银行的网银。而非金融机构支付组织是指众多的第三方支付公司，其代表性支付工具有支付宝、财付通、快钱、银联在线等。根据中国国情特点，本书倾向于将银联在线支付单独从第三方支付公司中提取出来，则互联网支付类型分为三大类别：网银、银联和其他第三方支付。

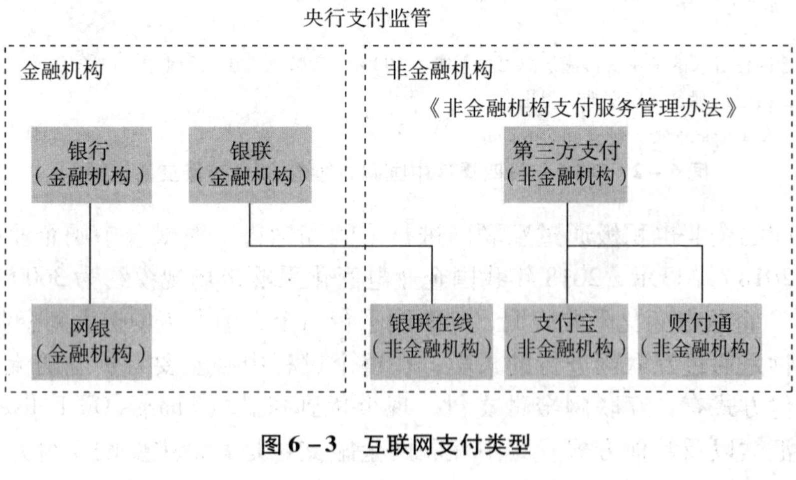

图6－3　互联网支付类型

6.1.2　第三方支付的由来

在传统交易的方式中，买卖双方都是面对面的一手交钱一手交货，钱和物的互换几乎是即时进行的，也称为同步交换。但是随着网络购物的兴起，相隔千里的人们也能进行买卖，这时大多数的实体商品是不可能即时到达买家手中的，也就是说在还没有拿到商品前是否可以付款呢？同样的问题也困扰着卖家，在还没有拿到钱的情况下，是否可以寄出商品呢？买卖商品的钱和物无法即时交换，称为异步交换，网络购物就是一种非常典型的异步交易。这类交易必须要解决相互信任的问题，才能使异步交换逐步进行下去，于是出现了第三方支付平台。

第三方支付平台简单地说就是处于买方和卖方之间具备公信力的第三方，承担担保人和资金托管人的角色。以典型的第三方支付平台支付宝为例，基于其公信力，买方将货款先付给支付宝公司，卖方通过支付宝平台接收到付款信息，可以放心向买家发货。买方收到货物并满意确认接收之后，通知支付宝公司放款给卖方，一次异步交易得以顺利进行。第三方支付平台较好地解决了网络交易中的信用问题，通过引入第三方作为交易者的认证方和交易资金的托管方，简单地破解了网络交易中的信任难题。随着该模式的逐渐清晰和广泛为国人所理解、接受和使用，中国的第三方支付市场也在继网银支付之后，蓬勃地发展起来。

另外，在实际操作过程中这个第三方机构也可以是发行信用卡的银行系统本身。在进行网络支付时，信用卡卡号以及密码的披露只在持卡人和银行之间转移，降低了通过商家转移而导致的风险。在中国，银联作为所有发卡银行的代表，就具备成为这样的第三方机构的能力，事实上银联也是中国第三方支付市场中强有力的参与者。

6.1.3　我国第三方支付产业发展阶段

总体来看，我国第三方支付发展经历了以下三个阶段：

探索阶段：1999—2005 年。这段时间由于第三方支付尚处在探索期，当时第三方支付企业数量虽然少，但它们掀起的支付业务革命又吸引了大量用户进入，成为高成长行业，迅速吸引了资本市场上的大量投资。第三方支付行业的发展带有典型的资本驱动特征。但是，随着互联网的发展、用户规模的扩大和投资的大量涌入，第三方支付快速扩张导致的直接后果是，产品和服务严重同质化，整体市场环境不成熟使市场发展空间有限，竞争加剧。资本遇冷使部分第三方支付企业出现资金短期不能维持正常的经营，第三方支付产业出现第一次调整。

启动阶段：2006—2010 年。经历过探索之后，第三方支付从依靠资本驱动的快速无序发展开始走向理性增长。第三方支付企业开始根据自身业务特点，进行新产品研发和新的细分应用行业拓展，通过技术与产品创新推动行业发展，一些企业确立了行业主导地位，出现了成熟的商业模式。行业领军企业大力进行市场推广，抢占市场份额。

高速发展阶段：2011—2019 年。2010 年 6 月《非金融机构支付服务管理办法》及其同年12月出台的实施细则，标志着我国确立了非金融机构支付市场的监管基本原则，这也有力地促进了第三方支付的大发展。

经过多年发展，一些第三方支付企业逐渐找到了适合自己发展的路径，并通过产品和技术创新在垂直或新型市场快速发展。特别是第三方支付牌照的发放，结束了第三方支付行业长期受到的资质方面的质疑，赋予了其合法的法律地位。同时它们也开发出自身的商业模式，开始做IPO的准备。

6.1.4 《非金融机构支付服务管理办法》

2010年6月，中国人民银行出台《非金融机构支付服务管理办法》，首次对非金融机构从事网络支付、预付卡发行与管理、银行卡收单等支付服务的市场准入、行政许可、监督管理等作出明确规定。同年12月，中国人民银行又发布了《非金融机构支付服务管理办法实施细则》。根据管理办法，非金融机构支付服务，是指非金融机构在收付款人之间作为中介机构提供下列部分或全部货币资金转移服务。

- 网络支付；
- 预付卡的发行与受理；
- 银行卡收单；
- 中国人民银行确定的其他支付服务。

其中，网络支付，是指依托公共网络或专用网络在收付款人之间转移货币资金的行为，包括货币汇兑、互联网支付、移动电话支付、固定电话支付、数字电视支付等。其中移动电话支付包括短信支付、STK支付、USSD支付、WAP支付等。

预付卡是指以营利为目的发行的、在发行机构之外购买商品或服务的预付价值，包括采取磁条、芯片等技术以卡片、密码等形式发行的预付卡。

银行卡收单，是指通过销售点（POS）终端等为银行卡特约商户代收货币资金的行为。

6.1.5 第三方支付准入

第三方支付公司实行准入许可证制度，由人民银行依据《非金融机构支付服务管理办法》负责颁发《支付业务许可证》牌照（见图6-4）。依据管理办法的规定，第三方支付企业，也就是管理办法中界定的在收付款人之间作为中介机构提供三类主要货币资金转移服务的企业被正式纳入央行的监管范围。发放的支付牌照有三种：网络支付、预付卡和收单。

支付企业可申请一张或多张牌照。牌照的类别是依据《非金融机构支付服务管理办法》中对支付企业的大致划分，一是依托大型B2C、C2C网站的网关支付称为网络支付，如支付宝；二是通过销售点（POS）终端的线下支付收单业务；三是储值卡等预付卡服务。

2011年5月18日，支付宝、银联商务、财付通、快钱、拉卡拉等27家公司获得了首批牌照。

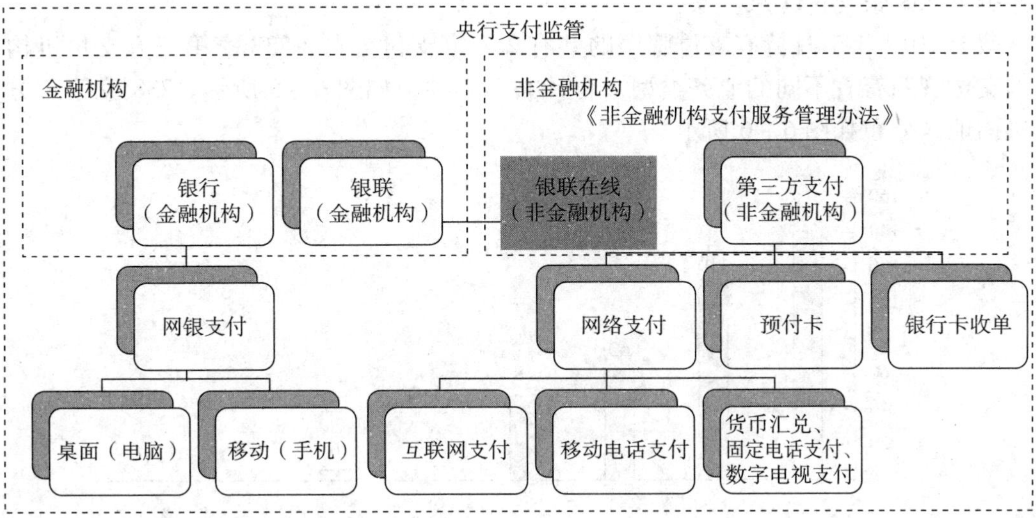

图6－4　互联网金融支付牌照

3 个月后的 8 月 2 日，中国人民银行又发放了第二批支付牌照，13 家企业获批，其中包括银联在线，牌照范围涵盖互联网支付业务、移动电话支付业务。

2011 年底，中国人民银行又发放第三批支付牌照，三大电信运营商下属支付公司全部实现“持证上岗”，分别是中移动电子商务有限公司、联通沃易付网络技术有限公司和天翼电子商务有限公司，业务范围集中在移动电话支付、固定电话支付、银行卡收单等。

2013 年 6 月 27 日，中国人民银行发放了第四批第三方支付牌照，包括苏宁易付宝、网易宝在内的 95 家第三方支付企业获批，其中还首次出现了“数字电视支付”业务。

2014 年 7 月 15 日，中国人民银行发布了第五批次 19 家企业的名单，其中包括了链家地产旗下子公司北京理房通支付科技有限公司、安邦保险控股公司北京帮付宝网络科技有限公司等。

2011—2015 年，中国人民银行共发放 271 张第三方支付牌照，2016 年暂停发放新牌照。与此同时，2016 年 4 月中国人民银行下发文件对支付机构分级分类监管，同年 8 月给首批支付牌照续展时称“一段时期内原则上不再批设新机构，重点做好对现有机构的规范引导和风险化解工作”，这标志着第三方支付牌照进入了存量时代。

值得注意的是，存量时代既然无法直接申请牌照，那么为了获得牌照，收购就不可避免。2017 年就曾发生多起第三方支付牌照收购事件，从收购对价来看，在第三方支付牌照逐渐减少的情况下，收购价格持续上涨，尤其是拥有全国范围内互联网支付、移动支付及银行卡收单业务资质的牌照价格更是水涨船高。例如 2017 年一起上市公司收购具有银行卡收单资质的第三方支付牌照的收购对价就超过 20 亿元。

另外，在存量时代支付公司还有两个突出问题：一是消费者的个人隐私特别是关于支付的敏感信息被泄露，二是备付金被挪用。为打击违法违规行为，央行至 2019 年 7 月累计注销支付牌照 33 家。注销原因包括：支付业务违规强制注销、支付牌照续展不合格注销、支付公司业务合并注销、停止支付业务主动注销。因此 271 张存量牌照就还剩下238张支付牌照。

截至2019年7月持有支付牌照的共有238家支付公司，238家第三方支付机构获得的支付牌照有着不同的业务类型，合计共382种，如图6－5所示。238家第三方支付机构地区分布如图6－6所示。

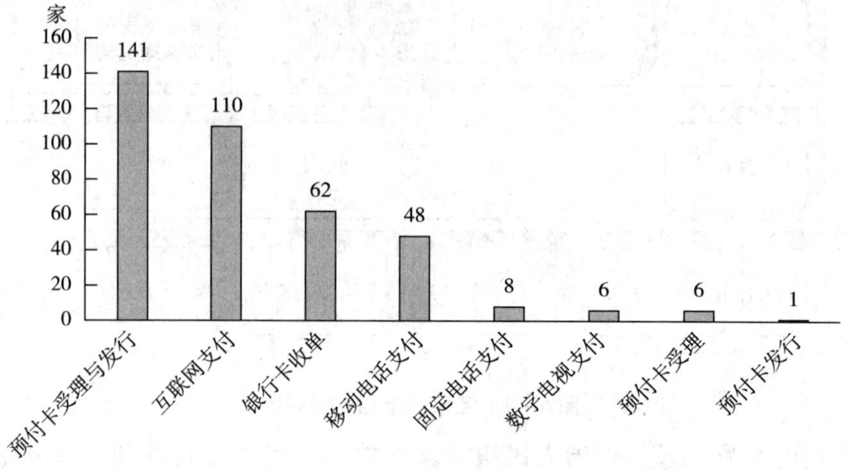

图6－5　我国获牌第三方支付企业业务类型统计（2019年7月）

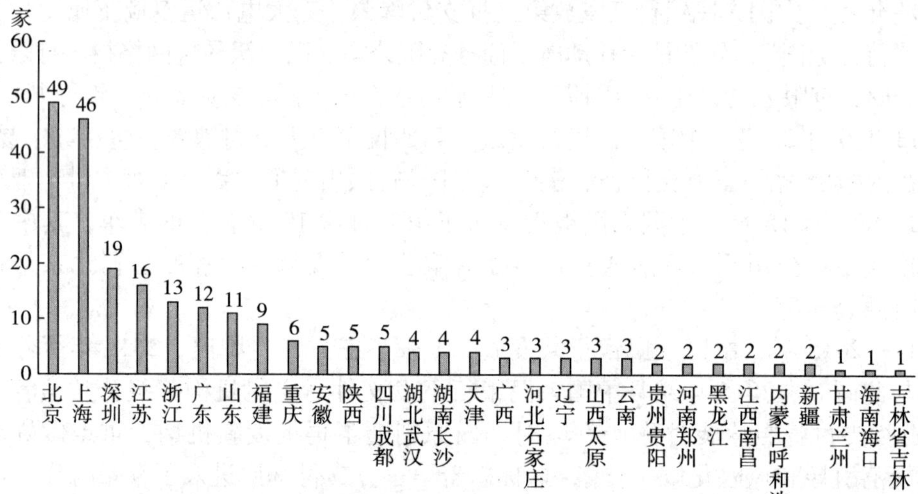

图6－6　我国获牌第三方支付企业地区分布（2019年7月）

这238张牌照若按颁发或续展时间统计，其中2014年颁发支付牌照5家，2015年颁发支付牌照5家，2016年颁发支付牌照37家，2017年颁发支付牌照67家，2018年颁发支付牌照97家。注意，这里的颁发包括重新颁发，即续展。例如支付宝由于是2016年续展的，就统计到2016年的数据中。

中国人民银行自2011年颁发支付许可，根据管理办法支付牌照有效期为5年，支付机构拟于支付业务许可证期满后继续从事支付业务的，应当在期满前6个月内向所在地中国人民银行分支机构提出续展申请。2016 年 8 月中国人民银行正式公布第一批 27 家支付机构支付牌照续展结果，其中就有支付宝公司。

2019 年 1 月 10 日中国人民银行发布 2019 版支付业务许可证核发服务指南，上一次的指南是在 2017 年 12 月发布，当时的发文在以往的基础上增加了“常见错误示例”。在相继推出“断直连”和“备付金”交存等支付政策之后，支付行业监管已经基本完成了合规框架。这次中国人民银行更新支付业务许可证核发服务指南，也许预示着支付牌照申请有望开闸。

随着中国移动支付的发展，中国市场也成为国外支付机构的目标。自 2018 年 3 月中国人民银行印发《中国人民银行公告〔2018〕第 7 号》之后，就有外资支付机构开始申请中国支付牌照，例如英资背景的越蕃商务[①]就曾经申请，虽然之后撤回了申请。另外，美资背景的美银宝也有意冲击支付牌照。

【小知识】　　蚂蚁金服收购 WorldFirst：收购范围不包括美国业务

2019 年 2 月 14 日，蚂蚁金服完成了对英国跨境支付公司万里汇（WorldFirst）的并购，将阿里经济体的版图再次扩大，又完成一块阿里支付全球化的重要拼图。在收购美国速汇金（MoneyGram）失败后，蚂蚁金服通过收购总部位于伦敦的英国跨境支付公司万里汇（WorldFirst），重启其国际化进程。蚂蚁金服收购 WorldFirst 已完成所有权变更，WorldFirst 正式成为蚂蚁金服集团全资子公司。此次收购范围不包括 WorldFirst 的美国业务，其美国业务在交易前已经剥离给原有股东。WorldFirst 原有股东在评估其美国业务独立运营的可行性之后，做出了关闭美国相关业务的决定。2017 年 1 月，蚂蚁金服拟以 8.8 亿美元收购速汇金，但最终收购以失败告终。速汇金是全球第二大汇款服务公司，总部位于美国。

WorldFirst 成立于 2004 年，其涉及的业务包括国际汇款、外汇期权交易、国际电商平台收款及结汇等。截至 2019 年 7 月，WorldFirst 拥有 600 多名员工和 8 万多活跃客户，年交易量超过 100 亿英镑，是英国境内数一数二的跨境支付超级巨头，在欧洲几乎等同于支付宝的地位。一个是全球最大的电子商务集团，一个是英国数一数二的跨境支付超级巨头，这样的强强联手、重大收购，无疑将对整个中欧贸易、中欧经济产生强大的合力。这次收购也意味着两家公司展开全方位的合作，支付宝也将自然而然地顺利进入欧洲市场，也更加方便了中国游客在欧洲的消费。

另外，从战略上来看，支付宝虽然在国内 C 端支付市场能力很强，但是与 B 端跨境支付是不同的解决方案，为了增强 B 端跨境支付实力，国内支付公司出海通过收购海外的支付公司是惯例。对于支付宝来说，万里汇的商铺资源和解决能力是有吸引力的，是支付宝进入跨境支付 B 端市场的一个重要节点。

---

① 于 2017 年 6 月在上海自由贸易试验区注册成立，属于 WorldFirst，也称“万里汇”的中国全资子公司。

6.1.6 第三方支付规模和格局

中国第三方支付市场随着人民日常生活的互联网化，其交易规模也飞速增长。根据2019年4月30日艾瑞咨询发布的《2018中国第三方支付数据发布》报告，2018年中国第三方移动支付交易规模达到190.5万亿元。2018年中国第三方互联网支付交易规模达到29.1万亿元。

（一）第三方移动支付

2018年，人们在日常生活中使用移动支付的习惯已经养成，第三方移动支付渗透率达到较高水平，市场成倍增长的时代结束。加之“断直连”及备付金相关政策在2018年的相继落地，市场正式步入稳步发展阶段。在此阶段，移动金融领域的快速发展、线下支付在新场景的进一步渗透或将成为行业规模增长的主要驱动力。

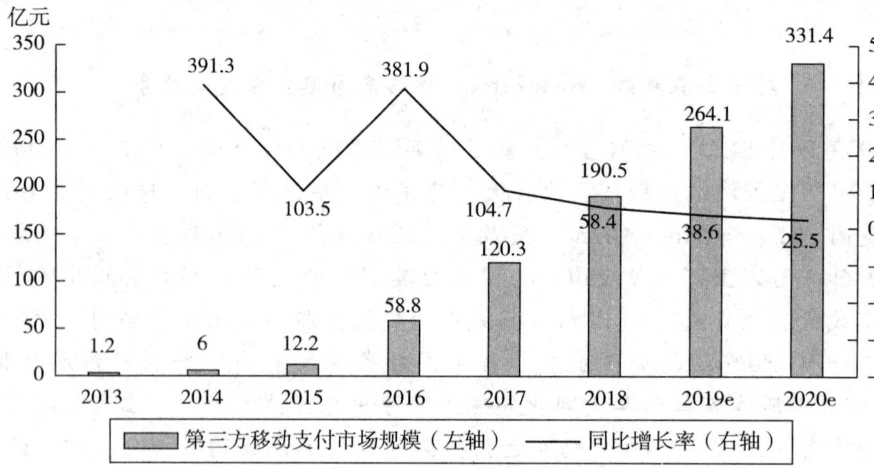

图6－7 2013—2020年中国第三方移动支付交易规模（2019年4月）

在第三方移动支付中，2018年，线下扫码支付交易规模从第一季度的3.5万亿元增长至第四季度的7.2万亿元，各季度环比增速大幅高于第三方移动支付整体市场，线下扫码支付交易规模占移动支付整体交易规模比例从2017年的5.2%逐渐提高至2018年的11.2%。由于扫码支付技术相对成熟，基础设施普及率不断提高，短期内线下扫码支付的发展仍然会是移动支付规模的主要增长点。而对于行业参与者来说，在基础支付服务利润空间被进一步压缩的情况下，基于支付向商户提供信贷、营销等增值服务将成为利润的主要增长点。

如图6－8所示，从企业市场占有率角度看，2018年全年数据显示，中国第三方移动支付市场依然保持市场份额比较集中的情况，第一梯队的支付宝、财付通分别占据了54.3%和39.2%的市场份额。第二梯队的支付企业在各自的细分领域发力，其中，2018年，壹钱包用户服务业务保持增长，企业端服务业务拓展成效显著。壹钱包App两大年度营销活动“520”“920”持续带动交易规模增长，企业端服务加速向金融、电商、航旅等行业输出，已覆盖线下中小商户数以百万计，交易规模居行业第三；联动优势受益于平台化、智能化、链化、国际化战略，推出面向行业的支付 + 供应链金融综合服务，促进交易规模持续增长；京东支付受益于电商平台以及金融业务的发力呈现较为明显的增长，排名第五。另外，快钱在万达场景如购物中心、院线、文化旅游等场景快速扩展；易宝支付加大营销力度，在互金、航旅领域持续发力；和包支付作为通信网络到支付网络的改造者，将数据流、信息流叠加上资金流共同连接起来，从而使连接更具价值；苏宁支付致力于 O2O 化发展，为 C 端消费者、B 端商户提供便捷、安全的覆盖线上线下的全场景支付服务。

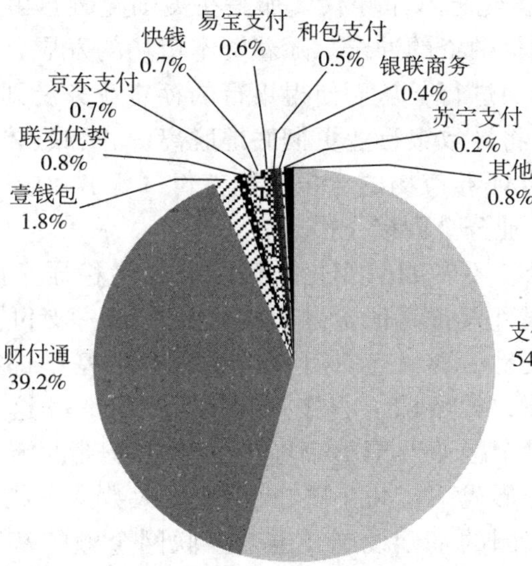

图 6－8　2018 年中国第三方移动支付交易规模市场份额（2019 年 4 月）

（二）第三方互联网支付

2018 年中国第三方互联网支付交易规模达到 29. 1 万亿元，同比增长 3. 6%。2018

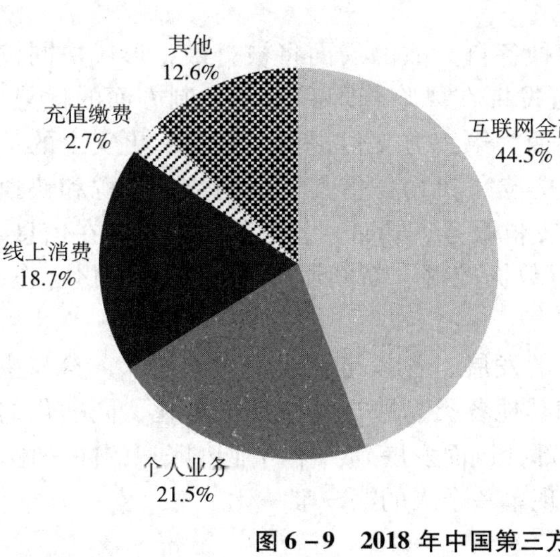

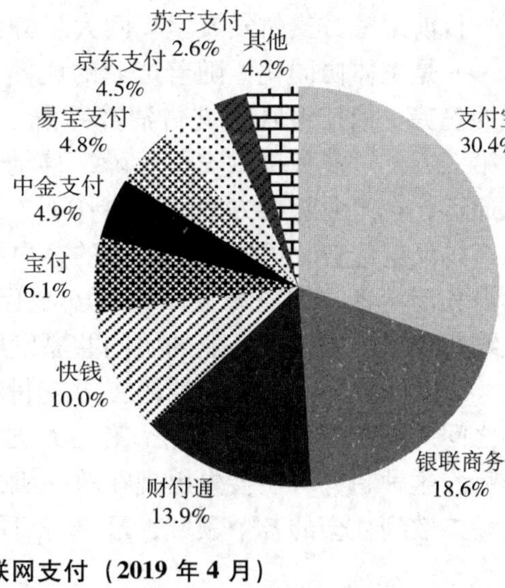

图 6－9　2018 年中国第三方互联网支付（2019 年 4 月）

年，随着互联网支付市场支付宝、财付通从PC端支付到移动端支付的转移，互联网支付第二梯队企业所占的市场份额相较上年有所提升。第二梯队的各家支付企业正在积极发挥自身优势，走差异化发展道路，深耕细分领域，未来的互联网支付格局对各个参与者来说都充满了机会与挑战。

6.1.7 互联网金融支付定位与展望

金融业在发展过程中已经历了无数次的变革、革命乃至颠覆。最近一次比较大的金融业的“颠覆”是20世纪七八十年代。那是在美国金融自由化潮流的背景下产生的，是直接融资对银行间接融资的冲击。随着资本市场的发展，资金融通经过证券绕过银行这个中间媒介体系而进行，从而使得银行的存贷业务受到相当大的冲击。而这一次互联网金融的发展，将导致银行业更彻底地脱离中介和媒体的角色。不仅资产负债（存贷）业务受到来自证券市场的竞争，连支付（汇）业务也感受到竞争的气氛了，银行方面“存贷汇”业务全面接受挑战。

全球金融业发展至今，不管如何变化，银行业始终稳居金融行业的中心。之所以如此，最关键的就是银行具备其他金融机构所没有的“支付”功能。所以银行账户非常重要，任何经济交易活动（包括其他金融服务）基本都需通过银行账户，客户就自然集中在银行麾下，即所谓“得账户者得天下”——这个账户是具有支付功能的账户。另外，支付是金融业乃至整个经济运行的基础设施，在互联网金融飞速发展的态势下，正在逐步形成“支付+账户/用户+大数据+风控和产品”这样一个生态圈，支付是这个生态圈的基础设施，也是互联网金融的基石。支付脱离银行进行，是至今以来对银行业最大的冲击。因为支付脱离银行而存在，让非金融企业提供金融服务成为了可能，再加上互联网平台的用户优势和高效共享的特性，将会冲击现有的金融服务体系。毫不夸张地说，这一轮互联网金融的革命前提将会来自互联网支付的创新。

目前第三方支付发展呈现两大趋势：

一是主体协同化，随着产业的成熟，这种各自为战的局面将被打破，形成协同发展的趋势：依托银联的支付清算系统，银行发挥在风险管理和内部控制方面的优势，为第三方支付业务提供安全保障；移动运营商为第三方支付提供更快速、更安全的信息通道；在产业链各方的通力协作下，第三方支付机构凭借其广泛的数据资源和快速的市场反应优势，可以为更广泛的客户提供支付服务。同时，各参与主体可以在信息、商户和消费者方面资源共享，在安全保障、数据挖掘、新领域拓展等方面深化合作，最终实现第三方支付产业的协同共赢发展。

二是账户同一化，随着第三方支付产业的发展、各参与行业壁垒的消除、参与主体之间协同共赢局面的形成，第三方支付和其他各类型账户将呈现简单化、同一化的趋势。这种趋势可能会先出现在单一机构内部，进而发展到一个行业内账户的同一化，逐渐扩散到社会的各个领域，最终有可能实现单一个人的账户唯一化。

6.2　第三方支付形式

电视支付银视通

2011 年 11 月 22 日上午，康佳集团联手中国银联和 SMG（上海东方传媒集团）全国首发“智能电视在线支付应用”，康佳 8000 系列智能云电视成为这款具备“在线支付功能”应用的现实载体。至此通过电视完成在线支付业务成为现实，“物联网电视”雏形已现。上海广播电视台台长裘新在发布会上表示，通过百事通这个全平台播控通道，将刺激起一个庞大的电视支付市场，智能电视支付则是其中最具看点的部分，电视以后就是一台 POS 机。康佳集团董事长侯松容认为，智能电视支付系统将是继网络银行、手机银行后最具潜力的支付平台。基于合作三方“深入服务、提升用户体验”的共同需求，康佳与中国银联、东方传媒集团展开合作，将智能电视打造成一个真正的多媒体综合服务信息平台。同时，借助银联商务在支付渠道、终端渠道和服务网络资源上的优势，奠定康佳智能电视在线支付平台在智慧生活、便民应用中的领先地位。

此次合作横跨金融业、电视内容方、电视终端制造商三方面，由中国银联提供智能电视支付技术标准，康佳提供基于支付标准的智能电视终端，SMG 旗下百视通提供互联网电视播控平台服务，从而搭建起一个集合多种生活服务的支付平台。

支付领域从监管的角度可分为预付卡业务、银行卡收单和网络支付。其中网络支付按照网络的类型可以分为：互联网支付、通信网支付（移动电话支付、固定电话支付），还有就是案例导读中提到的数字电视支付。

6.2.1　网络支付

通过各种网络进行支付，由于不同的网络类型其管理方和主导方不同，因此在利益诉求和发展规划上不尽相同。由于互联网等新技术所带来对于已有通信网和电视网的冲击，不断涌入的行业加盟者和突破性的创新经营模式，导致网络支付领域波澜起伏，竞争异常激烈。由于网络连接形式上的多样化，第三方网络支付也因此体现出不同的特点和发展趋势。

（一）第三方互联网支付

第三方支付中使用宽带互联网接入方式的支付，目前来看是一种主流的第三方网络支付形式。参与者中有支付宝、财付通等具有行业霸主地位的企业和产品。

（二）通信网支付

通过通信网络所使用的终端，其支付形式有移动电话支付、固定电话支付等。按通信网接入方式，其支付形式主要有四种：第一种是利用短信（STK）方式；第二种是语音方式 IVR（Interactive Voice Response，交互式语音应答）；第三种是利用 USSD 方式；第四种是使用 WAP 协议实现。这些支付方式的共同特点就是都利用通信网络来进行支付信息的传递。

在通信网支付业务中，费用支取一般有两种途径：第一种是费用通过电信运营商账单收取，用户在支付其通信账单的同时支付了这一费用，在这种方式中，运营商为用户提供了信用，但这种代收费的方式使得电信运营商有超范围经营金融业务之嫌，因此其范围仅限于下载手机铃声等有限业务；第二种是费用从用户的银行借记账户或信用卡账户中扣除，在该方式中，通信平台只是一个简单的信息通道，将用户的银行账号或信用卡号与其电话号码连接起来。

（三）电视网支付

在中国，电视支付是由广电的网络公司来主导的行业应用，依托数字电视网络优势打造的支付服务。具体来说就是基于双向互动网络，面向家庭和个人用户，以机顶盒操作系统为支付前端，主要以电视机为显示界面，安全便捷地使用个人账户在线完成支付的全过程。电视支付系统是一个可运营、可管理、可接入、安全方便的支付平台。

图 6－10　电视支付界面

1. 网络和系统。CATV 电缆用作宽带传输，有别于其他以太网物理层所采用的基带传输，宽带布线系统可将频带分割成不同频谱，而再通过不同频带去提供不同服务。随着光传输技术的发展，将 CATV 的主干线用光缆替代就形成了 HFC 技术，即混合传输模式，指利用混合光纤加同轴电缆来进行宽带数字通信的 CATV 网络。

目前依据 CATV 网络的信号流向将 HFC 网络分为单向 HFC 和双向 HFC 两种，但由于单向 HFC 只能运营广播业务，而双向 HFC 则可以运营各种数字业务，通常把双向 HFC 网络称为 HFC，而将单向 HFC 称为 CATV。目前的趋势是发展使用双向网络，承载和提供更为丰富的应用。

2. 支付系统。电视支付系统往往是电视营业厅的一个子系统。而电视营业厅是一个功能完备的交互系统，除了提供完整的互动电视功能之外，还有其他增值服务。增值业务有电视上网、电视邮件、按次付费数字电视点播，同时可以扩展到电视商务、在线游戏、远程教育、在线竞猜、家庭银行、电视彩信等，以及日后和IP电话功能融合，电视上能打可视电话，真正实现三网融合业务。

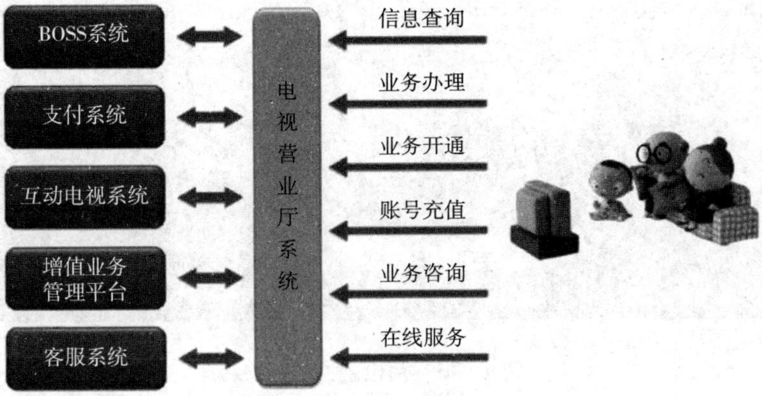

图6-11　电视营业厅系统示意

如图6-12所示，一个电视支付流程可以包括购物信息和支付信息的共同传递，通过数字电视网络，分别进行商户和银行方面的信息处理，完成整个交易过程。

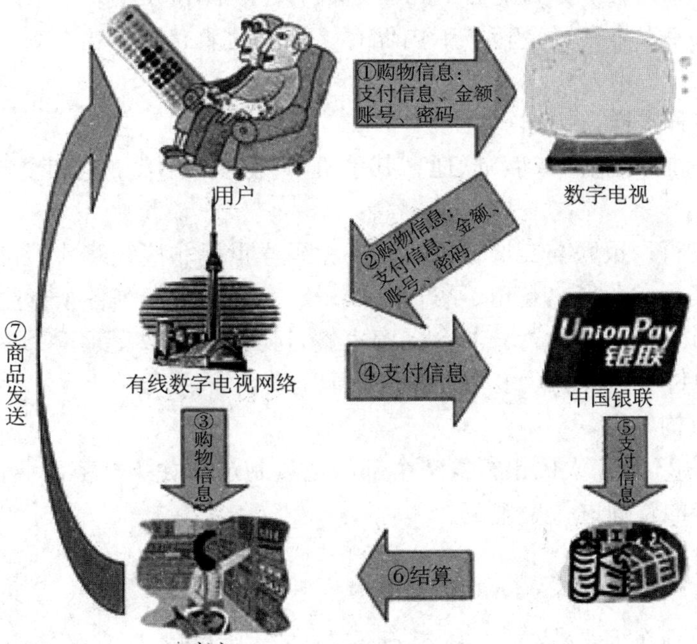

图6-12　支付流程

电视购物和付款、电视手机充值等增值业务都可以非常方便地通过电视支付系统来完成，极大地丰富了支付手段，给人们的生活带来了便利。

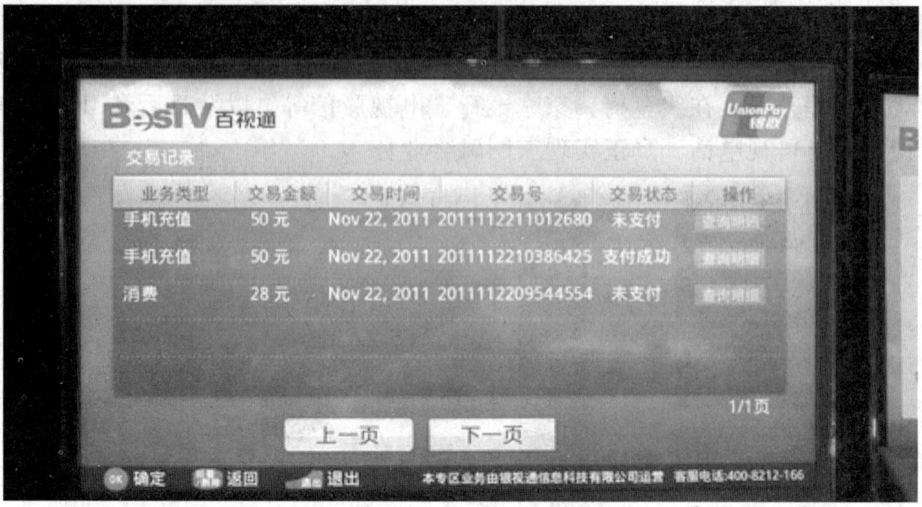

图 6－13　用电视交手机费

6.2.2　预付卡业务

预付卡又叫作储值卡、消费卡、福礼卡、智能卡、积分卡等，顾名思义就是先付费再消费的卡片。预付卡分为记名卡和非记名卡，记名卡可挂失，非记名卡不可挂失。它是根据持卡人要求将其资金转至卡内储存，交易时直接从卡内扣款的预付钱包式借记卡。

发卡主体多种多样，例如：

（1）电信行业发行：移动、联通，其手机卡就是预付卡。比如全球通卡是移动的记名卡。

（2）银行发行：银联与交通银行发行的太平洋世博非接触芯片预付卡。

（3）商家发行：商场、超市、餐饮、娱乐、美容、理发等各个行业。

（4）第三方发卡机构发行：与众多商家签订协议，布放受理 POS 终端，发行一张跨行业消费的预付卡，可到众多联盟商户刷卡消费。

（5）其他机构发行。

2011 年 5 月 23 日，人民银行等 7 个部门通过制定《关于规范商业预付卡管理的意见》对于预付卡的管理进行了规范。

6.2.3　银行卡收单

银行卡收单业务是指持卡人在银行签约商户那里刷卡消费，由刷卡终端所属的银行进行结算。该银行被称为收单行，而持卡人所属银行被称为发卡行。银行卡收单业务中的签约银行（收单行）向商户提供本外币资金结算服务。收单银行结算的过程就是从商户那边得到交易单据和交易数据，扣除按费率计算出的费用后，先行垫付持卡人交易账款且打款给商户。一般的银行卡收单指的是线下 POS

收单，参与的机构有各收单行（如工行、建行、交行等）、银联、通联支付，数字王府井、广东汉鑫、上海杉德等。可见除了银行，第三方支付机构也被允许进入这一支付服务领域。

6.3　特殊的第三方支付机构：银联

第三方支付机构与银联激辩违规约束：银联无处罚权

近期，业内流传的中国银联业务管理委员会《2014 年上半年银行卡受理市场规范工作通报》中，银联一口气列举了支付受理市场 3 大项 9 条违规，涉及百余家银行和 40 多家支付机构。

一家华北地区支付机构的业务负责人说，银联发文指出的“违规”，的确在业内存在，但从银联的定位和支付市场的市场化两个角度来看，银联的一些说法和做法不尽合理。银联作为国内唯一的卡组织以及清算转接平台，毫无疑问是一家商业化的公司。银联是否有资格对其他商业化公司进行处罚，支付界对此颇有微词。“我们请教过法律界人士，他们说，在国内只有国家行政机关和国家执法机关，才能对商业公司行使处罚权，”中部地区一家第三方支付机构的负责人说，“不管银联对此的解释是‘违规约束’，抑或是其他原因，这种做法都不具有法律意义。银联所谓的‘违规约束’文件，一般每季度、每半年都会发一次，算是行业‘常规内部文件’，今年上半年违规机构及约束金额大幅增长，主要原因是 POS（销售点终端）机市场的高速发展。”

就上述第三方支付机构对银联“违规约束”的吐槽，银联相关人士表示，“违规约束”，是机构在加入银联网络时与银联达成的商业约定，而且费率标准是国家发改委拟定的，银联只是对各方应得的手续费进行还原。

第三方支付机构认为，在国内只有国家行政机关和国家执法机关，才能对商业公司行使处罚权，而银联口中的“违规约束”恐怕无法律效力和强制约束力。

银联成立于 2002 年，是向银行提供跨行交易清算、支付的银行卡组织，一直是银行跨行和跨地区支付的主要通道。由此，银联的收入主要是通道费。最近几年，第三方支付实现了与银行直连，绕过银联，而影响了银联的业务收入。面对第三方支付企业在市场上的蚕食，银联于 2012 年底发布《关于规范与非金融支付机构银联卡业务合作的函》，号召银行对第三方支付的接口进行清理整顿，希望银行切断与第三方支付的接口，促使第三方支付接入银联网络。银联进一步于 2013 年 7 月提出《关于进一步规范非金融支付机构银联卡交易维护成员银行和银联权益的议案》，制定了收编第三方支付的时间表，督促第三方支付全面接入银联网络。

6.3.1 中国银联的地位

中国银联是中国银行卡联合组织，通过银联跨行交易清算系统（CUPS），实现商业银行系统间的互联互通和资源共享，保证银行卡跨行、跨地区和跨境的使用，处于银行卡产业的核心和枢纽地位。

（一）银联的架构和业务

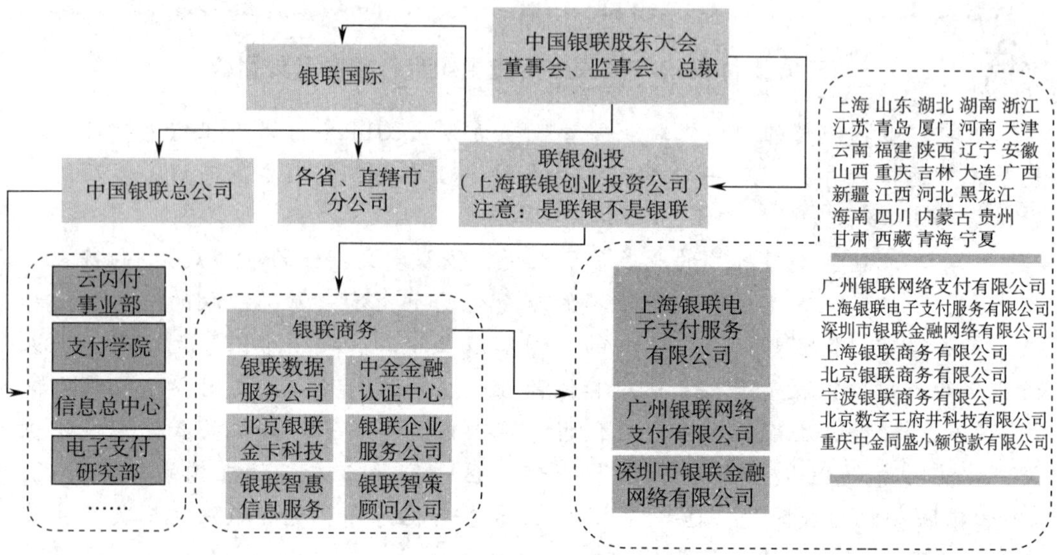

图6－14　中国银联业务体系

中国银联主要设有联银创投和银联国际两大子公司。其中联银创投（注意：名称上是联银不是银联）旗下有银联商务（Chinaums）、银联数据服务、中金金融认证中心等子公司。而银联商务公司包括有广州银联网络支付、上海银联电子支付（ChinaPay）、深圳市银联金融网络、北京银联商务、上海银联商务、宁波银联商务、重庆中金同盛小额贷款公司、北京数字王府井科技 8 家子公司。其中上海银联电子支付有限公司是银行卡增值业务应用的专业支付公司，拥有面向全国的统一支付网关—— 网付通（ChinaPay）。主要从事以互联网等新兴渠道为基础的网上支付、网上跨行转账、网上基金交易、自助终端支付等银行卡网上支付及增值业务。

在支付领域，子公司银联商务主要开展银行卡收单和专业化服务，主要负责线下业务——在这里银联既是清算机构，又是支付机构；银联电子支付主要负责线上支付业务（银联在线是其官网）；银联国际主要负责运营银联国际业务，拓展银联卡境外受理网络；而还有一些规模较小的子公司或合资企业，如银视通则专职开展三网融合领域的数字电视支付业务。

（二）银联的支付清算地位

在银联诞生之前，各家银行自建受理网络，局面混乱。2002 年，银联的成立，把银行连接了起来，不必考虑地区、银行的不同，国内银行“诸侯割据”时代结束。十年后，境内受理商户、POS、ATM 分别是银联成立前的 17.2 倍、17.5 倍、7.6 倍，银联为我国银行卡产业的发展作出了很大的贡献。

中国银联的主要职责是负责建设和运营银联跨行交易清算系统这一基础设施，推广统一的银行卡标准规范，为商业银行、特约商户、持卡人提供跨行信息交换、清算数据处理、风险防范等银行卡基础服务。在中国每刷一次卡，提供刷卡机的商户都需要支付一笔手续费，而银联稳赚 10% 的手续费。

目前中国银联的营业收入结构主要为：一是境内 ATM 收入，比如跨行取款中收取的手续费；二是境内 POS 交易转接收入，即刷卡商户的佣金部分；三是国际业务收入；四是一些创新业务收入，比如移动支付。后面两者的占比越来越大。

（三）银联与第三方支付

按照我国相关规定，银行卡的结算手续费全部由商户承担。其中，航空售票处、加油站、超市的刷卡费率为 0.5%，一般类型商户为 1%，宾馆、餐饮等的刷卡费率为 2%。手续费的收入归发卡行、收单机构和中国银联三家所有，并按“7:2:1”的比例进行分成（2013 年 2 月餐娱类、一般类、民生类和公益类四大类商户，前三类收费标准分别由原先的 2%、1%、0.5%，降至 1.25%、0.78%、0.38%；公益类仍为 0。房地产和汽车销售被划归到餐娱类商户，手续费变为 1.25%，最高封顶 80 元）。根据国家发改委、中国人民银行下发的《关于完善银行卡刷卡手续费定价机制的通知》2016 年 9 月起刷卡手续费已取消行业分类，从此不再有四大类的区分了。

现在这种银联维持了十多年的盈利模式，正在受到第三方支付的巨大冲击。第三方支付公司会和银行一对一地谈合作，并不需要银联对接，网上支付的费率、价格、政策对接的接口也不需要银联提供，就线上支付而言，银联和其他第三方支付机构是平行的。最为关键的是原有的商业模式被打破了，银联的模式是，收单—转接—清算，但支付宝等第三方机构与银行直连的模式，省去了与银联的转接，这也就意味着“7:2:1”模式中，银联的 1 被抢去。线上的分成模式，并不是采取“7:2:1”，例如支付宝凭借其强大的零售平台以及过百亿元的巨额备付金，在与银行谈判时有更多的议价空间，与各家银行直接商量分成模式，去掉银联的 10%。

银联于 2014 年 11 月 12 日发出《关于进一步明确违规整改相关要求的通知》，规范银行与第三方支付直连情况，要求将绕过银联的业务逐步迁移至银联平台。

6.3.2　银联业务类型

（一）银行卡收单

1. 发展历程。银联成立时，全国受理银行卡的商户只有 15 万户，机具 20 多万台，银行卡年交易额占社会消费品零售总额的比例仅为 2%。2002 年底，银联成立了专司发展受理商户的银联商务公司，和商业银行一道，加大力度发展商户和布放 POS 机。作为管理机构担负裁判员角色的银联，也开始作为运动员跑步了。

截至 2019 年第一季度末，银行卡跨行支付系统联网特约商户 2461.76 万户，联网 POS 机具 3235.42 万台。全国共发生银行卡交易 5645.36 亿笔，金额 221.77 万亿元，银行卡渗透率为49.01%。所谓银行卡渗透率是指剔除房地产、大宗批发等交易类型，银行卡消费金额占社会消费品零售总额的比例。银行卡渗透率越高表明用卡环境越成熟。银行卡渗透率意义上的年消费金额占社会消费品零售总额的比例接近50%，赶上了发达国家水平。

在中国，POS机分为直连POS和间连POS，分别由银联和各商业银行提供，由于银联和各大银行能在自有POS机上获得较多刷卡返点收入，为了扩大自有POS机的覆盖范围，银联和各大银行对商户的竞争非常激烈。

当消费者在商户进行刷卡消费的时候，类似银联商务、汇付天下的POS终端，进行收单业务，收单公司通过银联的转接平台，连接到发卡银行，再进行结算。银联既拥有银联商务作为POS收单终端，也有转接清算平台，在线下市场优势明显。

2. 银联商务。银联商务有限公司是中国银联控股的，专门从事银行卡受理市场建设和提供综合支付服务的机构，成立于2002年12月，总部设在上海市浦东新区。银联商务是首批获得人民银行支付业务许可证的支付机构，也是人民银行确定的21家重点支付机构之一。银联商务致力于改善中国银行卡受理环境和电子支付环境，为发卡机构、商户、企业和广大持卡人提供优质、高效、安全、规范的综合支付服务。

根据2017年全球支付行业权威市场研究机构“尼尔森报告”发布的《2016年度亚太地区收单机构排名表》和《2016年度全球收单机构排名表》上，银联商务位列全球收单机构第十四位，并连续四年位列亚太地区收单机构榜首，是国内最大的综合支付与信息服务提供商。

但随着移动支付对小微商户影响的增大，很多线下收单业务市场被支付宝与财付通瓜分，银联商务的主营收单业务遭受冲击，更为激烈的是，移动支付占整体市场份额比重的不断增大，且基本被支付宝与财付通瓜分，对其形成强大的阻力。

2019年6月21日，易观发布了《中国第三方支付移动支付市场季度监测报告》，报告显示在2019年第一季度，中国移动支付市场规模达到近47.7万亿元，其中支付宝以53.21%的份额继续位列第一。支付宝和腾讯金融相加的市场份额达到了92.65%，占据绝对主导地位，位居第三的壹钱包市场份额1.27%，和支付宝、腾讯金融相比，不在一个数量级上。而同期的银联商务已经跌出排名榜单。

目前支付市场中，移动支付、互联网支付和银行卡收单三个细分领域市场格局差距较大，移动支付市场存在明显的双寡头格局，互联网支付相对均衡，银行卡收单则是银行和支付机构平分秋色。不过，由于移动支付占据了60%以上的市场规模，且从行业发展趋势来看，移动支付代表未来的发展方向，所以从整个支付市场来看，得移动支付者得支付天下。支付宝和微信依然占据着明显的领先地位。面对支付双寡头和一众后起之秀，老牌的银联商务也感受到市场压力与紧迫感。

在传统银行卡收单业务中，银联商务堪称王者，但是在移动支付领域，它没能追赶上支付宝和财付通两大巨头。伴随着国内互联网和移动互联网技术的发展，银联商务先后推出包括网上支付、移动支付、NFC支付、人脸支付等各类新型支付方式，同时基于旗下800万商户和900万终端的海量资源，紧紧围绕“支付+”，以最擅长的支付为切入口，打造出包括互联网金融、大数据、O2O 营销、物流撮合等各类产品在内的综合支付服务和信息服务体系。相较支付宝、财付通依托淘宝、微信等电子商务平台或社交平台所带来的天然个人用户资源和个人用户黏性，目前银联商务旗下“全民付”“天天富”互联网金融服务平台、“大华捷通”物流撮合平台等正在探索如何基于自身的 B 端优势，实现更大范围的 C 端用户引流和转换，以让更多的 C 端持卡人享受到银联商务专业、高效、安全的支付服务和信息服务。

（二）在线支付

“银联在线支付”是中国银联推出的线上支付平台，全面支持各类银联卡，涵盖银联卡支付等多种支付方式，无须开通网银，即可为持卡人网购火车票、境内外网上购物、便民缴费、商旅预订等提供支付服务。它是为满足各方网上支付需求而打造的银行卡网上交易转接清算平台，全面支持所有类型的银联卡，涵盖了互联网手机支付、无卡支付（认证支付、快捷支付、小额支付）等多种支付方式。

图 6－15　银联在线

1. 认证支付。认证支付是指持卡人在银联支付页面上输入银行卡信息（卡号、密码、CVN2 等）和手机号码（已在银行预留），通过银行认证即可完成交易的支付方式。

2. 快捷支付。快捷支付是银联为持卡人提供的一种安全便捷的支付方式。注册成为银联在线支付用户并关联银行卡后，只需输入用户名、登录密码、短信验证码即可完成支付。

3. 小额支付。小额支付是银联为持卡人提供的一种单笔不超过 100 元的便捷支付方式。在支付时无须短信验证，只要输入银行卡信息（卡号、密码、CVN2 等）即可完成支付。

银联在线支付的特点：首先它是一个银行卡网上交易转接清算平台，用户通过网络、手机方式订购商品和缴费，无须刷卡，只需提供卡号和相关认证信息就可完成支付。通过银联在线支付平台，用户无须开通网银即可支付。其次，通过“预授权担保”业务，货到付款时无须提前向第三方账户划款，交易资金在个人银行账户内冻结，由银行完成预授权担保，避免了用户利息损失和资金挪用风险。

本章小结

本章通过对第三方支付起源的介绍，引入了互联网金融支付的概念和范畴，同时对于互联网金融支付的全貌作了系统的分析和归纳，并且展望了互联网金融支付的未来发展。针对国内日益壮大发展的第三方支付行业，对其规模、地位及详细分类进行了讲解，总结了第三方支付的总体历史发展阶段，并对其支付业务从网络支付、预付卡支付和银行卡收单业务三方面分别进行了介绍。

想一想、练一练

◎ 思考题

1. 什么是互联网金融支付？互联网金融支付的类型有哪些？
2. 中国的第三方支付主要有哪些业务内容？网络支付分为哪几种形式？
3. 试简述第三方支付和第三方互联网支付的区别和规模。
4. 银联支付包含哪几种业务类型？目前银联商务面临的竞争格局是怎样的？
5. 请分析第三方支付的主要业务和盈利模式。

◎ 实训题

1. 调查目前获批的中国第三方支付公司，按业务类型、所属省区、经营行业等多视角进行分析，并用 Excel 作出分析图形？

2. 写一篇论文论述当前中国银联的市场地位并预测其将来可能的发展路径。

第7章

第三方互联网支付

知识要点

✓ 第三方互联网支付
✓ 支付宝
✓ 财付通
✓ 快捷支付

案例导读

支付宝可以提取住房公积金了

广州已首推用支付宝提取公积金的服务，并有提取步骤演示。对此，广州住房公积金中心相关人士证实，公积金提取转账到银行卡确实多了支付宝通道，但提取金额不能直接转到支付宝账号。

据了解，首次提取住房公积金需要市民携带房产证、贷款合同、契税证明材料（具体以公积金中心要求为准）等到公积金中心线下柜台进行提取申请。从第二次开始，市民就可以在支付宝提交公积金提取申请，然后提取到公积金中心认可的银行卡上。

据支付宝方面介绍，目前，通过支付宝，广州市民可以享受信息查询和业务办理两大类共计16项服务。包括缴存信息、缴存明细、贷款信息等信息查询，业务办理类包括前台提取预约、公积金提取申请、申请提前还款等服务。这也是广州公积金首次把公积金提取申请的功能输出到第三方平台。

互联网支付是指客户通过台式电脑、便携式电脑等设备，依托互联网发起支付指令，实现货币资金转移的行为。在本章中，互联网支付统计通常不含银行网银，而仅关注第三方非金融机构的支付企业的桌面在线支付业务，但银行和银联也是桌面在线支付的重要参与者。

7.1 第三方互联网支付市场概况

（一）支付规模和市场份额

易观发布的《中国第三方支付互联网支付市场季度监测报告 2019 年第一季度》数据显示，2019 年第一季度中国第三方支付互联网支付市场交易规模为 63352.4 亿元人民币，环比升高 0.39%。

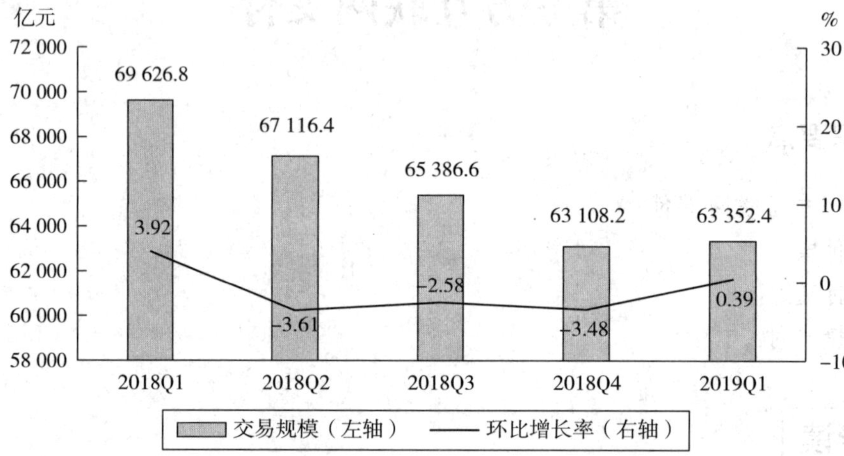

注：以上数据是易观根据厂商访谈、易观自有监测数据和易观研究模型估算获得，易观将根据掌握的最新市场情况对历史数据进行微调。

资料来源：Analysys 易观，www. analysys. cn。

图 7-1　2018 年第一季度至 2019 年第一季度中国第三方互联网支付市场交易规模

2019 年第一季度，互联网金融、网络借贷、消费金融等行业的持续回暖，整体交易量相较前几个季度继续有较大规模提升，为互联网支付交易规模的增长奠定了坚实基础，使互联网支付行业交易规模得以环比提高。同时，受到季度规律影响，2019 年第一季度电商零售市场进入淡季，缺乏“电商购物节”等促销活动的有力支撑，加之春节假日以及物流的影响，在一定程度上影响了行业整体交易规模的回暖速度。

此外，受益于头部支付厂商对于网络支付的场景的不间断开拓，特别对于网贷、商旅、理财、游戏、培训、消费金融等互联网支付重点行业的开拓进一步加深，行业解决方案的竞争进入白热化，带动此类平台互联网支付用户活跃度提升，从而进一步带动了互联网在线支付行业整体交易规模的增长。

（二）参与方的格局

第三方互联网支付市场竞争格局仍然延续上季度排名，支付宝以 23.62% 继续保持互联网支付市场第一名，银联支付保持行业第二的位置，市场占有率保持在 23.49%；腾讯金融以 9.72% 的市场占有率位列第三，前三家机构共占据互联网支付行业交易份额的 56.83%。

第三方互联网支付从公司结构上来看，主要有三类。第一类是类似支付宝、财付通这样的支付公司，以其母公司强大的网上商城为依托的第三方支付；第二类是以快钱、易宝、首信易为代表的独立第三方支付企业，其公司本身并不参与平台商品的售卖；第三类就是有国家金融背景的银联，即银联在线支付，与支付宝等其他两类第三方支付平台不同的是，在这种支付方式中，用户无须在第三方机构拥有独立的账户，因为其本身就可以直接基于客户的银行账户操作。

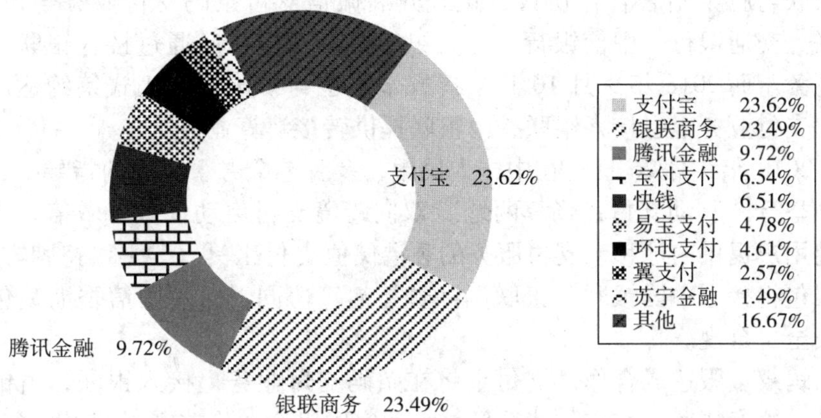

注：以上数据根据厂商访谈、易观自有监测数据和易观研究模型估算获得，易观将根据掌握的最新市场情况对历史数据进行微调，部分企业未涵盖。

资料来源：Analysys 易观，www. analysys. cn。

图7－2　2019 年第一季度中国第三方互联网支付市场交易份额

支付宝 2019 年第一季度保持自身的竞争优势，继续以支付为核心，深入不同的场景打造多元化的“支付＋”增值服务，形成了消费金融、信托、金融租赁、互联网保险、物流、航旅、跨境几大业务模块均衡发展的模式，其中针对持牌金融公司的交易规模增量明显，带动了整体交易规模的显著上升。

苏宁支付重点围绕内部生态圈开展业务，通过以支付返礼包、满减和随机立减等形式多样的营销方式吸引用户，带动易购交易量的显著提升；同时，苏宁支付通过为苏宁小店提供全方位支付服务，在苏宁小店在 2019 年第一季度新增了 1000 家店面的基础上带动交易规模增长。另一方面，苏宁支付深耕公共出行，上线的江苏高速扫码付业务覆盖了江苏联网高速全部收费站，加之其同时在地铁和公交等领域的布局，苏宁支付外部交易规模得到平稳增长。

翼支付持续借助独具优势的“通信＋支付”发展模式，深耕互联网金融生态圈建设，促进金融创新应用，通过翼支付红包、橙分期等差异化的产品，实现了业务规模的较快增长。

第三方互联网支付从公司竞争关系上来看，根据自己的产品特点和竞争优势，各自执行着不同的战略规划。在电子商城平台的竞争中，依托于自身电商平台的支付公司虽然可以依托自身平台的强大优势抢占市场份额，但同时也失去了中立性。比如支付宝，虽然依靠淘宝、天猫等自家电商平台可以强势出击，但是这也导致其他的强势电商对其进行封杀，例如京东商城就停止使用支付宝进行支付，而转用更为中立的、与其没有直接竞争关系的快钱、银联在线、网银等支付手段。而与阿里有直接竞争关系的腾讯公司则势必主推使用自家的支付工具财付通。

但是竞争中也存在合作。例如，新浪子公司新浪支付于2014年1月宣布接入银联网络，与银联的合作可以帮助新浪快速完成对国内300多家银行的覆盖。2018年4月1日，中国银联与腾讯签署合作协议，正式开展微信支付条码支付业务合作。拉卡拉、银盛、通联、交通银行、中信银行、光大银行等多家机构已通过接入银联，从而开通微信支付业务。而2018年9月10日，蚂蚁金服也与中国银联正式签约达成合作，支付宝在条码支付业务上也接入银联，由银联提供转接清算业务。

另外，2018年9月26日，在中国人民银行及香港金融管理局的指导下，腾讯携手银联在深圳举行“移动支付，畅享两地”双向跨境支付启动仪式。微信香港钱包成为首家为香港用户提供内地移动支付服务的香港储值支付工具（SVF）持牌方。财付通、微信香港钱包将接入中国银联、银联国际转接清算协同，保障微信香港钱包用户跨境移动支付安全、合规。

银联与蚂蚁金服达成合作，支付宝将在条码支付业务上接入银联，由银联提供转接清算业务。这意味着，在支付清算领域，两家国民企业将首度展开强强合作。

【小知识】　香港储值支付工具牌照

2016年8月25日，香港金融管理局（以下称金管局）正式发布了储值支付工具（Store Value Facilities License，SVF）牌照，首批获得者包括支付宝钱包、微信支付、TNG（Asia）、HKT Payment和八达通卡这五家机构，之后又陆续向PayPal香港有限公司、易票联支付、汇元通卡服务有限公司等发出SVF牌照，截至2019年5月共发放18张SVF牌照（类似于大陆的支付牌照）。

此前香港支付市场最常用的是八达通卡。随着内地支付机构的进入，将为香港当地新兴支付方式的发展带来新气象。目前持SVF牌照机构的运作范围主要包括线上支付、销售点流动支付、P2P转账（点对点转账）以及实体卡等四个方面。比如支付宝现在仅可运作的是线上支付。

支付宝方面也在获得牌照后，推出了香港版电子钱包AlipayHK，并且在此基础上为香港用户提供吃喝玩乐购等移动生活服务。而且AlipayHK已获许可，其移动支付服务使用范围将由粤港澳大湾区逐步扩展到全国其他地区。AlipayHK是首个在全国范围开通服务的香港电子钱包，今后香港用户也能够不带钱包游遍内地。

实际上，第三方互联网支付公司的竞争与合作往往并不只局限于支付行业本身，而是要放在一个更广的范围来进行考量，尤其是其关联公司的行业背景，对于其战略布局和发展起到非常关键的影响。

7.2　桌面在线支付案例

7.2.1　案例：支付宝

2003 年 10 月 18 日，淘宝网首次推出支付宝服务。2004 年 12 月 8 日浙江支付宝网络科技有限公司成立，12 月 30 日支付宝网正式上线并独立运营。10 年间，支付宝钱包积极寻求战略合作伙伴，先后同建设银行、工商银行、中国银行等合作，并推出快捷支付服务。与此同时，支付宝也不断扩充服务范围，提高服务水准，并加强安全保障，为客户交易保驾护航。到了今天，随着互联网的发展、网上购物的普及，支付宝已逐渐成为我们生活中不可缺少的一部分，与我们的衣食住行都产生了密不可分的重要联系。

支付宝主要提供支付及理财服务，包括网购担保交易、网络支付、转账、信用卡还款、手机充值、水电煤气缴费、个人理财等多个领域。

2019 年 7 月 12 日，市场调查和咨询公司艾瑞咨询（iResearch）发布了《2019 年第一季度中国第三方支付季度数据》。数据显示，2019 年第一季度，中国第三方移动支付交易规模达到 55.4 万亿元，支付宝的市场份额为 53.8%，较第二名的财付通（39.9%）高出近 14 个百分点。壹钱包、京东支付、联动优势、快钱、易宝、银联商务、苏宁支付则分列市场份额第 3 ~9 位。值得注意的是，支付宝的市场份额已经超过第 2 至第 9 名的总和（请参考图 6 –8）。支付宝作为中国最具代表性的第三方支付机构，其支付方式多种多样，下面予以介绍。

（一）余额支付

当支付宝账户中有余额时，输入支付密码即可完成付款。如果没有余额则只需要充值即可。可以通过表 7 –1 所示充值渠道进行充值。

表 7 –1　支付宝余额充值

充值渠道	介绍
网上银行	支持多家银行为支付宝账户充值，充值前需开通网上银行
储蓄卡快捷支付	付款时无须登录网上银行，凭支付宝支付密码和手机校验码即可完成付款，提供双重保障，付款方无须付手续费
卡通充值	支付宝账户和银行卡连通，只需输入一个支付密码就能完成充值
话费充值卡	将卡（全国神州行卡、联通一卡充）内的金额，通过支付宝提供的充值渠道，转充至支付宝账户内
网汇 e	无须网银，只需用现金或邮政绿卡在邮政汇兑联网网点办理汇款业务，并设定汇款密码，即可凭汇票收据和设置好的汇款密码给任意支付宝账户充值
网点充值	需先到与支付宝合作的营业网点（如便利店、药店、邮局等），用现金或刷卡购买充值码，然后登录支付宝充值
找朋友代充值	如果朋友拥有支付宝账户并开通了网上银行或卡通，可以把自己的支付宝账户和金额告诉他，请朋友代充值

（二）快捷支付（含卡通）

在2010年底之前，支付宝的资金渠道是网银，充值消费转账还款都使用网银，结果发现成功率太低，只有60%～65%，这对于电子商务的发展显然不利，于是支付宝研发了快捷支付，打通了一条直连银行的专线，这条专线不涉及网银的很多重要业务，只攻支付，这也是为什么大量小银行没有网银，却也能开通快捷支付的原因。2010年底快捷支付上线，2011年6月，支付宝快捷支付就接通了120多家银行和金融机构，支付成功率达到95%。正是支付过程无比顺滑的快捷支付奠定了支付宝在流量领域的市场地位（但这个最佳支付体验的宝座现在要让给微信支付了）。

快捷支付主要包括储蓄卡快捷支付、信用卡快捷支付（小额）、信用卡大额支付（需要卖家开通，店铺带有标识）、信用卡分期支付和支付宝卡通五种类型。

快捷支付是指用户只需有一张储蓄卡或信用卡，无须开通网银及网上支付功能，即可完成付款。付款是通过与银行直连通道来进行的，所以无须办理网银。用户可以将支付宝账户与借记卡或者信用卡关联起来，付款时只需输入支付宝的支付密码即可，一个账户可以绑定多张卡，支付方式更便捷。

快捷支付很有竞争力的一点是，它打破了网银的限制，一般网银系统仅仅局限于IE浏览器平台操作，对于不支持IE浏览器的系统平台，用户无法登录与网银建立资金结算通道，这也成为网银在移动远程支付应用上的最大障碍。而快捷支付则打破了这一屏障，可以为Firefox、Chrome等更多浏览器用户进行网上支付，同时也为手机支付业务的兴起提供了基础。

不过，自2014年3月22日起，四大国有银行纷纷下调了银行卡快捷支付转入第三方支付的限额，比如工行和建行由快捷支付转支付宝或余额宝单笔限额5 000元，而网银则可进行大额支付。

快捷支付中一旦提示限额超限无法付款，则建议换卡或网银支付，也可以更换开通信用卡大额支付的卖家购买。判断卖家是否开通信用卡大额支付的方法：付款方式中有标识，店铺若没有信用卡小标识则只支持信用卡小额支付。

支付宝卡通是一种具有网上支付功能的银行卡，用身份证在银行办理，邮政储蓄的淘宝联名卡（淘宝绿卡）与建设银行的支付宝龙卡，就属于支付宝卡通。有的是实物卡（比如建行，有单独的支付宝卡通发放），有的应该算是虚拟卡（如招商、中信等都是在现有借记卡上面，捆绑支付宝功能，不单独发卡）。除去中银淘宝卡（信用卡和支付宝卡通的混合体），其他的支付宝卡通都是借记卡。开通“支付宝卡通”就可直接在网上付款，不再需要开通网上银行，同时还享受支付宝提供的“先验货，再付款”的担保服务。一个账户可申请多个支付宝卡通，单笔付款限额最高达5 000元，还可以在支付宝网站上查询银行卡中的余额。

（三）网银支付

网银支付分为网银储蓄卡支付和网银信用卡支付。网银信用卡支付的限额也参考快捷支付中信用卡大额标记的不同而有所不同。

快捷支付-信用卡各银行限额一览

各银行信用卡快捷支付限额表（大额信用卡支付-店铺带有信用卡标识 、小额信用卡支付-店铺没有信用卡小标识）

说明："已存"指银行卡信息与支付宝账号建立对应关系；"未存"指银行卡信息与支付宝账户未建立对应关系。

大额信用卡快捷支付		
	单笔限额（元）	每日限额（元）
招商银行	已存无证书：5 000 已存有证书：2万 未存：2万	已存无证书：5 000 已存有证书：2万 未存：2万
中国银行	已存无证书：5 000 已存有证书：卡面额度 未存：卡面额度	已存无证书：5 000 已存有证书：卡面额度 未存：卡面额度
工商银行	已存无证书：5 000 已存有证书：卡面额度 未存：卡面额度	已存无证书：5 000 已存有证书：卡面额度 未存：卡面额度

小额信用卡快捷支付			
	单笔限额（元）	每日限额（元）	每月限额（元）
所有银行	500	500	500

图 7－3　快捷支付信用卡限额（示例）

图 7－4　支付宝卡通

在服务商户方面，支付宝公司版最主要特点就是依托于淘宝、服务于淘宝。收款方式灵活广泛、营销灵活丰富。支付宝还开通了货到付款、网点支付和消费卡支付。这些新支付方式都与“线上交易线下支付”相关联。支付宝还利用淘宝的大数据信息，为用户提供数据分析服务。

7.2.2　案例：财付通

财付通（Tenpay）是腾讯公司于 2005 年 9 月正式推出的专业在线支付平台，其核心业务是帮助在互联网上进行交易的双方完成支付和收款。与支付宝类似，财付通支

网银-信用卡支付各银行限额一览

大额信用卡支付-店铺带有信用卡标识，小额信用卡支付-店铺没有信用卡标识

大额信用卡网银支付					
	单笔限额(元)	每日限额(元)	需要满足的条件	客服电话	说明
招商银行	信用卡本身透支额度	信用卡本身透支额度	开通大众版网上支付功能	400-820-5555	
中国银行	5000	5000	开通网上支付功能	400-669-5566	
中信银行	信用卡本身透支额度	信用卡本身透支额度	开通网上支付功能	95558	

小额信用卡网银支付					
	单笔限额(元)	每日限额(元)	需要满足的条件	客服电话	说明
招商银行	2000	信用卡本身透支额度	开通网上支付功能	400-820-5555	
中国银行	300	5000	开通网上支付功能	400-669-5566	
中信银行	1000	1万	开通网上支付功能	95558	
	1000	1万	办理移动证书		

图 7-5　网银信用卡支付限额（示例）

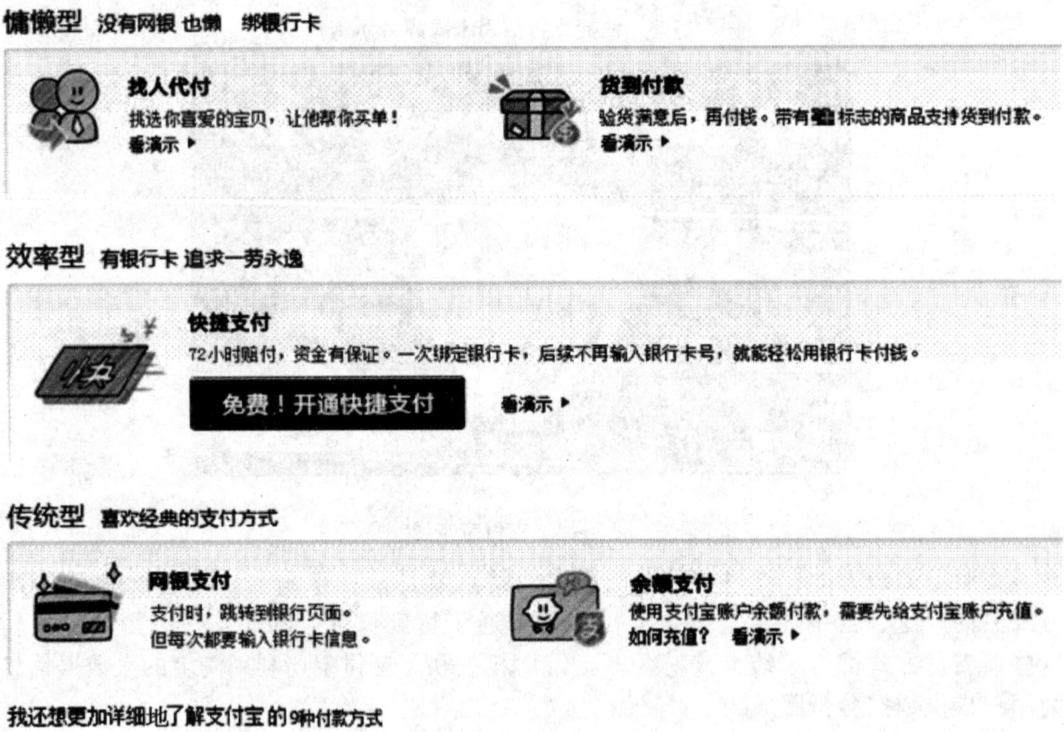

资料来源：支付宝官网，https：//abc. alipay. com/cool/xsqh. htm#page =2。

图 7-6　支付宝支付方式总结

持全国各大银行的网银支付和快捷支付，也可以先充值到财付通，进行余额支付。那么微信支付与财付通是什么关系呢？财付通是腾讯的第三方支付平台，微信支付是集成在微信上的支付功能。无论是微信支付还是QQ钱包，它们的功能实现都是基于财付通的基础上实现的。简单来说，微信支付、QQ钱包是前端产品，而财付通则是它们背后的平台支撑。

与支付宝相比，财付通针对企业提供的结算、付款服务更加丰富，可以解决企业在各种情况下的资金结算问题。其产品包括：企业资金归集、交易自动转账、委托扣款、自动对账服务。企业资金归集是财付通专为合作商户提供的资金集聚的大额收付款产品，为商户通过网络进行业务资金回笼及专项资金归集提供解决方案。付款及时到账可实时交易记录，提供专业的财务对账单支持，广泛适用于机票行业、游戏行业等平台商户、游戏厂商及渠道代理商向下属分销商户回收货款，为企业回笼资金等业务场景提供收款支持。交易自动分账是财付通专为B2B交易平台、上下游渠道商或集团企业提供的支持多层级、复杂的资金周转的解决方案。通过分账系统，可实现一笔交易订单付款金额向多个不同财付通账户进行分发，并支持分账后全额或部分回退，以及再继续进行拆分和分发等特性，为合作企业提供更灵活、更方便的分账及分账退款支撑体系，为上下游渠道商、集团企业和各企业之间的复杂资金流周转提供完整的解决方案。主要应用于B2B交易平台、航空电子客票平台、复杂的资金周转需求的业务场景。

本章小结

本章着重描述了互联网支付的规模、结构、竞争关系等要素，以期能对第三方支付的主流互联网支付有更为深刻的理解。在此基础上，对于第三方支付的参与方分为支付宝和财付通进行了详细分解和阐述。

想一想、练一练

◎ 思考题

1. 支付宝的快捷支付是如何实现的？
2. 目前桌面在线支付平台的格局如何？
3. 以支付宝为例，分析快捷支付和网银有什么区别。
4. 比较分析跨境电商主要的几种第三方互联网支付方式。

◎ 实训题

对比支付宝和财付通的界面和功能，就其各自业务特点进行分析。

第8章

第三方移动支付：远程支付

知识要点

✓ 远程支付和移动支付的概念
✓ 移动在线支付的技术和市场环境
✓ 移动在线支付的典型应用及特点

案例导读

肯尼亚 M－Pesa

M－Pesa 是肯尼亚运营商 Safaricom 在 2007 年 3 月推出的手机转账业务，这项服务不需要用户拥有银行账户，这正符合肯尼亚仅有约 20% 的成人有银行账户的现实。用户转账给肯尼亚境内的任何其他手机用户后，汇款接收方可以在任何 M－Pesa 代理网点将其兑换成现金。短短 4 年时间就有超过 1 500 万肯尼亚人成为 M－Pesa 的用户，交易额已经达到数十亿肯尼亚先令。

渠道是手机转账流行起来的一个重要原因。Safaricom 公司成立于 2000 年，是肯尼亚最大的移动通信运营商，有 25 000 个网点，而银行在肯尼亚及只有约 1 000 个网点。另外，Safaricom 本身就是一个值得信赖的品牌，这在银行经常倒闭的非洲为 M－Pesa 打下了民众基础。而较低的转账手续费进一步增加了 M－Pesa 的吸引力。

"转钱回家"（Sending Money Home）成为一个杀手级的广告语，为 M－Pesa 的普及带来了革命性的变化。

M－Pesa 的最大亮点在于，Safaricom 的用户仅仅采用最简单的短信技术，只需要发一条短信就可完成转账，并且汇款人和收款人都不要求拥有银行账户，收款人持收到的转账短信即可到 M－Pesa 代理点兑换现金。

中国移动也开发了与 M－Pesa 相类似的手机汇款产品。手机汇款即汇款人以收款人的手机号为标识，向指定的收款人汇出资金，收款人可凭收款信息，通过中国移动的手机支付账户、手机汇款代理点，浦发银行在全国的实体网点和电子渠道进行收款，可以说这是一种以手机为主要载体的快速结算业务模式。

8.1　远程支付

最广义的远程支付，是指支付人不在支付现场而成功进行支付操作的一类支付方式。远程支付可以通过发送支付指令（如网银、电话银行、手机支付、短信支付等）或借助支付工具（如通过邮寄、汇款）来进行支付操作。与之相对应的是现场支付或近场支付，即支付人需要抵达支付现场进行支付操作。

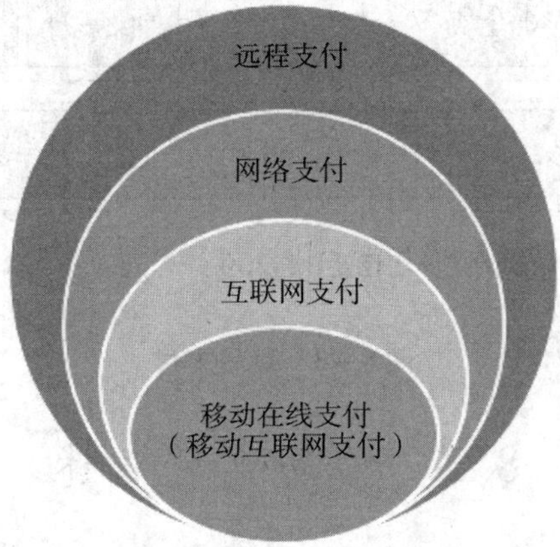

图8－1　远程支付、互联网支付及移动在线支付

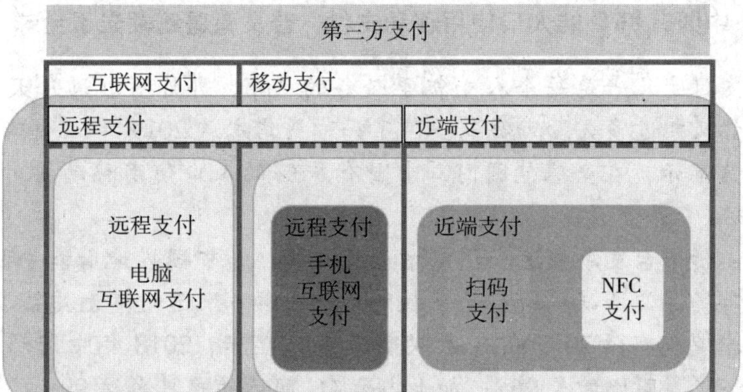

图8－2　互联网支付、移动支付 VS 远程支付、近端支付

远程支付通常要通过各类网络进行，这一类统称为网络支付。网络可以是互联网，也可以是通信网、电视网，甚至是电力网。远程支付目前主要是通过互联网支付来进行的。

互联网支付必然要借助各类人机交互终端连接到网络，按照终端的不同可以区分为桌面电脑和手机，分别对应于桌面在线支付和移动在线支付。随着科技的发展，终端的界限日渐模糊，各类型终端日渐融合，终端之间的差异会越来越小。

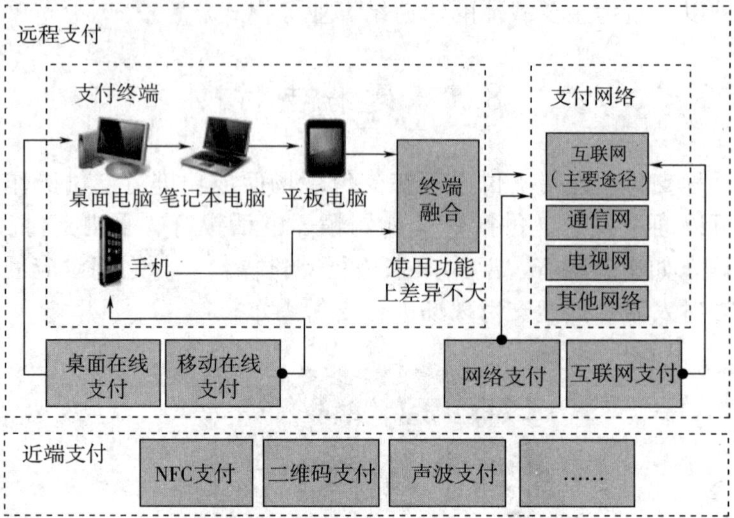

注：①终端融合：是指手机和电脑的差异化程度日趋缩小；
②其他网络：例如电力网。

图 8－3　远程支付

8.2　移动支付概述

中国有 86%的人口使用移动支付，普及率遥遥领先于全球

微信、支付宝几乎是每个人手机里必备的 App，那你有算过每天要使用它们多少次吗？你又想过多久没带钱包出门了吗？普华永道 2019 年“全球消费者洞察力调查”报告显示，在全球范围内，中国有 86% 的人口使用移动支付，普及率遥遥领先于全球。

在移动支付平台发展快速和稳定增长的背后，与中国内地智能手机普及率高、互联网创新市场异常活跃以及移动互联网用户人群下沉迅速不无关系。“互联网女皇”玛丽·米克发布的 2019 年《互联网报告》显示，2018 年中国移动互联网用户规模达 8.2 亿，同比增长 9%；加上内地 4G 网络的覆盖率达 99%，同样催化了整个移动支付的发展。

早在 2014 年 3 月，央行曾一度叫停过二维码支付，原因是二维码还没有正式的安全认证检测，担心用户会引发资金损失或信息泄露风险。自 2016 年解禁以后，线下的小额支付可以通过扫二维码完成，为各店铺支付提供了便利条件，这也是内地从现金支付走向移动支付的重要节点。据艾媒咨询发布报告显示，2018 年中国第三方移动支付交易规模达 190.5 万亿元，这里面，想必二维码收付款“功劳”不小吧。

在互联网支付中，目前发展最为迅猛的是移动支付。移动支付不仅代表着第三方支付行业最先进生产力，而且是将线下支付和线上支付融合为一体的新型支付方式。

8.2.1　概念定义

（一）移动支付

根据2012年12月14日中国人民银行发布的《中国金融移动支付系列技术标准》中的术语定义，移动支付（Mobile Payment）是允许用户使用移动终端对所消费的商品或服务进行账务支付的一种服务方式。具体地说就是以智能手机等移动通信设备作为用户账户和应用等数据的存储载体和处理工具，利用线下POS、ATM等受理终端或线上无线通信网络，实现不同账户之间的资金转移或支付行为。近年来流行的移动支付方式有短信支付、NFC近场支付、语音支付、二维码扫描支付、手机银行支付、刷脸支付等，可谓五花八门。

移动支付可以分为线下近端移动支付（近场支付）和在线远程移动支付（远程支付）。

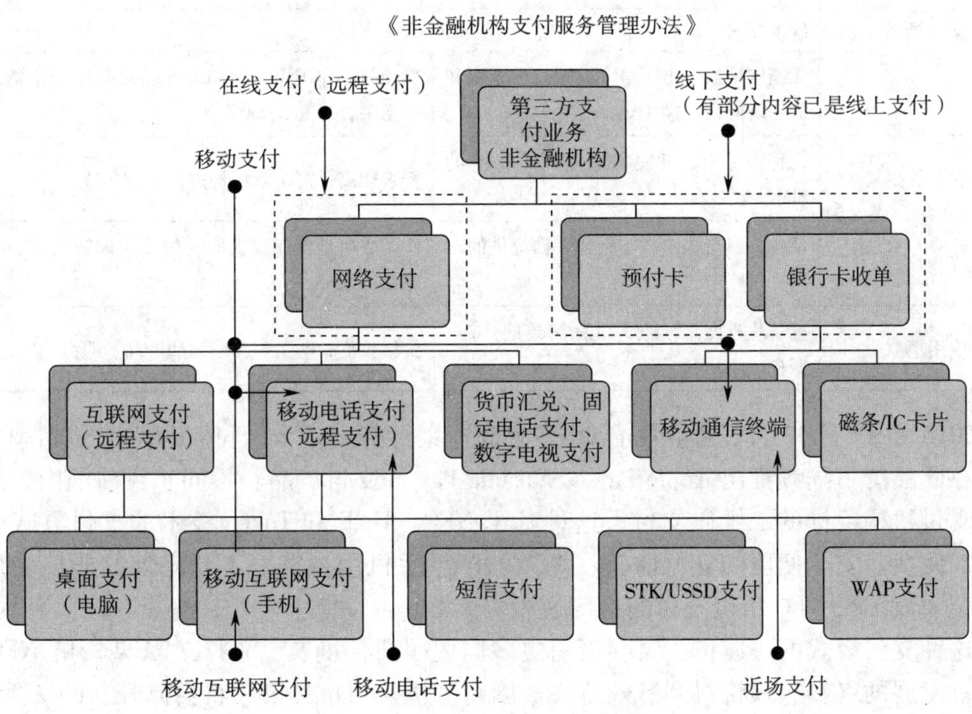

图8－4　移动支付的定位

（二）手机远程支付与近场支付

远程支付（Remote Payment）是指移动终端通过无线通信网络接入，与后台服务器进行交互完成交易处理的支付方式。用户进行支付时，通过移动通信终端远程将支付指令经过通信网络传送到支付平台处理，远程支付接入方式包括 WEB、WAP、短信（SMS）、语音（IVR）、手机客户端。远程支付使用的支付账户可以是银行卡、非金融支付机构交易账户等。

近场支付（Proximity Payment）是指移动终端通过实体受理终端在交易现场以联机或脱机方式完成交易处理的支付方式，或称之为现场支付。一般是指用户在购买商品或服务时，即时通过移动通信终端向商家进行支付，支付的处理在现场进行。现场支付的接入手段主要使用 POS（RFID），利用移动终端与 POS 机之间的射频信号完成信息交互。现场支付可使用的支付账户主要是电子钱包、非金融支付机构交易账户等。

远程支付和桌面端的网上支付是类似的，可以从桌面端向手机端迁徙，是一种推广成本较小的方式；近场支付在交易方式、硬件等方面拥有更高的安全性，且应用场景方面所受限制少、使用频率更高，在使用上更具便捷性。

表 8－1　　手机远程支付与近场支付

	远程支付	近场支付
依托技术信息	通信技术和移动互联网技术	近距离无线通信技术
支付场景	线上交易	线下支付
支付金额	无额度限制，由资金来源账户的余额和规定时间内限额决定	额度较小，国内目前相关产品对其账户余额均设有上限，最高 1 000 元
硬件安全级别要求	无特别要求，可使用移动网络本身的 SIM 卡授权	要求较高，需金融机构进行授权
资金账户	话费、银行账户和支付运营商提供的专门支付账户	使用支付运营商提供的专门支付账户居多，也使用银行账户
应用场景	电子化程度高，购买过程简单的产品、服务	价格较低，购买行为频繁的产品、服务

2015 年 12 月 12 日，银联联合 20 多家商业银行推出“云闪付”移动支付品牌。此后，在此品牌下陆续推出 Apple Pay、Samsung Pay 等支付产品。不同于目前国内一些非金融支付机构主推的二维码支付，这种基于 NFC、HCE 和 Token 技术的支付方式安全且更加便捷。安全便捷的支付体验、庞大的苹果手机用户群、不断完善的非接受理环境将会大大加快 NFC 手机支付的推广速度。

这种支付模式的快速扩张又会吸引更多国内手机厂商支持 NFC，长期影响 NFC 手机支付发展的终端瓶颈将得到有效解决。国内手机支付市场格局将会掀开新的一页。

8.2.2　技术环境

（一）移动网络

手机只有通过网络连接才可以相互呼叫，也才能进一步连通国际互联网 Internet，所以手机连接网络的方式非常关键，往往决定着手机上网速度以及能支持的应用类型和性能。手机网络一般有GSM/WCDMA/LTE、WIMAX、WIFI等类型。

GSM全名为Global System for Mobile Communications，中文为全球移动通信系统，俗称“全球通”，是一种起源于欧洲的移动通信技术标准，是第二代移动通信技术，其开发目的是让全球各地可以共同使用一个移动电话网络标准，让用户使用一部手机就能行遍全球。目前，中国移动、中国联通各拥有一个GSM网，为世界最大的移动通信网络。GSM系统包括GSM900：900MHz、GSM1800：1800MHz、GSM－1900：1900MHz等几个频段。目前我国主要的两大GSM系统为GSM900及GSM1800，由于采用了不同频率，因此适用的手机也不尽相同。不过目前大多数手机基本是双频手机，可以自由在这两个频段间切换。

CDMA（Code Division Multiple Access）译为“码分多址分组数据传输技术”，被称为第2.5代移动通信技术。CDMA手机具有话音清晰、不易掉线、发射功率低和保密性强等特点，发射功率只有GSM手机发射功率的1/60，被称为“绿色手机”。更为重要的是，基于宽带技术的CDMA使得移动通信中视频应用成为可能。

随着网络技术的发展，2G/2.5G标准逐步为3G（第三代移动通信技术The 3rd Generation）标准所替代，3G主要特征是可提供移动宽带多媒体业务。国际电信联盟（ITU）早在2000年5月即确定了WCDMA（欧洲，即主要支持者来自欧洲的厂商）、CDMA2000（美国）和TD－SCDMA（中国）三个主流3G标准。

4G通常被用来描述相对于3G的下一代通信网络，能够以更快的速度传输数据，高质量音频、视频和图像等。国际电信联盟（ITU）定义4G的标准——符合100Mbps（Bit Per Second）传输数据的速度。达到这个标准的通信技术，理论上都可以称为4G。

（二）操作系统

目前在智能手机端的操作系统有Android、iOS、Symbian、Windows Phone等。它们之间的应用软件互不兼容。因为可以像个人电脑一样安装第三方软件，所以智能手机有丰富的功能。智能手机能够显示与个人电脑所显示出来一致的正常网页，它具有独立的操作系统以及良好的用户界面，它拥有很强的应用扩展性、能方便随意地安装和删除应用程序（Application，即手机上的App）。

8.2.3 市场环境

整个移动支付价值链包括移动运营商、支付服务商（比如银行、银联、第三方机构等）、应用提供商（公交、校园、公共事业等）、设备提供商（终端厂商、卡供应商、芯片提供商等）、系统集成商、商家和终端用户。

（一）市场规模

2019年7月23日，Quest Mobile发布的《中国移动互联网2019半年报告》显示，中国移动互联网月度活跃用户规模为11.38亿。根据易观发布的2019年第一季度《中国第三方支付移动支付市场季度监测报告》，2019年第一季度，中国第三方支付移动支付市场交易规模达476986.3亿元人民币，环比增长0.96%。

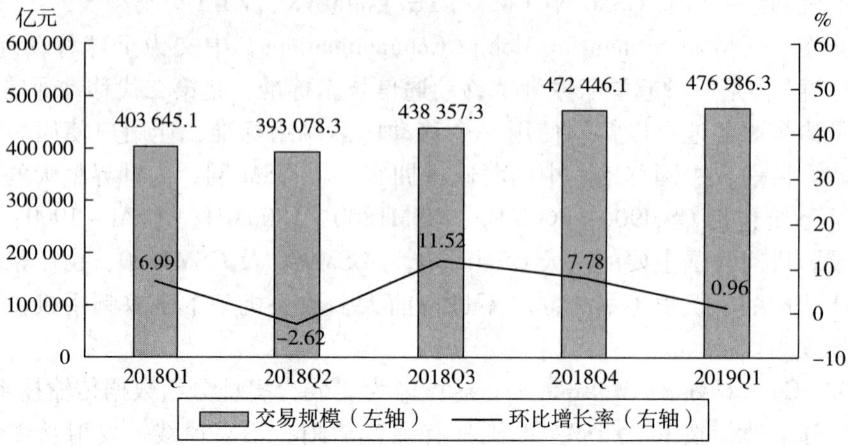

注：以上数据是易观根据厂商访谈、易观自有监测数据和易观研究模型估算获得，易观将根据掌握的最新市场情况对历史数据进行微调。

资料来源：Analysis 易观，www. analysis. cn。

图 8-5　2018 年第一季度至 2019 年第一季度中国第三方移动支付市场

从统计数据来看，2019 年第一季度行业整体交易规模继续保持稳定增长，但行业同时进入季节性调整，在整体规模量级较高的前提下，行业增速降低，环比增长仅 0. 96% 。

另外，数据分析显示第三方移动支付近期有以下特点：

1. 在电商、线下零售等行业表现增长高于预期。持续的 C 端用户教育令用户线上线下移动支付交易频率持续增长，同时受益于跨行业的线上线下联动，也进一步增加了用户使用移动支付的黏性。特别是几家背靠大型集团，持续面对 C 端发力的支付机构，均在第一季度加大了活动的力度，通过红包、打折促销以及集团内部产品联动等多种方式，交易规模呈现环比较大幅度的增加，进一步加强了支付的商业流量入口作用。

2. 线下扫码支付规模平稳增加。例如航旅出游等行业整体支付规模保持稳定。2018 年波动较大的互联网金融、消费金融等行业交易规模稳中有升，行业在经历大范围洗牌后头部平台位次逐渐明朗，强监管为行业下一阶段大幅度增长奠定良好基础。

3. 移动支付行业数字化程度继续提高。以人脸识别为代表的生物识别技术普及率迅速提升，特别在地铁等公共交通领域以及重点城市的商超、便利店场景。行业由支付为起点的供应链数字化改革拉开序幕，未来由 B 端带动 C 端产生交易规模倍数增长或将成为趋势。

4. 理财类业务交易规模增长良好。受益于资本市场回暖，新引入基金公司均呈现较高增速。

（二）市场结构

第三方移动支付交易规模结构中，从 2018 年数据来分析，移动支付交易主要可以分为三类：移动金融、移动消费和个人应用板块。在移动金融方面，支付宝的货币基金产品“余额宝”的平台化发展策略使其申购业务量在2018年下半年出现了快速上涨，消除了2018年第一季度“余额宝”限流带来的影响，也推动了移动金融板块的回暖。对于移动消费板块而言，2018年各大电商平台的“双十一”“双十二”活动使移动消费板块的占比在第四季度出现了明显上涨，而线下扫码支付市场的发展则支撑了移动消费板块在2018年全年占比的稳步提升。

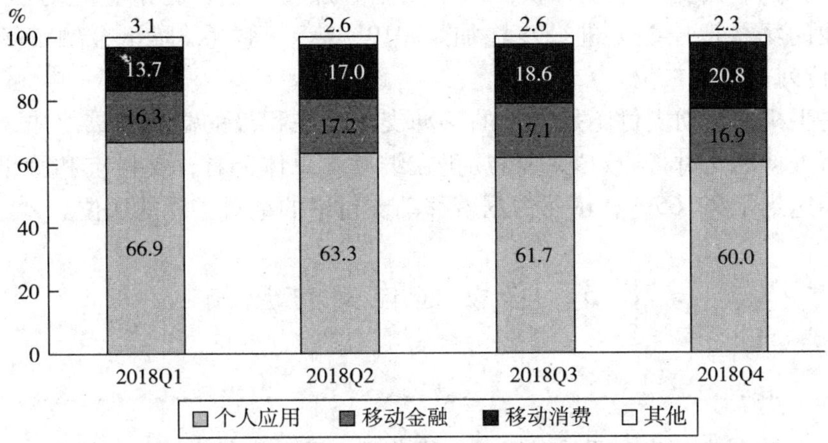

图8－6　2018年第一季度至第四季度中国第三方移动支付交易规模结构

（三）市场份额

根据易观发布的2019年第一季度《中国第三方支付移动支付市场季度监测报告》，2019年第一季度，中国移动支付市场规模达到近47.7万亿元。其中支付宝以53.21%的份额继续位列第一，腾讯金融39.44%继续位列第二。

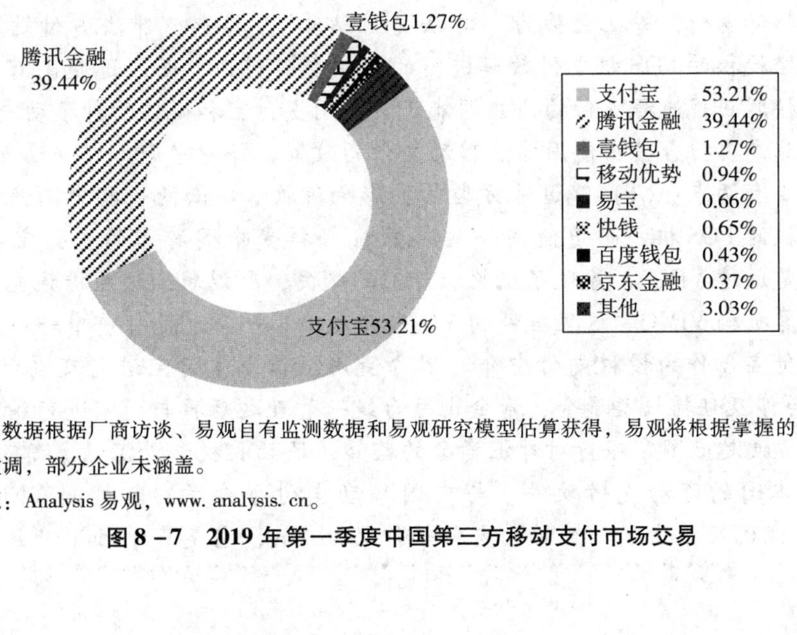

注：图中数据根据厂商访谈、易观自有监测数据和易观研究模型估算获得，易观将根据掌握的最新市场情况对历史进行微调，部分企业未涵盖。

资料来源：Analysis易观，www.analysis.cn。

图8－7　2019年第一季度中国第三方移动支付市场交易

支付宝方面，得益于用户的持续增长，以及“花呗”等差异化金融工具的不断拓展，用户活跃程度和黏性保持增长，预计其交易规模增长将持续受益。2019 年第一季度，支付宝以 53.21% 份额排名市场第一。

腾讯方面，受益于用户总量以及黏性的增加，线上线下支付交易频率提升。腾讯希望进一步以支付为入口切入产业互联网，在借助支付服务商保持对线下中小微商户的触达基础之上，进一步推出涉及多行业的整体解决方案。微信和微信支付双流量入口的巨大优势，令其变现速度加快。两个因素叠加在一起，腾讯金融对出行、外卖、零售等行业的场景把控能力进一步增加。2019 年第一季度，腾讯金融市场份额达到 39.44%，位列市场第二位。

不管是手机的移动支付还是人脸的移动支付都在积极的高速发展之中，支付宝和微信支付所维持的支付行业双寡头格局仍在继续。总体上看，支付宝和腾讯金融二者的市场份额达到了 92.65%，依然占据着移动支付中的绝对主导的地位。

8.3 移动远程支付应用

支付宝越南、尼泊尔遭禁一事背后：移动支付全球化门槛？

随着 2018 年的到来，中国移动支付产业蓬勃发展，现在已经进入到了成熟阶段。从过去的网络购物，到现在拓展到转账汇款、火车票机票、医疗健康、手机话费、公共交通、商场购物等领域，依托这些功能，支付宝、微信支付已经与我们的生活密不可分。

但是根据越南媒体 2018 年 7 月报道，为了整顿境内的电子支付市场，不得不禁止使用移动支付，并把它称为“非法支付结算”。其中“非法支付结算”指的是使用未经授权的 POS 机或付款码进行的违法支付行为，而经过越南官方结算机构授权，按照正规流程支付的商户则能正常使用支付宝和微信两种移动支付方式。

造成越南要出台禁止使用非法移动支付的政策，并称它们为“非法支付结算”的原因主要有两点：(1) 绕过地方监管，影响税收。越南的一些中国商家没有使用经过授权的 POS 机，而是使用一些“黑机”接受中国游客的支付宝和微信付款，而不是通过 VIMO，导致了税收和外汇的损失，所以越南这项措施也是为了支持官方结算机构 VIMO。这里提到的 VIMO 是越南第一家也是目前唯一一家与微信支付和支付宝合作的授权支付中介。用户使用微信或支付宝进行交易的过程中，VIMO 不会涉及任何权益资金，资金由平台统一管理之后再与商家进行结算。这样不仅可以方便越南国家银行对外汇资金的监管，还让收税和外汇结算都有据可查。(2) 支持本国的移动支付软件，与中国移动支付平台竞争。越南 VNG 公司在 2016 年末就已经推出了一款移动支付软件 Zalo Pay，它是基于 Zalo 应用的支付。

Zalo 是越南一款免费的聊天与通话应用，总用户约为 7000 多万，是越南拥有最多用户的通信应用之一，堪称越南版的“微信”。

中国移动支付平台此次在越南市场上的失利，说明中国移动支付想要实现全球化并非一帆风顺。无独有偶，据尼泊尔喜马拉雅时报报道，尼泊尔 NRB 央行 2019 年 5 月 20 日宣布禁止在当地使用中国的支付应用微信、支付宝，理由是中国游客非法使用微信及支付宝等支付应用，尼泊尔已经失去了这部分海外收入。

大多数去尼泊尔的中国游客都携带着这些数字钱包。在尼泊尔经营酒店、餐馆和其他企业的中国人也使用这些支付应用程序。因此，当中国游客参观中国公民在尼泊尔经营的企业时，账单是使用中国支付申请支付的。这意味着在尼泊尔购买的服务费用是算作中国的，因为中国的数字钱包没有在尼泊尔注册。

这使得尼泊尔当局无法将中国游客的消费记录为外国收入，因为从技术上讲，这些钱从未进入尼泊尔的银行渠道。这也使中国商人能够在不交税的情况下将收入汇回本国，因为国内当局没有证据证明这些交易是在尼泊尔发生的。

远程移动支付的特性决定了其依赖于互联网，而互联网是没有国界的，所以可以很轻松地渗透到国外，因此越南、尼泊尔都感受到了远程移动支付绕过监管“威力”。这些也给互联网时代各国的监管部门提出了新的问题。

越南的这次禁令事件就是个很好例子，由于监管不到位等一些漏洞，影响了当地金融机构的利益，以至于不得不出台禁令。而国内移动支付平台要想在海外市场获得更快发展，除了获得当地政府政策的支持之外，还要与当地的金融机构进行合作，尽快融入当地移动支付的监管体系，保障多方交易的公平性。

总而言之，中国移动支付进军海外任重而道远。中国移动支付要想在海外做大做强，必须克服这些难关，并做到“接地气”，充分适应当地市场环境，时刻关注消费者的需求，加以改革创新，避免“水土不服”的情况，才会像在国内一样如鱼得水。

8.3.1 支付宝钱包

支付宝钱包是国内领先的移动支付平台，属于手机 App 应用。支付宝 2003 年出现，长期的发展几乎覆盖了所有的支付场景，满足用户随时随地支付的需求，用户已经养成习惯，形成了行业壁垒。所以即使在微信支付的冲击下，支付宝钱包在第三方移动支付市场份额仍然在 80% 左右。

目前支付宝已涵盖的使用场景有以下几个方面。

基础功能：付款、收款、转账、汇款。

生活服务：手机充值、信用卡还款、外卖、生活缴费（水、电、燃气、电视、固话、宽带）、城市服务（违章查询、医院挂号等）、电影、打车、机票、景区门票、游戏充值、寄快递、公交卡充值（目前仅支持羊城通）、校园一卡通充值、缴学费、话费卡转让、爱心捐赠。

理财：余额宝、招财宝、娱乐宝、彩票、股票、理财小工具（汇率计算、存款收益、房贷、记账）。

商业：众筹、阿里系电商（手机淘宝、天猫）。

社交：红包、亲密付。

民间征信：虚拟信用卡（花呗）、个人信用评级（芝麻信用分）。

可以说，支付宝钱包已经成为了连接一切和钱有关服务的移动载体，从生活服务到理财，从社交到征信体系，无孔不入。

8.3.2 微信支付

微信支付是由腾讯公司知名移动社交通信软件微信及第三方支付平台财付通联合推出的移动支付创新产品，也属于手机 App 应用。其以微信 App 为载体和入口，用户只需在微信中关联一张银行卡，并完成身份认证，即可将装有微信的智能手机变成一个全能钱包，支付过程简便流畅。

微信支付之所以能从这么晚起步到现在与支付宝不相向下，很大的一个因素是微信支付有微信这个平台。腾讯 2019 年第一季度财报显示，第一季度微信及 WeChat 合并月活跃账户数达 11. 12 亿，同比增长 6. 9%。借助于腾讯公司的影响力与微信的用户规模度，微信支付已成为国际支付巨头。其特点是将支付工具与社交通信平台相结合，使支付动作不必切换应用，让支付也保持随时“在线”，方便随时使用。

微信主要是提供支付及理财服务，包括刷卡、转账、信用卡还款、手机充值、理财通、红包、生活缴费、出行、电商购物、餐饮美食、Q 币充值、电影票等多个行业。根据益普索（Ipsos）《2019 年第一季度第三方移动支付用户研究》报告，微信支付和财付通在个人类交易场景具有支付优势，发红包和转账是其优势所在。发红包和转账有强社交属性，是微信和 QQ 的固有优势，微信支付在此应用场景的强势地位势将延续。而支付宝在线上消费类交易场景仍处领先地位，网购支付的主导优势依旧。支付宝在网购支付的领先优势稳固，但在益普索（Ipsos）调查覆盖的线上休闲娱乐预订、线上航旅产品预订和游戏充值等线上支付场景，则是微信支付和财付通占优，领先幅度也较明显。

8.3.3 银联的 App 支付应用

主要提供网站形式、App 形式的移动在线支付。银联手机支付移动网站只需通过手机浏览器访问 mpay. unionpay. com，即可迅速进行话费充值、信用卡还款等银联手机支付服务。通过该网站可以下载 App 形式的应用“银联随行”（定位于银联手机支付的大众版），提供银行卡账户管理、信息查询、金融自助、便民支付、远程购物等服务。客户端采用业界最高标准的安全保障机制，保证支付安全。具有同时支持多银行卡账户；无须开通网银即可支付；LBS 定位折扣优惠；支持 100 多家银行支付消费等特点。“银联随行”的功能主要是便民服务，可以用银联在线账号登录。

App 形式的应用还有银联手机支付（定位于银联手机支付的专业版）及银联手机

支付收银台。银联手机支付比起“银联随行”来有更加丰富的功能，有最基础的金融服务（查余额、信用卡还款等），最实用的便民服务（各种便民缴费、壹基金捐款等），最快捷的休闲娱乐服务（格瓦拉电影票、永乐演出票、游戏直充、彩票、优惠券等），最全面的商旅服务（机票、酒店、火车票、汽车票等），最新潮的手机电子商城（鲜花、蛋糕、大闸蟹等）。如果手机上装有银联智能 SD 卡，还能支持超级转账功能，即付款账户支持带银联标识的所有借记卡，收款账户更是支持全国 200 多家银行的借记卡和信用卡，手续费在推广期还免费。

银联手机支付收银台也称“全民付”收银台，是一款专为小微商户提供收款、提供便民缴费及其他特色增值服务的移动收款和支付产品，IOS、Android 系统的手机和 PAD 都可下载使用。与“全民付”收银台客户端搭配使用的“易 POS”终端，其大小与名片盒相似，自带密码键盘和显示屏，两者搭配使用能实现的最具特色功能就是移动收款，磁条卡与 IC 卡均能受理。

具体操作层面，商户通过蓝牙连接“全民付”收银台客户端和易 POS 终端，收款时在客户端输入收款金额，在易 POS 上刷卡（或插 IC 卡），签上电子签名，收款支付即一气呵成，全程彻底摆脱了各种“线”的束缚，店里断网、断电也可以刷卡还款两不误。作为交易凭证，刷卡人可以选择将电子签购单查看地址发送到手机上，自行下载或打印。点击“当日收款交易查询”，商户能清楚地了解当日发生的总交易笔数、金额以及每笔交易状态（成功/失败/支付中），“历史收款交易查询”更可让商户对过去所有交易明细一览无遗。不仅如此，“全民付”收银台还为交易双方准备了一剂“后悔药”，对于操作失误或需要撤销的当日刷卡交易，商家只需选中交易条目向左轻滑屏幕即可撤销交易，交易资金实时返还到付款账户。

本章小结

本章在获得远程支付基本知识的基础上，介绍了移动互联网支付，即移动在线支付，同时对于其技术环境、市场环境都给予了描述。最后列举了几个典型的移动远程支付的应用，并对其特点作了分析。

想一想、练一练

◎ 思考题

1. 试列举几个常用的移动互联网支付应用，并简要描述其主要功能和特点。
2. 请问移动支付和移动互联网支付有什么区别?
3. 请分析解读《2015 中国互联网金融发展报告》中的移动支付数据。

◎ 实训题

1. 下载并安装支付宝钱包，写出- 次成功支付的步骤。
2. 使用 PPT 分析和讲解，移动互联网支付对传统行业的影响。

第 9 章

第三方移动支付：近场支付

知识要点

- ✓ 近场支付技术发展趋势
- ✓ 金融 IC 卡标准和迁移
- ✓ 脱机近场支付和电子现金圈存
- ✓ 联机近场支付的典型应用原理
- ✓ 联机近场支付的发展趋势

案例导读

LBS 信息推送

由于手机可以定位，试想一下这样的生活场景：当你走进一家大型超市，手机上立刻收到信息："你心愿单中的三文鱼今天在生鲜货柜七折出售，本超市折后价低于本市平均价格 15%。"在超市走几步，手机会提示你："您已经 31 次购买老干妈辣酱，平均购买间隔时间 12 天，今天距您上次购买已经超过 10 天，需要购买新的辣酱吗?"当你买完东西回家，路过一家饰品店，刚走进店铺，服务员就微笑着对你说："王先生，您好！我们这里新到了您喜欢的版画，有兴趣看看吗?"回到小区，手机收到一条信息，上面写着："欢迎回家！在收发室有您的快递。本月水费尚未缴清，按下确认可以立刻缴清。"……

基于位置的服务（Location Based Service，LBS），它是通过电信移动运营商的无线通信网络（如 GSM 网、CDMA 网）或外部定位方式（如 GPS）获取移动终端用户的位置信息（地理坐标，或大地坐标），在 GIS（Geographic Information System，地理信息系统）平台的支持下，为用户提供相应服务的一种增值业务。

苹果公司的 Passbook 上便有类似功能：它能知道你走到了电影院还是餐厅，弹出关于你收藏的电影或餐厅的优惠券提示；它能知道你在机场，预先把登机所需要的信息准备好。

此外，经过花店，手机会提醒你要买花送给老婆；经过超市手机会提醒你买一瓶酱油；经过音像店，某部你想看的 DVD 终于有得卖了……

互联网能将所有的线下数据串联起来，再利用“位置”把人放置在这张网中，因为一切都可以数字化，所以所有的人类活动都可以变得可定义、可操控。如果将 LBS 和支付连接起来，将会是一幅很激动人心的近场支付场景。

近场支付是指消费者在购买商品或服务时，即时通过手机向商家进行支付，支付的处理在现场进行，使用手机射频（NFC）、红外、蓝牙等通道，实现与自动售货机以及 POS 机的本地通信。

9.1 近场支付技术

NFC：下一个移动支付的主角？

一份《2018 年移动支付用户调研报告》显示：2018 年有 80.1% 的用户每天使用移动支付，比 2017 年上升 1.4%，且 89.1% 的用户能够接受使用条码支付。这里所谓的条码支付就是以支付宝、微信支付为代表的二维码支付。

提起移动支付，更多会想到支付宝和微信支付。其实，目前移动支付的入口通信技术分为两大阵营：二维码和 NFC。在国内，支付宝和微信支付的出现改变了人们的支付习惯，而起步很早的 NFC 一直没有爆发，反而后起之秀的二维码支付像龙卷风一样席卷而来，占据移动支付市场的 90% 以上。现如今，无论大型商场、停车场还是菜市场甚至路边摊，大街小巷的店铺收银台都摆着二维码付款码。因为方便，所以流行。

但便捷与安全似乎并不成正比，用户在享受便捷的同时也在承担着风险。二维码被盗刷的案例不断涌现，比如：一些不法分子将自己的收款码替换掉了商家的二维码，或者伪造官方二维码，导致钱流入骗子手中；偷偷扫描用户的付款码进行盗刷；有时扫码还会跳转到钓鱼网站甚至二维码还隐藏着病毒。还有一点硬伤，那就是二维码支付需要网络支持，如果所处环境没有 Wi-Fi，同时手机也没有网络信号，那么就无法进行支付。

相比二维码支付，NFC 技术具有较高的支付安全等级、更加便捷，技术也更加成熟。首先，NFC 支付距离是 10cm 范围内，数据传输的保密性与安全性得到保障。其次，NFC 手机采取 SE 芯片硬件加密和软件加密相结合方式，不到 0.1 秒时间就可以完成 ID 与密钥等数据传递，支付的安全性大大得到保证。

不过，随着智能手机的升级，NFC 慢慢成为标配，2019 年 6 月底，中国银联携手 OPPO 、华为、小米等六大手机厂商推广手机闪付。同时，随着物联网技术的发展，公交卡、银行卡甚至门禁卡都可以装进手机里，NFC 技术将人们从众多的卡片中解放出来。

总之，在拥有广大用户基础的二维码支付面前，NFC 也有自己无法替代的优势，虽然在市场竞争中依旧还有很长的路要走。

9.1.1 近场通信（NFC）技术

近场通信（Near Field Communication，NFC）是一种短距高频的无线电技术，由非接触式射频识别（RFID）演变而来。NFC 工作频率为 13.56Hz，有效范围为 20cm 以内，其传输速度有 106Kbit/秒、212Kbit/秒或者 424Kbit/秒三种。NFC 有三种工作模式：读卡器模式、点对点模式、卡模拟模式。（1）在读卡器模式时，NFC 设备产生射频场从外部采用相同标准的 NFC 标签中读写数据。（2）在点对点模式中，NFC 可以与其他的 NFC 设备通信，进行点对点的数据传输。（3）卡模拟模式中，读卡器是主动设备，产生射频场；NFC 设备为被动设备，模拟一张符合 NFC 标准的非接触式卡片与读卡器进行交互。最新发展出的 HCE 技术主要是用于卡模拟的模式。

（一）NFC 构成

传统的 NFC 终端主要包括非接触性前端 CLF（也叫 NFC 控制器）、天线（Antenna）、安全模块（Secure Element，SE）三个主要部件（见图 9－1）。在 CLF 中提供了识读接口、P2P 接口、卡模拟接口，分别对应上面所说的三种工作模式。

安全模块 SE 主要功能是实现应用和数据的安全存储，对外提供安全运算服务，它是卡模拟的核心。安全模块 SE 还通过非接触性前端 CLF 与外部读写设备进行通信，实现数据存储及交易过程的安全性。非接触性前端 CLF 也称为 NFC 控制器，其功能包括射频信号的调制解调，非接触通信的协议处理。非接触前端一方连接射频天线，实现 13.56MHz 信号的发送与接收，另一方连接安全模块。天线集成在终端内部，与非接前端 CLF 相连，实现 13.56MHz 射频信号的发送与接收。

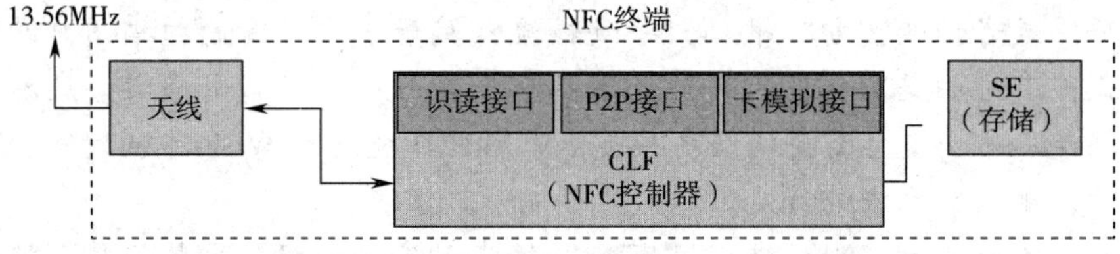

图 9－1 传统的 NFC 终端结构组成

NFC 的实现方案中，一般非接前端、天线都集成在手机终端中，而安全模块可根据情况存放在不同的位置。根据安全模块存放的位置不同，NFC 可分为不同的实现方案。

（二）基于安全模块的卡模拟

当使用安全模块（SE）来提供卡模拟时，安全模块通过 NFC 芯片中的非接触前端与外部读写设备进行通信，数据的存储和处理都在安全模块中。用户将手机放入 NFC 终端的识别范围，NFC 控制器将从外部读写器接收到的所有数据直接转发到手机内部的安全模块，由安全模块处理，然后再通过 NFC 控制器将响应数据发送给外部读写终端，整个事务过程中手机上的应用程序完全没有参与其中。待事务过程完成后手机端的安卓（Android）应用程序可以查询安全模块的事务状态然后通知客户。图 9－2 描述了这个过程。

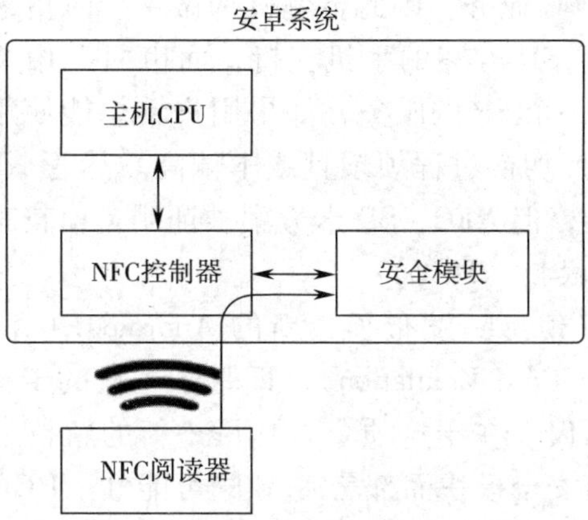

图 9－2 基于安全模块的卡模拟

基于安全模块的卡模拟主要有三种解决方案，分别是 NFC 全终端方案、eNFC/NFC－SIM 技术方案和 NFC－SD 技术方案。

1. NFC 全终端方案：手机厂商主导。NFC 全终端方案是指将安全模块集成到手机终端的 NFC 方案，支持多安全域、多应用安全模块架构以及相应的管理技术，可在安全模块上划分不同的安全域以承载来自不同应用提供者的不同安全要求的各类应用，而且能保证各应用之间数据独立与数据安全。NFC 全终端方案优势是其标准成熟，得到众多终端厂商的认可与支持。此方案中由于安全模块与手机集成，有效避免了机卡接口和机卡兼容性的问题。缺点是安全芯片无法与手机终端分离，业务初始化、个人化、业务更新和管理不方便，用户更新手机时，所有业务需要重新转移到新手机，成本高，流程长。谷歌钱包就是基于 NFC 全终端方案的一个典型业务。

2. eNFC/NFC－SIM 方案：电信运营商主导。eNFC 技术方案是使用 SIM/UIM 卡作为安全模块的 NFC 技术方案，又被称为 SWP（单线通信协议）方案或 NFC－SIM 方案。用 SIM/UIM 卡作为安全模块，存储用户支付账户、密钥等敏感数据，运行支付应用，手机中的 NFC 控制器通过 SWP（Single Wire Protocol）协议与 SIM/UIM 卡通信。由于 SIM/UIM 卡是移动用户必不可少的身份识别模块，用户对 SIM 卡作为安全模块较容易接受，同时卡片和应用的发行及服务可以借助电信运营商的受理渠道，容易进行业务的推广。此外，SIM 卡与终端分离，用户更换手机不会影响移动支付业务的继续使用，灵活性更高。由于 eNFC 方案的诸多优势，国内外的电信运营商多选用 eNFC 方案，因此 eNFC 是业界认为最可能的移动近场支付技术方向。但是 eNFC 方案还面临诸多困难，如专利、规范等，更重要的是，支持 eNFC 的手机终端很少，eNFC 的产业链不成熟，该技术的商用还有较大障碍，目前还没有比较典型的商用案例。

3. NFC－SD 方案：服务提供商主导。NFC－SD 技术方案是使用移动终端智能 SD 卡作为安全模块的 NFC 技术。其方案与 eNFC 方案类似，智能 SD 卡与 NFC 控制器芯片之间也采用 SWP 协议连接，可实现卡模拟、读卡器和点对点通信三种工作模式。采用 NFC－SD 方案服务提供商（Service Provider，SP）可以自行发行 SD 卡，这样就能独立于电信运营商发展 NFC 业务，因此金融机构做主导时更愿意采用这种方式。但是 SD 卡方案需要支持 SWP－SD 方案的手机支持，而市面上相关款式的机型太少。另外一张 SD 卡一般只能支持一个 SP 的服务，如果用户希望能使用多种服务的话，还必须在不同的 SD 卡中间切换，切换过程烦琐且成本偏高。尽管 NFC－SD 方案被中国银联定为其移动现场支付标准，但 NFC－SD 卡方案被证明是比较难于实施的。

（三）基于主机的卡模拟（HCE）

2013 年 10 月 31 日，Google 发布了最新的 Android4.4 系统，这其中提到了一个 NFC 的新技术 HCE（Host Card Emulation），即基于主机的卡模拟。自诞生之初，HCE 就引起了极大的关注，不仅仅在于这项令人耳目一新的新技术本身，更在于它让业界的所有人看到了一种脱离安全模块而部署 NFC 的可能性。HCE 技术对第三方的服务提供商（SP）意义重大，它使 SP 们可以将自己的服务在更短时间内以更低的开发成本推向市场，而用户也可以更方便地使用多个 SP 提供的服务。

在主机卡模式（Host Card Mode）下，不需要提供 SE，而是由在手机中运行的一个应用或云端的服务器完成 SE 的功能，此时 NFC 芯片接收到的数据由操作系统或发送至手机中的应用，或通过移动网络发送至云端的服务器来完成交互。两种方式的特点都是绕过了手机内置的 SE 的硬件限制。

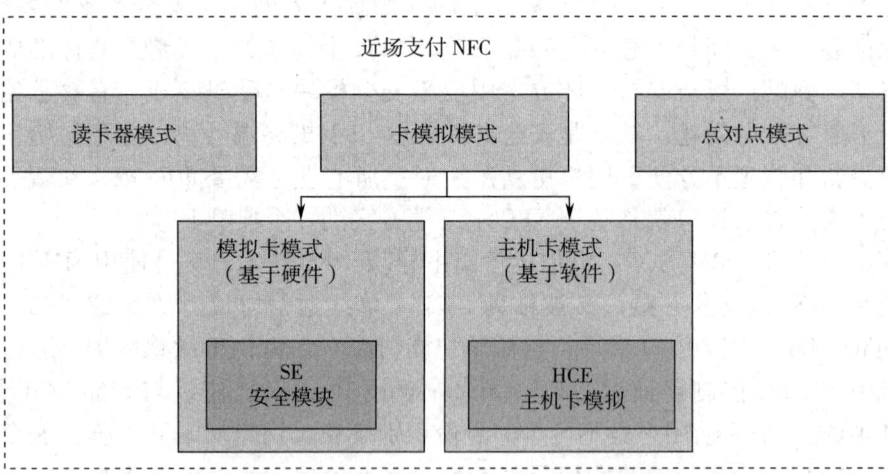

图 9－3　NFC 的三种模式以及 HCE

使用基于主机的卡模拟时（HCE），NFC 控制器从外部读写终端接收到的数据将直接被发送到主机系统上，而不是安全模块。图 9－4 描述了这个过程。

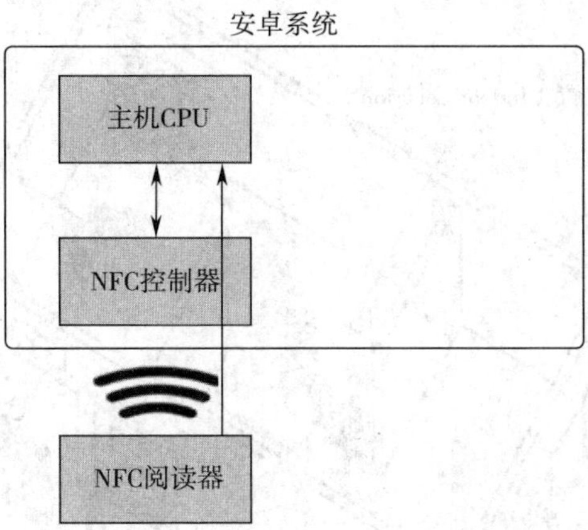

图 9－4　基于主机的卡模拟

HCE 给 O2O 的业务发展打开了一扇门，也给投机取巧恶意钻营者开了一扇窗。本地软件模式和云端模拟远程实现 SE，安全级别没有硬件芯片级别的安全级别高，在通信和使用中，存在 SE 密钥安全泄露的问题。另外，也存在假冒具备安全芯片第三方 SE 的可能性，即使使用了安全芯片 SE 的金融支付应用，也可以被人为地使用 HCE 假冒和伪造，存在较高的风险。

9.1.2　蓝牙近场技术（iBeacon）

iBeacon 是苹果公司 2013 年 9 月发布的移动设备用 OS（iOS7）上配备的新功能。其工作方式是，配备有低功耗蓝牙通信功能的设备使用 BLE 技术向周围发送自己特有的 ID，接收到该 ID 的应用软件会根据该 ID 采取一些行动。

通过使用低功耗蓝牙技术（Bluetooth Low Energy，也就是通常所说的 Bluetooth 4.0），iBeacon 基站可以创建一个信号区域，当设备进入该区域时，相应的应用程序便会提示用户是否需要接入这个信号网络。通过能够放置在任何物体中的小型无线传感器和低功耗蓝牙技术，用户便能使用 iPhone 来传输数据。

举个例子，假如你带着一部 iPhone 5s（运行 iOS 7 并支持 iBeacon）走入一家大型商场的店铺（见图 9－5），同时这也意味着你已经进入了这家店铺的 iBeacon 信号区域。然后 iBeacon 基站便可以向你的 iPhone 传输各种信息，如优惠券或者是店内导航信息，甚至当你走到某些柜台前面时，iBeacon 还会提供个性化的商品推荐信息。也就是说在 iBeacon 基站的信息区域内，用户通过手中的智能手机便能够获取个性化的微型位置信息以及通知。另外，和 NFC 技术一样，用户也能通过 iBeacon 来完成支付。

每个 iBeacon 基站内置有加速度计、闪存、ARM 架构处理器以及蓝牙模块，而一小块纽扣电池便能为一个 iBeacon 基站提供长达两年的续航时间。除了低功耗，从技术角度讲，更广的信息传输范围是 iBeacon 相比于 NFC 最大的优势。NFC 标签的理论有

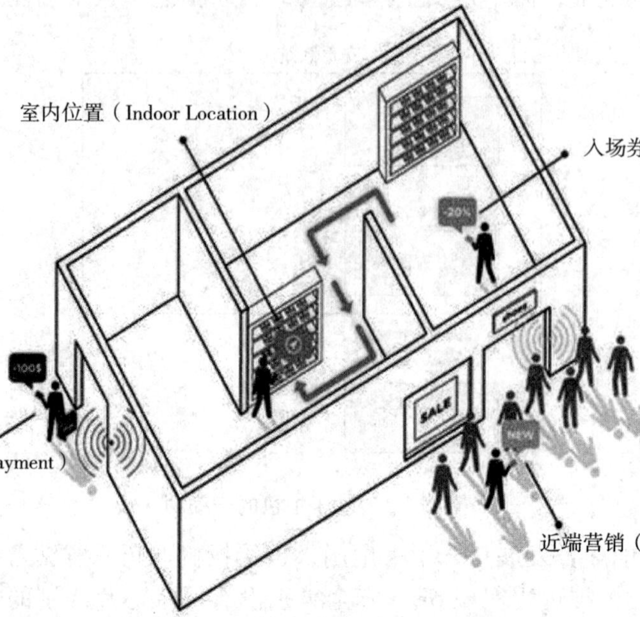

图 9-5　无接触支付场景

效距离只有 20cm，而最理想的使用距离只有 4cm，范围可谓非常之小。同时，手机等移动设备必须搭载 NFC 芯片才能支持 NFC 通信。而 iBeacon 的信息传输距离可达 50m 左右，而且如今几乎每部手机都支持蓝牙技术，但却不一定配备有 NFC 芯片。

另外，从 iBeacon 的特点来说，该技术很可能会促进一系列室内地图应用的诞生。由于在室内时，有各种障碍物的阻挡，因此 GPS 信号非常微弱，因此无法实现导航。这也是为什么虽然谷歌现在已经建立了部分地区的室内地图，但是还无法实现室内导航的原因。而这也正是 iBeacon 技术的优势所在。借助智能手机，用户可以连接到最近的 iBeacon 基站，从而获得该基站的 GPS 位置信息，从而知道目前所处的地点。当用户进入或离开某个 iBeacon 基站的通信范围时都会收到相应的通知信息，从而实现导航的目的。

9.2　脱机近场支付

闪付卡：使用太方便

这样的现象也许你并不陌生，但是却又好奇万分：某餐饮店里，有消费者在结账的时候，拿出手机在 POS 机上轻轻一刷，“嘀嗒”两秒，支付就完成了。整个过程，不见钞票、不见信用卡，无须密码更无须签名。“手机什么时候高级到代替银行卡？”有人惊呼。其中的玄机便在于一张既可作为手机挂件，也可直接贴于手机外壳里面的金融IC卡。这张金融IC卡便是时下最新的“闪付卡”。

持卡人在布放“闪付”标识的商家选购商品或服务，确认相应金额，用具备“闪付”功能的金融IC卡，在支持银联“闪付”的非接触式支付终端上，轻松一挥便可快速完成支付。一般来说，单笔金额不超过1 000元，无须输入密码和签名。还可以对其设置最高支付金额，比如200元或300元，方便在小额消费时使用。另外，如果在ATM上插入带有闪付标识的金融IC卡时，查询菜单中会显示“电子现金”和“电子支票账户”等新的选项。这一切都表明闪付已经实实在在地走入了我们的生活。

“闪付”（Quick Pass）被称为小额脱机支付，其“学名”其实是：符合中国人民银行PBOC 2.0标准的非接触式金融IC卡，集合了信用卡和电子现金账户，可在具有银联“QuickPass闪付”标识的POS设备上直接小额支付。

另外，金融IC卡除方便以外，与普通的磁条卡比起来，最大的优势就在于更安全。与传统的磁条卡相比，金融IC卡是以芯片作为介质的银行卡，不易被伪造，卡内数据极难被复制，安全性高，而且卡片容量大，可以存储密钥、数字证书、指纹等信息。

9.2.1　金融IC卡

金融IC卡是采用集成电路（IC）技术和金融行业标准，具有消费信贷、转账结算和现金存取等功能的金融支付工具。

（一）社会背景

1. 中国的PBOC规范。中国人民银行（The People's Bank of China，PBOC）于1997年制定并颁布了《中国金融集成电路（IC）卡规范》（V1.0），即PBOC 1.0，它只定义了电子钱包和电子存折应用。2005年3月13日PBOC 2.0发布，增加了借/贷记应用，以及基于借贷记应用的电子现金和qPBOC。2011年3月15日，中国人民银行发布了《关于推进金融IC卡应用工作的意见》，决定在全国范围内正式启动银行卡芯片迁移工作，“十二五”期间全面推进金融IC卡应用。

PBOC规范升级主要为满足以下三个方面的需求。一是行业拓展。适应公共服务领域对电子现金分时、分段计费支付方式、电子现金冻结等功能的行业需求，促进金融IC卡在高铁、公交、地铁等公共服务领域的应用。二是创新支付。实现金融IC卡应用与互联网支付、移动支付等创新型应用的整合，促进线下线上渠道融合。三是跨境使用。满足中国持卡人特别是在港澳地区使用金融IC卡进行电子现金支付的需求。

2013年2月5日中国人民银行正式发布金融IC卡PBOC 3.0规范，即《中国金融集成电路（IC）卡规范（V3.0）》。该规范的发布兼容最新国际通用技术标准，总结国内金融 IC 卡推广经验，并对小额非接支付应用功能加以扩展和完善，支持双币电子现金支付应用，规范了 IC 卡互联网终端技术要求，丰富了安全算法体系。金融 IC 卡规范版本的升级，适应了银行卡业务发展的新要求，为金融 IC 卡进一步扩大应用奠定了基础。

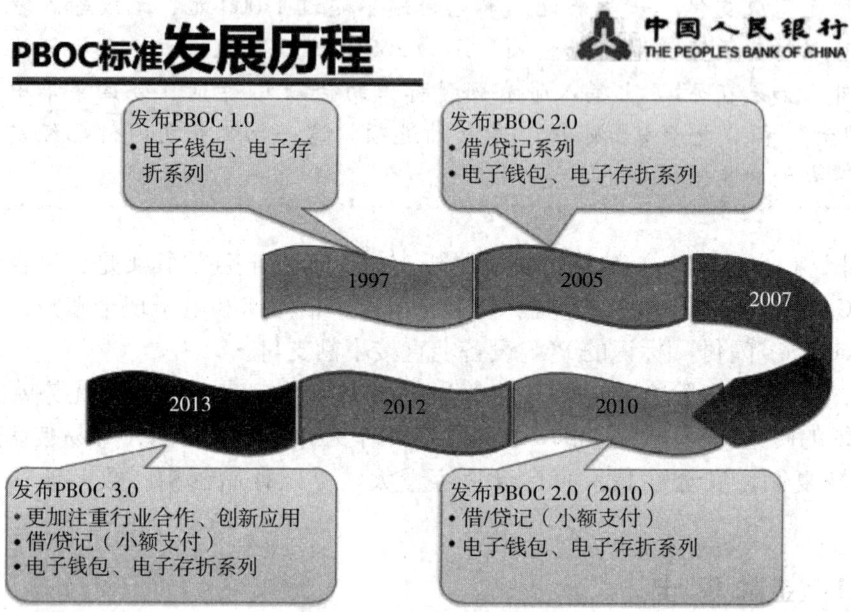

图 9－6　PBOC 标准的发展

根据中国人民银行通知，自 2015 年 4 月 1 日起，各发卡银行新发行的芯片银行卡应符合 PBOC3.0 规范。这将更大程度保护用卡者的安全。与 PBOC2.0 相比，PBOC3.0 安全性进一步增强，并增加了更多非接触式小额支付应用功能。可在公交、高速公路收费等领域更为广泛运用。央行还规定自 2015 年起，在经济发达地区及重点行业领域新发行的、以人民币为结算账户的银行卡应为芯片卡。

2. 国外的 EMV 迁移。在国外，EMV 是 Europay、Mastercard、Visa 三大银行卡公司的缩写。为了防范伪卡欺诈风险，实施全球范围内各组织所发行 IC 卡与终端的互操作性，三家公司于 1994 年开始共同制定 EMV 规范，即“IC 卡全球支付的框架”。并于 1996 年第一次发布，简称 EMV96。1999 年又发布了 EMV2000。Visa、万事达卡和 JCB 都参考《EMV2000 支付系统集成电路卡规范》制订了各自相应的规范。之后的 EMV 迁移计划则要求各个国家按照 EMV 标准在发卡收单、业务流程、安全管控、受理环境、信息转接、产品认证等各个环节从磁条卡向 IC 卡迁移。我国的主要外卡收单机构受到跨国银行卡公司 EMV“风险转移政策”的压力，基本完成外卡收单系统及受理终端的 EMV 迁移改造，投入了大量的人力和财力成本。

【小知识】

腾讯与蚂蚁金服加入 EMVCo
（国际芯片卡及支付技术标准化组织）

EMVCo 是在 1999 年由 Europay（现已被万事达收购）、万事达和 Visa 这三大卡组织共同发起成立的，目前主要由 Discover、JCB、万事达、美国运通、中国银联和 Visa 这 6 家卡组织作为股东共同运营。EMVCo 一开始成立的初衷主要是在金融 IC 卡支付系统中建立卡片和终端接口的统一标准，让组织内的各家卡组织标志的卡和移动支付产品都能在采用了 EMV 标准的终端上进行支付。这样做的目的主要出于两方面，一是节省卡组织单打独斗地去一个个地区铺展及维护自身终端和支付系统的成本与精力。二是为统一规范以此来改善国际支付安全。

我们都有一个印象，手里的银行卡一般都是芯片卡（IC 卡），正面有个黄铜色的芯片。但早些年，银行卡还是“磁条时代”，背面是一个黑色的磁条。由于磁条上的字符串容易被窃取复制，而芯片卡的工作原理涉及一系列机器协议与加密措施，因此国际上的流行趋势是淘汰磁条卡，推广芯片卡。EMVCo 成立的目的之一就是为了改善国际支付安全的。比如，EMVCo 主推的“tokenization”（标记化技术），将银行卡号替换成“token”进行传输，用技术防范在商户和收单机构端可能存在的泄露。

现在国外越来越多地方接受银联标记的银行卡，得益于全球支付标准的统一化。银联早在 2013 年加入了 EMVCo，与国际接轨推进芯片卡的普及。很显然，银联这么做的好处是更加利于其发展国际业务。2017 年 3 月蚂蚁金服与 EMVCo 达成合作关系，成为其技术合作伙伴。2019 年 1 月腾讯也成为 EMVCo 技术合作伙伴。从 EMVCo 成立初衷和目的来看，EMVCo 主要针对卡支付，而这貌似与腾讯与蚂蚁金服无关。但是随着移动支付的发展，EMVCo 在 2014 年进行了战略转型，将 EMV 规范的范畴从传统芯片卡扩展至更广泛的支付形态。并且先后发布了移动支付、二维码、安全远程商业、3D Secure 等 EMV 技术规范。腾讯与蚂蚁金服加入 EMVCo 有利于其推行移动支付在海外他国金融体系下的合规性。

目前在海外移动支付市场上，银联与支付宝、微信的起跑线还未拉开。随着 EMVCo 二维码国际标准的正式确立，银联二维码已完全兼容 EMVCo 二维码标准，并且银联作为 EMVCo 六大股东成员之一，对于 EMVCo 条码支付规范标准的制定有参与权，因此银联的二维码支付在海外市场上有着先发优势。

（二）技术背景

1. 通信方式。根据卡片读写的通信方式不同，IC 卡可以分为接触式 IC 卡、非接触式 IC 和双界面卡（同时具备接触式与非接触式通信接口）。非接触式 IC 卡又称射频卡，成功地解决了无源（卡中无电源）和免接触这一难题，是电子器件领域的一大突破。

射频识别（Radio Frequency Identification，RFID）技术是一种利用电磁波进行信号传输的识别方法，被识别的物体本身应具有电磁波的接收和发送装置。射频识别 IC 卡是一种使用电磁波和非触点来与终端通信的 IC 卡。使用此卡时，不需要把卡片插入特定读写器插槽之中。一般来说，通信距离在几厘米至 1 米范围内。射频识别卡使用得较多，而且发展潜力较大。

射频识别 IC 卡有主动式和被动式之分。主动式卡是指卡片需要主动靠近读卡器，用户需要将卡在读卡器上读卡区内读取卡上信息才完成交易；被动式卡不用出示卡片，只要走过读卡器的范围，即可读取卡上的信息，完成交易。

2. 芯片类型。根据所嵌入的芯片类型不同，IC 卡可分为以下三种类型，其中 CPU 卡的安全强度最高，金融 IC 卡选用的也是该类型的卡片。

存储卡：卡内的集成电路是电擦除的可编程只读存储器 EEPROM，只有数据存储功能，没有数据处理能力。该卡本身不提供硬件加密功能，只能存储通过系统加密的数据，很容易被破解。

逻辑加密卡：卡内的集成电路包括加密逻辑电路和可编程只读存储器 EEPROM，加密逻辑电路在一定程度上保护卡及卡中数据的安全，但只是低层次的保护，无法防止恶意攻击。

CPU 卡：CPU 卡也称智能卡，卡内的集成电路包括中央处理器 CPU、可编程只读存储器 EEPROM、随机存储器 RAM、固化的卡内操作系统 COS（Chip Operating System）和只读存储器 ROM 等。该卡相当于一台没有显示器和键盘的微型计算机，卡中数据分为外部读取和内部处理两部分，以确保卡中数据的安全、可靠。因具有安全性高、可以离线操作、可以运算编程等突出优点，金融 IC 卡选用的都是 CPU 卡。

3. SM 算法。PBOC 3.0 定义了我国自主研制的 SM2（非对称算法）、SM3（杂凑算法）、SM4（对称算法）在金融 IC 卡安全领域的应用。SM 系列算法是指国家密码局公布的中国自主研发的商用密码算法和规范。在金融 IC 卡领域，SM 系列算法中的 SM2、SM3 和 SM4，分别对应国际通用密码算法中的 RSA、SHA-1 和 3DES。2009 年，MIFARE CLASSIC IC 卡密码算法遭破解后，相关产业链环节已经启动 SM 系列算法改造工作，目前支持 SM 系列算法的产品已经在政府、军队、院校、央企、国企等高安全级别单位广泛使用。

9.2.2 电子现金

电子现金又称为数字现金，是由银行发行，以电子数据形式流通，用于购买商品和服务的，符合银联标准的电子货币。电子现金是一种用电子形式模拟现金的技术，为基于借记/贷记应用上实现的小额支付功能。电子现金，不挂失、资金不计息、不能取现。可在有“闪付”标识的商户“刷手机”消费，可在银行营业网点、网上银行等渠道使用，具有消费、圈存、查询等功能。

电子现金交易通俗地说，就是在银行卡上又叠加了个电子钱包的账户。在刷卡时可以选择是用银行卡账户还是用电子现金账户支付。电子现金是圈存出来的资金，视同于现金，账户上限是1 000元，和现金一样不记名不挂失。换句话说，卡丢了可以去补办，银行账户的钱保留，但是电子现金的钱就找不回来了，就像钱包丢了，里面的现金也找不回来了是一个道理。由于电子现金已经脱离了用户账户信息，支付时不需要验证用户的银行账户和密码，电子现金的优势就是支付快捷，刷银行卡中的电子现金就和刷公交卡里的钱一样，支付时也不需要网络，在POS机上放一下即可，同时由于是电子形式，就省去了找零的麻烦。

电子现金功能是通过芯片中的电子现金账户进行的小额支付应用，电子现金交易无须输入密码、无须签名，可支持脱机消费，不支持挂失且余额不计息，需先圈存（预存）金额后消费使用。

由于是数字信息形式，电子现金的存储形式非常多样，既可以存储于移动运营商NFC规格手机的SIM卡、SD卡或安全芯片中，也可以存储在金融IC卡中。

（一）监管规则

根据人民银行2014年3月发布的《中国人民银行关于手机支付业务发展的指导意见》，提倡大力发展商业银行手机支付业务。支持商业银行与银行卡清算机构等产业相关各方紧密合作，改进客户体验，引导和培育客户手机支付消费习惯，扩大手机支付的普及率。

商业银行开展手机支付业务应遵循银行卡、电子支付等相关管理规定。支持商业银行发行脱机、小额支付应用的手机电子现金。手机电子现金应符合金融行业标准，不得与客户本人手机终端分离使用，不挂失、不取现，余额不超过1 000元。鼓励商业银行结合客户支付需求开展业务创新，为客户提供安全、高效的手机电子现金跨行圈存服务。商业银行发行手机电子现金不再执行《中国人民银行关于规范银行业金融机构发行磁条预付卡和电子现金的通知》（银发〔2012〕14号）关于向人民银行报批和报告的有关规定。

取得银行卡收单业务资质的支付机构，可为实体特约商户提供商业银行直接发行在付款人手机安全载体内的银行卡（账户）及手机电子现金的近场受理服务，适用人民银行关于银行卡收单业务管理的相关规定。

另外，持卡人无须在电子现金交易凭证上签名，若受理终端不具备打印交易凭证的功能，可不打印交易凭证。

（二）意义影响

电子现金账户的钱可以从借记账户或借贷账户通过转账的方式完成（可以通过ATM自助完成），也可直接到柜台现金充值，这个账户的余额是写到卡上面的，且以卡为准，目前的标准规定余额不超过1 000元，这就是所谓的电子现金。电子现金其实和我们发展了十多年的公交卡、食堂饭卡中的钱没有大的区别，都是把钱转到了卡上，交易的时候，设备可以不用联网，事后采集到系统上去，只不过，我们传统的饭卡系统，各家发各家的卡，系统也是各自有各自的，钱不通用，数据平台也不统一。而金融IC卡的电子现金，可以在全国银联范围内带了QuickPass标志的地方用，数据也是结算到银联平台最终归到发卡行的平台，等于就是国家层面的一个通用钱包，有了这个钱包，对今后国计民生的影响是相当大的，也许今后的公交、地铁等卡全国可以通用银行卡了。

9.2.3 圈存

圈存就是增加卡中电子现金余额的过程。圈存有多种实现方式，可以从主账户中划入金额，也可以通过现金进行圈存，或者从其他账户转入金额，但圈存后的电子现金余额不能超过电子现金余额上限（在中国目前规定的上限是1 000元）。

（一）手机圈存

截至2013年末，全国金融IC卡累计发行5.93亿张，实现商户POS和ATM受理全面覆盖，布设“闪付”终端超过250万台。如何为金融IC卡方便快捷地圈存电子现金或者查询余额就成为了一个非常重要的问题。

手机自助电子现金圈存业务简称手机圈存，具有安全性高、适配性全、扩展性强等特点，其核心功能是完成金融IC卡的电子现金圈存及余额查询。其利用手机终端NFC功能，实现与金融IC卡近场通信，通过银联空中圈存平台完成电子现金圈存。持卡人不必再为到处寻找圈存网点而犯难，只需持有一部具备NFC功能的手机，将卡片轻轻一靠，即可随时随地解决电子现金余额不足的问题。

（二）手机SIM卡钱包

随着人民银行主导力推带芯片的金融IC卡，不少银行这几年也在移动支付方面进行着一场“钱包的革命”，目前包括工行、中行、招行、浦发、光大、中信、南京银行等多家银行都已陆续推出了手机钱包业务，使得更多的人出门不带钱包不刷卡，只要带一部手机就行。

手机钱包里的电子现金余额最多只能有1 000元，如果是与信用卡挂钩，则可以圈存的限额更低，一般只有300~500元。

（三）手机安全芯片钱包

例如中国银联与三星合作2014年9月推出的基于安全芯片的移动支付服务，有别于此前市场上常见的中国银联与中国移动合作推出的NFC-SIM卡、NFC-SD卡模式，是将安全芯片集成于手机之中，而不是将安全芯片集成于SIM卡之上。对于消费者来说，其无须到移动通信公司更换SIM卡，只需下载相应的客户端程序，并“空中下载”银行卡，即可实现NFC手机支付，这将大大便利消费者在NFC的支付体验，同时也将有助于中国银联拓展消费者群体。

使用GALAXY Note 4、GALAXY S 4和GALAXY Note 3智能手机（联通版和公开版）三款三星智能手机的用户，在下载安装银联随行客户端并更新手机操作系统后，即可将银行卡“空中下载”到手机中，从而实现手机与银行的“合二为一”。用户在全国超过360万台支持银联“闪付”的POS机上，轻轻挥动三星手机即可完成支付。

为保障用户的消费安全，电子现金卡每次充值最多 1 000 元，最少金额随不同银行而定。

9.2.4 POS 近场脱机支付操作案例

商家打开 POS 机并签到成功，按“确认键”打开菜单。按下数字键 8，进入“其他”选项。就可以看到（见图 9－7）电子现金、电子钱包等选项了。

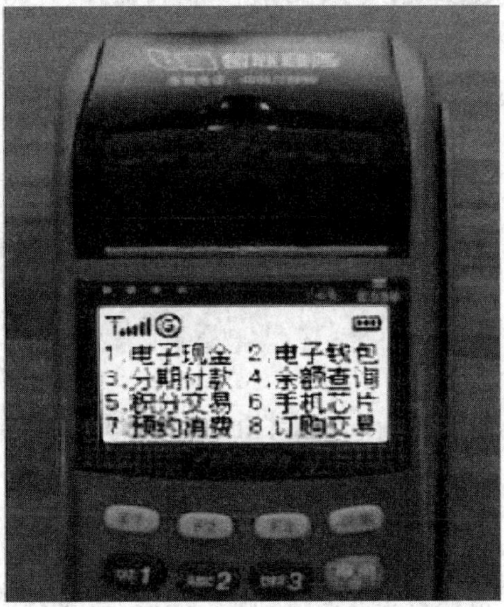

图 9－7　POS 近场支付操作

（一）支付

菜单按 1 进入电子现金。选择快速支付（见图 9－8），输入支付金额，按下确认键，系统提示“请挥卡”。

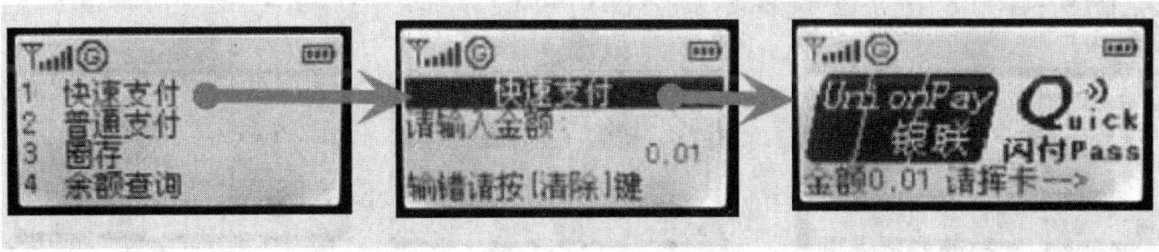

图 9－8　电子现金快速支付

这时可以挥动带有闪付标识的金融 IC 卡，也可以挥动带有电子钱包 NFC 功能的手机（见图 9－9），都可以进行脱机近场支付。

交易成功后，会打印交易小票（POS 回单）。

图 9-9　带有电子钱包 NFC 功能的手机近场支付

（二）余额查询

菜单按 4 进入余额查询。这时 POS 机会提示“插入 IC 卡或挥卡”。如果采用手机 NFC 支付，同样需要将手机靠近 POS 机（见图 9-9），即可查询出电子钱包中电子现金的余额。

（三）结算

该功能是每天营业结束或收银员交接班前，收银员必须做的一种交易。POS 通过结算与收单机构或者银联中心进行对账处理，并打印交易流水，收银员可根据流水核对 POS 签购单据。POS 主菜单按下数字键 7，进入“管理”选项。再按下 6 进入结算界面（见图 9-10）。按下 1 选择结算，即可进行。

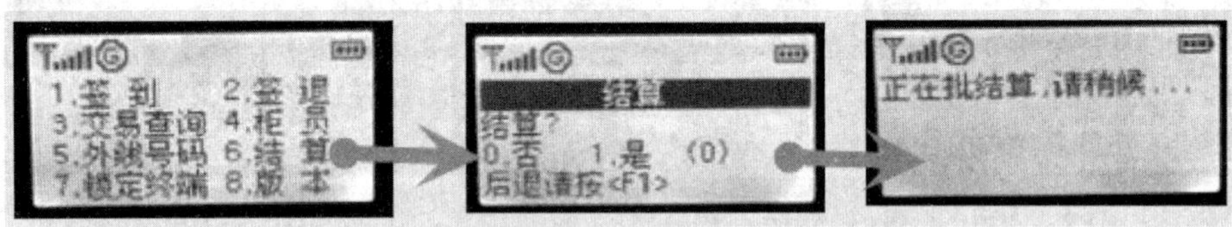

图 9-10　POS 结算操作

结算成功会打印小票，以供核对使用。

9.3　联机近场支付

移动支付和光子支付

在美国，推特（Twitter）的创始人杰克·多西（Jack Dorsey）创办了Square移动支付公司，它的产品是利用一个可以插入苹果手机（iPhone）耳机插孔中的白色小方块形状读卡设备来读取信用卡数据，并配合苹果手机（iPhone）中的App与后端服务器通信并且完成支付，当前的日交易额已经超过300万美元，月处理交易高达100万笔，读卡器的出货量也有50万部。

在中国，平安银行已经与光启公司展开合作，基于光启全球唯一的源头创新技术智能光子技术，以光为介质，利用手机闪光灯，实现支付数据从手机到POS机的传输。用户端无须任何投入，只需安装应用软件即可使用。通过光子支付，用户可以体验到更便捷、安全和新颖的移动支付。

经历了现金支付、刷卡支付、扫码支付的变迁后，现如今，“刷脸支付”这种让人耳目一新的便捷支付方式正在逐渐融入人们日常生活之中，而随着人脸识别相关技术不断成熟，2019年有望成为“刷脸支付”的爆发元年。2019年4月2日，支付宝刷脸设备在香港机场免税店投入使用，内地游客可以“靠脸买单”。这是中国自主研发的刷脸支付首次出境，此前，支付宝刷脸支付已在内地覆盖超300个城市。早在2018年2月，支付宝在刷脸推介会上展示了最新的商用版刷脸产品——“蜻蜓”。微信作为支付宝的头号竞争对手，自然也不甘示弱，2019年3月，微信支付也推出了自己的刷脸产品——“青蛙”。此外，京东、美团、银联、工行、建行等都均有刷脸支付相关方案推出，刷脸支付或许是颠覆二维码支付的技术也未可知。刷脸支付是完全脱离介质的一次支付变革。不需要现金、手机、银行卡，而完成一次商品价值的交换。但是，从本质上思考，类似于指纹支付，近场传递着生物识别信息，刷脸支付依然属于联机近场支付的范畴。

9.3.1　联机近场支付概念

联机近场支付又称在线近场支付，在支付过程中，支付信息通过网络传输到银行或第三方支付机构后台进行处理。在电子商务的O2O模式下较常用到。

O2O通常指的是Online To Offline，是电子商务里的一种模式。但是O2O支付的含义则更广，既可以Online To Offline也可以Offline To Online。无论孰先孰后，O2O支付方式都可以将线上支付与线下购物结合起来，集合网络与实体店购物的双重优点。

（一）用户线上购物的付费习惯是先付费

在线上购物的用户往往都会先付费到第三方支付机构，然后等待卖家发货。这样的付费方式和付费步骤的养成，与第三方支付机构的诚信、信用以及担保功能不无关系。网络消费者通过逐渐适应和长期培养固化就逐步形成了这样的线上购物规则。线上支付之后，需要到线下消费时则需要提供支付凭证，这个凭证的形式可以是账号凭证、二维码凭证、短信凭证或者其他形式的存在。

（二）用户对生活服务消费的付费习惯是后付费

对于B2C和O2O，它们的重要区别之一就是一个卖商品，一个卖服务，也可以说是卖体验。B2C更多是卖一个标准化的实体产品，对用户来说在哪里都是买同样一个产品，既然能在线上更便宜、更便捷地买到，就算预付费也就无所谓了，虽然有些产品也会涉及售后服务等，但这一般不是最主要的部分。而O2O所对应的生活服务往往是没有统一的服务标准的，用户几乎还没有预付费的习惯，因为对这样一个重在体验又非标准的服务，预付费意味着有不小的风险，所以对于服务性消费，用户更乐意后付费。

（三）在线支付是O2O闭环的关键点

在线支付不仅代表交易的完成，更是实现O2O完整信息闭环的关键。来看一个实例：周一下午4点，正是杭州出租车交接班高峰期，小张的飞机刚刚落地，他没有像其他乘客那样在航站楼车库里无奈地排队，而是直奔一辆已用微信定下的出租车，下午4：20，开始向市区目的地进发。对于做销售的小张而言，更方便的是，这些微信车队的出租车内还贴心地布置了Wi-Fi，可以时刻保持移动互联，最后，更不必为了车费，在自己的大包袱小行李中翻找钱包，直接就可以用手机上的支付宝钱包“付款”。这就是O2O的一次完整的商业闭环。线上实现供求信息的对称；线下完成服务、产品交付；而支付则是黏连二者的关键，从而实现了从线下又回到线上的闭环。

假设，小张是用现金支付车费，此时，原有的商业闭环不再完整，真实的消费数据没有被微信车队记录，管理者无法明晰线下发生了什么，接车是否顺利？目的地是否有变化？交易的真实金额是多少？如何与司机分成？同时，还失去了解用户偏好的机会，如何发展长线客户……这些问题无法解决，线上和线下各方越来越各自为政。如此，O2O的商业系统就会陷入低效和活力不足的怪圈。

注意到O2O既有可能是线下支付，也不排除是线上支付。目前，O2O已开发的支付模式多种多样，常见的包括：二维码、POS机、手机在场支付、短信优惠券、声波支付、摇摇支付等。

9.3.2 联机近场支付类型

（一）条码和二维码支付

1. 作用。在O2O支付中，二维码支付可以充当支付凭证。当完成线上支付之后，系统可以自动生成一个含有密码信息的二维码，消费者凭手机二维码即可前往店家消费。另外，也可以倒置场景，先在线下消费，然后以二维码形式出示自己的支付入口，由商家扫码扣款。

2. 存在的问题。2014 年，在未建立有效安全措施、统一的业务规则和消费者权益保护制度的背景下，部分支付机构采取持续补贴的方式广泛推广条码支付业务，人民银行对其采取了暂停线下条码支付业务的监管措施。近年来随着支付标记化（Tokenization）等技术在移动支付中的广泛应用，客观上提高了条码支付的安全标准。

2017 年 12 月 27 日，人民银行官网发布了《中国人民银行关于印发〈条码支付业务规范（试行）〉的通知》（银发〔2017〕296 号）（以下简称《规范》），配套印发《条码支付安全技术规范（试行）》和《条码支付受理终端技术规范（试行）》（银办发〔2017〕242 号发布），自 2018 年 4 月 1 日起实施。《规范》对于条码支付已明确开闸，但提出以下要求：

一是强调业务资质要求。明确支付机构向客户提供基于条码的付款服务时，应取得网络支付业务许可；支付机构为实体特约商户和网络特约商户提供条码支付收单服务的，应当分别取得银行卡收单业务许可和网络支付业务许可。

二是重申清算管理要求。明确要求银行、支付机构开展条码支付业务涉及跨行交易时，应当通过人民银行跨行清算系统或者具备合法资质的清算机构处理。

三是规范条码生成和受理。提出交易验证方式、交易限额管理、信息管理和安全防护，静态条码应用管理、综合应用支付标记化技术等措施，保障条码支付业务的安全性。

由于条码支付与传统银行卡等支付工具相比在交易安全性上存在一定不足，人民银行坚持条码支付小额、便民的定位，对条码支付风险防范能力进行分级。

使用动态条码进行支付的，风险防范能力分级见表 9－1。

表 9－1　　动态条码支付风险防范能力分级表

风险防范能力	交易验证方式	交易限额（同一客户单日累计）	
		银行（单个银行账户）	支付机构（所有支付账户或快捷支付）
A 级	采用包括数字证书或电子签名在内的两类（含）以上有效要素进行验证	自主约定	自主约定
B 级	采用不包括数字证书、电子签名在内的两类（含）以上有效要素进行验证	5 000 元	所有支付账户 5 000 元 所有快捷支付 5 000 元
C 级	采用不足两类有效要素进行验证	1 000 元	所有支付账户 1 000 元 所有快捷支付 1 000 元

使用静态条码进行支付的，风险防范能力为 D 级，无论使用何种交易验证方式，同一客户单个银行账户或所有支付账户、快捷支付单日累计交易金额应不超过 500 元。

例如，消费者在使用微信钱包扫描静态条码支付时，由于静态条码（如事先贴在墙上的二维码）易被篡改或变造，易携带木马或病毒。所以规定，单日使用微信零钱包支付的上限不超过 500 元（含支付宝钱包等所有支付账户），同时微信关联的不同银行的每张银行卡还可以再独立获得 500 元的支付上限。对于使用动态条码（如手机上

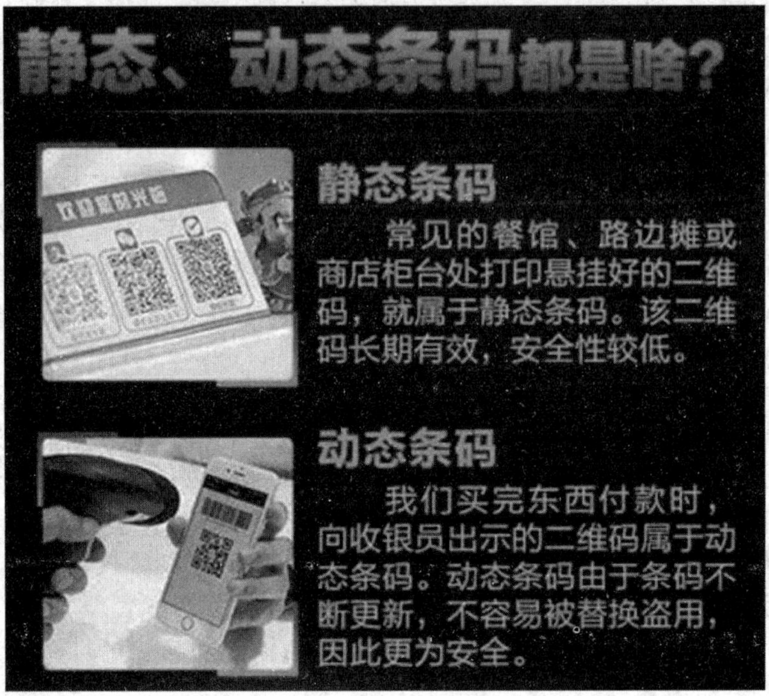

图 9－11　静态和动态条码示意图

实时生成的条码）进行支付的，风险防范能力根据交易验证方式不同分为 A、B、C 三级，同一客户单日累计交易限额分别为自主约定、5 000 元、1 000 元。

考虑到条码支付业务涉及银行账户和支付账户，且可应用于网络特约商户和实体特约商户，为保持监管制度和标准的一致性，条码支付业务将遵循银行卡收单业务对于商户的管理要求。同时，也明确在符合相关资质审核和认定的前提下，小微商户可以受理条码支付。同时，为了防范套现等交易风险，对以同一个身份证件在同一家收单机构办理的全部小微商户基于信用卡的条码支付收款金额日累计不超过 1000 元、月累计不超过 1 万元，但受理基于借记卡的条码支付不受收款额度的限制。

（二）手机联机近场支付

通过给手机植入数字标签的物理方式，直接将账户信息和手机绑定，在手机本地完成支付。目前手机外接硬件实现移动支付的技术形式正在测试中走向成熟。

射频识别（Radio Frequency Identification，RFID）技术可通过无线电信号识别特定目标并读写相关数据，而无须识别系统与特定目标之间建立机械或光学接触。RFID 射频技术有很多频率，目前在中国有由银联主导的 13.56MHz 和由中国移动力推的 2.4GHz 两大标准。

其中 13.56MHz 下有 NFC 技术、SIMPass 技术以及智能 SD 卡技术，而 2.4GHz 下有 RF－SIM 技术（见图 9－12）。

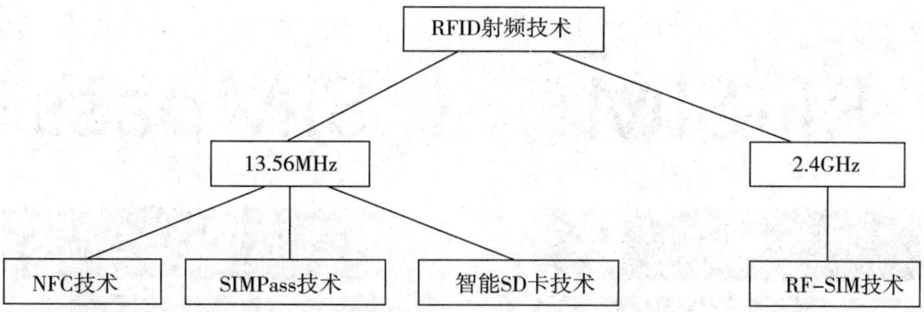

图 9－12　四种近距离手机支付技术

NFC 手机在场支付方式是由谷歌、三星、诺基亚、HTC 等手机厂商主导的，是针对手机自身的改造，是将具备 NFC 功能的模块置于手机之中。真正实现了手机与支付的无缝整合，既可以通过手机实现支付也可以实现远程支付，但是用户需更换支持 NFC 功能的手机。

SIMPass 技术是对 SIM 卡进行改造，需要更换专用的双界面 SIM 卡以便加载银行账户信息。由于其本身形式是一张 SIM 卡，因此主导权完全在运营商手上，对于银行来说，除了该卡成本较高外，还失去了直接接触的客户机会，对银行不利。

智能 SD 卡在场支付由银联、第三方支付等主导，利用 SD 卡的改造来实现手机在场支付。智能 SD 卡需要在用户的手机上独占一个卡槽，会给用户带来相当的不便，对于没有 SD 卡槽的苹果手机更是无法实施。

RF－SIM 卡是一种带有射频功能的安全 SIM 卡。其内部集成金融级的安全芯片和完全独立的 RF 射频通道，仅通过更换手机 SIM 卡即可实现身份认证、权限识别等，可广泛应用于企业门禁、考勤、食堂一卡通系统、交通等公共事业领域。并且由于支持空中下载相关规范（OTA 和 WIB 规范），RF－SIM 卡的用户能够通过空中下载的方式实时更新手机中的应用程序或者给账户充值，从而使手机真正成为随用随充的智能化电子钱包。

（三）声波联机近场支付

声波支付的原理是依托超声波发送信息，交易过程中发出“咻咻咻”的声音，只是形象地提示支付过程正在进行中。其实，真正的声波是人耳无法捕捉的超声波，它是一串随机生成的交易号，声波内容不涉及金额、账户号等信息，即使有人现场录音也不必担心安全问题，这也较大限度地保障了支付安全。声波支付能无限接近 NFC 的使用体验，又不像 NFC 需投入过多成本，作为一种以软件为主的支付手段，对硬件要求并不高。每台售货机在安装相应软件后，所需配备的硬件——用来接收超声波的麦克风，每个仅 40 元左右，相较动辄上千元的 NFC 接收设备，成本大大降低。

（四）LBS 联机近场支付

摇一摇手机其实是一个手机的手势操作，它和用手指点击屏幕的操作在本质上并没有太大区别。通过摇摇手机再结合 GPS 定位，即可得到附近的也在摇摇应用中的手

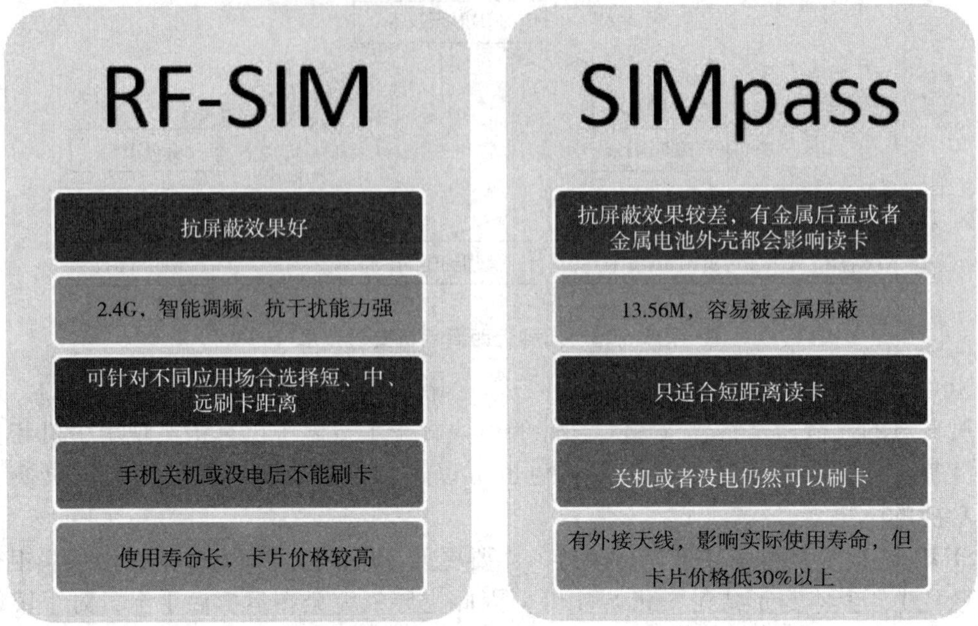

图 9－13　RF－SIM 卡与 SIMpass 卡区别

机信息。通过应用的信息交换，就可以得到对方的信息了。如果这个摇一摇应用是支付宝钱包，则就可以获取对方的支付宝账号了。以支付宝的 AA 制付款为例，首先收款人摇动手机在支付宝上发起一个收款，周围的人同时摇一摇手机选择付款，支付宝系统立刻利用地理位置信息判断哪些人是要收款或付款，然后收款人将可以看到付款人账户出现在自己屏幕上，选择他们的账户就可以向他们收款。

9.3.3　联机近场支付应用

（一）苹果支付

美国苹果公司在最新发布的 iPhone 6 与 iPhone 6 Plus 上支持近场支付，这就是苹果的 Apple Pay。Apple Pay 结合 Touch ID 指纹验证，在保障支付安全的 Secure Element 的支持下，近程扫描 NFC 手机，轻触 Touch ID，即可完成支付。整个过程中，所有隐私信息都是加密的，在软硬件的高度配合下，可带给使用者更为便捷且安全的近场支付服务。另外，Apple Pay 还集成到 Passbook 应用中，用户可以使用其苹果账号已经绑定的信用卡，也可以通过拍照增加新的信用卡（见图 9－14）。

如何使用 Apple Pay？把信用卡扫到 iPhone 里，然后该信用卡便会被收纳进 Passbook 应用中，接着用 NFC 轻触一下支付感应器，Touch ID 扫描确认，就完成支付了。

安全性的方面，Apple 将无法知道你买了什么，收银员也不知道你的名字。其通过一次性的支付号码与动态的保全编码来确保支付的安全。信息并不储存在设备上，因此用户不必担心丢失 iPhone 时的信用卡安全问题。

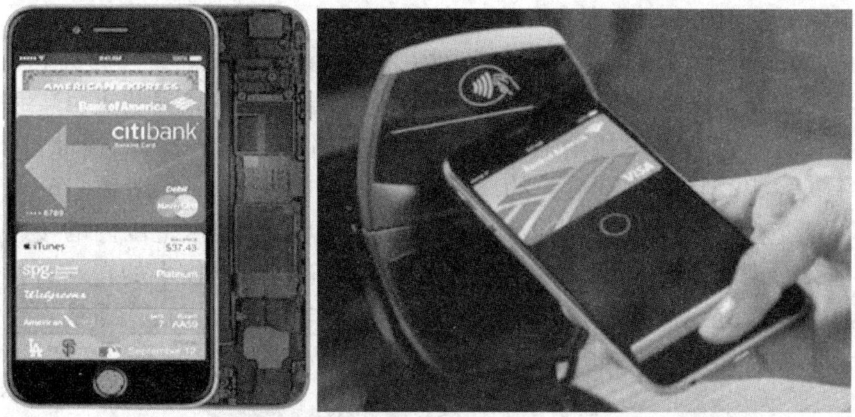

图 9－14 Apple Pay：NFC＋Touch ID 支付

（二）移动支付

Square 通过自身设备 Square Dangle 和手机程序将一部普通的手机变成一部 POS 机（见图 9－15），可以直接使用信用卡和借记卡进行付款。Square Dangle 连接手机的音频接口（插耳机的那个地方），它的原理也很简单，刷卡时读取磁条卡的数据，将数字信息转化为音频传输到手机，手机端再通过软件还原数据，并通过手机网络进行通信和支付。

图 9－15 Square 和 Pay With Square 收银台

2011 年 5 月 Square 升级，支持无信用卡支付，将信用卡或借记卡与 Square 账户捆绑后，消费者无须刷卡，只需提供名字即可完成支付，从用户角度其旨在取代传统的钱包。更深入的升级是 2012 年 3 月推出了 Pay With Square 这款产品，从商户角度其旨在取代传统的收银台。主要是对收银台端的应用程序进行升级，利用 GPS 和其他定位服务，使收银台端的屏幕可以列出所有身在店内且安装了 Square 应用的客户。当用户走进商店或咖啡店时，收银员就已经知道用户光临，因为用户的名字和头像已经显示在店家的显示屏上。结账时，用户只需说出自己的名字，店家在屏幕上点击后即可完成付款。不需要现金，不需要刷卡，不需要签名，甚至不需要从口袋里掏出手机。

（三）自动售货机声波支付

自动售货机是一个典型的O2O连线近场支付的例子，线下到售货机上买饮料，线上付款。将手机对准自动售货机，扫描屏幕上的二维码，下载安装支付宝手机客户端之后登录，按提示选择售货机中的商品，再点击支付宝钱包上的“当面付”、确认付款。随着手机发出一阵“咻咻咻”的声音，一罐饮料到手了（见图9－16）。在网络正常的情况下，整个过程用时20秒。声波只向手机30～50厘米范围内的接收终端传递支付宝账户，超出该范围则无法接收到。采用这种全新支付技术的自动售货机，已经摆放进北京地铁。这也宣告着技术提供方支付宝，与自动售货机产业链、京港地铁等第三方运营商的合作，正式拉开帷幕。

图9－16　自动售货机声波支付

（四）摇摇支付

“以后去水果店忘记带钱也没关系，不妨问问老板有没有支付宝，摇一摇就能买单。”支付宝推出了可以“摇一摇”支付，能让陌生人之间实现快速手机支付。传统转账需要在柜台办理，此前的支付宝转账也需要输入对方的账号。而这一新的支付，只需要拿出手机“摇一摇”，对方的支付宝账号就自动跑到你的手机上，并进行快速支付。由于省略了输入过程，支付速度提高一倍以上。这特别适合陌生人之间的快速支付，另外也可用于咖啡馆、便利店、水果店等小微商家。据介绍，目前，具备定位条件（通过基站、网络定位及GPS）的智能手机都可使用这一功能。

（五）银联的联机近场支付

1. 银联盒子。标有银联的类 Square 支付产品主要由广东深圳盒子支付公司进行研发，这款产品采用硬件加密，双向认证，保证支付环节的安全性（见图 9－17）。据盒子支付公司 CEO 透露，每个支付盒子的生产成本竟然不到 20 元！目前配套的应用程序“全民付”也已经上线。从应用上看，盒子支付主要还是向消费者提供手机充值、公共事业费缴纳、信用卡还款等服务。

图 9－17　银联手机刷卡器：一盒宝

2. 迷你付。银联迷你付是一种通过互联网渠道受理银行 IC 卡的多用途自助终端。通过 USB 线与电脑连接，用户可使用银联迷你付终端设备及银行 IC 卡，在互联网上安全、便捷地完成消费、转账、信用卡还款、指定账户充值、主账户余额查询、电子现金余额查询等交易。该产品已通过银行卡检测中心等专业机构检测，银联对其安全性和稳定性予以保证。终端设备有三种外形设计，可直接在银联在线商城、亚马逊等电子商务网站购买，也可在发卡银行、第三方机构、中国银联等不定期举办的营销活动中申购。

图 9－18　银联迷你付终端

3. 联机“闪付”。在 NFC（近场支付）领域银联也推出了“闪付”。具备“闪付”功能的金融 IC 卡（见图 9－19）或银联移动支付产品，在支持“闪付”的支付终端上，轻松一挥便可快速支付（见图 9－20）。一般来说，闪付的单笔金额不超过 1 000 元，无须输入密码和签名。

虽然闪付和云闪付都是银联基于 NFC 近场通信实现的小额快捷支付方案，但二者差别也不少。闪付（QuickPass）这一概念由中国银联于 2012 年提出并实施推广，伴随

图 9-19 带有银联“闪付”（Quick Pass）标识的金融 IC 卡

图 9-20 进行“闪付”的场景

而来的还有电子现金，早期的 IC 卡闪付需要通过指定 ATM 机从储蓄卡账户圈存到电子现金账户里方可进行拍卡消费，操作上十分烦琐。而如今的闪付消费则可以从银行卡账户里直接扣费支付，方便了不少。闪付与云闪付的区别，简单来说，闪付支付，实际消费出账的卡号与实体卡卡号一致；而云闪付支付则是在云闪付设备终端上生成一个虚拟卡号，消费后出账的卡号并非实体卡，而是设备上的虚拟卡号，相当于产生了一张附属卡，额度与所绑定的实体卡共享，可以保护持卡用户的隐私以及敏感信息，用户可以自行设置该附属卡的消费额度或随时销毁该云闪付卡。目前主流的云闪付方案有 Apple Pay、HCE（例如 Android Pay、VISA 的 Paywave，万事达的 Paypass）、Samsung Pay（除 HCE 方式外，还支持 MST 模拟磁条卡支付）、小米 Mi Pay、Huawei Pay 等。近几年新下发的银联 IC 借记卡和信用卡里基本都支持闪付功能。需要注意的是，一般只有银联单币卡才支持闪付，双币卡一般依旧是磁条卡，无法进行拍卡闪付。这是因为目前的银联卡遵循自主发行 PBOC 3.0 标准，而 VISA 和 Master 万事达卡则只沿用 EMV 国际标准，无法兼容 PBOC 标准。

【小知识】　　**HCE和Apple Pay有哪些区别**

简单地来说，银联HCE的安全密钥储存在云端，而Apple Pay以及华为Huawei Pay等安全密钥是储存在本地安全芯片里的（具体请参考本书“图9-3。NFC的三种模式以及HCE”）。那么使用这些×××Pay钱包应用和使用银联云闪付的区别在哪里呢？除了使用了不同公司的App之外，其实在清算路径上它们是一致的，也就是说这些应用在支付清算时都走了银联的清算通道，这就是支持云闪付的本质。例如能支持银联云闪付的POS都能支持使用HuaweiPay、MiPay。所以答案是：基本没有区别，都可以使用。

“云闪付”是中国银联联合国内主要金融机构、国内外知名手机厂商等共同推出的移动支付新品牌。它以非接触支付技术为核心，涵盖NFC（近场通信）、HCE（基于主卡的卡模拟）、TSM（可信服务管理）和Token（令牌）等各类领先的创新技术应用，从而具备三大特征：空中发卡，非接闪付、在线支付。

那么“云闪付”是如何实现其支付功能的呢？一句话概括，就是让你的手机替换了银行卡，直接使用手机进行消费。不妨这样理解，在通过你的智能手机终端申请云闪付卡（空中发卡）后，手机中便储存了这样一张虚拟卡。可以将其视作持卡人手中银行卡的替身。可别小瞧这张卡，它借助云端存储虚拟卡片的关键信息，并进行动态更新，防止主卡信息的外泄，保障持卡人的用卡安全。而配备了云闪付卡后的手机，便可以代替银行卡，在实体商店的POS机上进行快速“闪付”（非接闪付）。当然，用户也可以选择使用移动互联网进行线上支付（在线支付）。

“云闪付”已同时开通支持ios与安卓两大手机操作系统旗下的众多机型（详见中国银联官网“云闪付”专区），所谓开通，确切地说是这些×××Pay走银联的清算系统。在苹果移动设备使用的ios系统中，“云闪付”通过Apple Pay这一技术来实现。而在安卓系统中，“云闪付”HCE产品借助HCE技术，以各大手机银行的App作为端口来实现。那么HCE技术和Apple Pay区别到底在哪里呢？在于数据存储的位置。简单来讲，前者的数据信息储存在云端，不依赖安全芯片，没有一个固定的物理元件进行信息的贮存。后者Apple Pay的用户数据则储存在其设备上的安全芯片中。两者都具备业界领先的Token等多重安全技术保障，支付时不显示真实卡号，有效保护持卡人隐私及支付敏感信息。

“云闪付”的特点可以用四个字概括：多、快、好、省。“多”指的是适配机型产品以及受理终端数量越来越多。只要手机具备NFC功能，且满足对应的版本要求，便可以使用“云闪付”。支持NFC功能的手机涵盖了苹果、三星、华为、HTC、小米、魅族、中兴、OPPO等多数市场主流手机品牌，覆盖用户较广。“快”体现在使用者支付时不需要解锁，不需要打开任何App，不需要进行扫码而直接挥手机进行支付操作。类似于乘坐公交车时刷公交卡，支付的步骤大大简化（注：即使设置了免密支付和小额免签，在有的商户里还是需要输入密码或签名的）。“好”强调的是“云闪付”的安全性能之高。首先，使用者的真实卡号得以保护，隐私不会遭到泄露。因为你的所有交易信息仅仅保留在发卡行以及银联网络内，手机终端制造商并不会获知你的交易信息。其次，云端不断更新卡片信息，交易的次数、时间以及具体金额都受到监控。即使交易凭证外泄，也可以保证交易失败，将欺诈风险大幅度降低。“省”则是在说使用“云闪付”的时候不需要连接移动网络。现有的扫码支付都需要使用流量，必须在有数据流量或者 Wi-Fi 的情况下才能进行。而“云闪付”不需要使用一点流量，只要手机还有电，就可以进行支付操作。激活云闪付功能后，银行会分配一个 token 票据到手机里，进行支付时无须联网，只需验证该 token，大多数银行都设置了 token 的有效次数（10 次），一个 token 使用超过该次数后，则需要联网更新获取新的 token 方可继续使用云闪付功能。

从“云闪付”品牌上线以来，中国银联联合各大银行机构组成的“国家队”让已形成双寡头的中国移动支付市场再起涟漪。2018 年 5 月 16 日，银联发布《中国银联受理终端最佳实践系列技术指引》，将支付场景细分为地铁、公交、食堂、菜场、景区、公共服务缴费、医疗、自动售货机、高速公路、充电桩、出租车、加油（汽）站、零售与便利店、餐饮、停车场等 15 类支付场景。根据 15 类用户支付场景的特点，将应用流程归纳为普通消费、授权、行业快速消费三大类，引导受理终端达到最佳实践水平。对于受理终端的发展方向，银联给出三个关键词：第一是用户体验，包括持卡人体验和收银员体验，保证场景的可用、好用；第二是聚合支付，要求受理终端聚合手机闪付和银联二维码支付功能；第三是持卡人主控，要求所有支付可以同时打开，由用户自己选择支付方式。此举有望让用户在不用场景中体验一致的便捷，增强用户黏性。尤其是银联二维码和“云闪付”App 上线后，“云闪付”系列产品进一步丰富。截至 2019 年 4 月银联云闪付 App 注册用户正式突破 1.5 亿。截至 2018 年 12 月，云闪付 App 已支持 275 家银行的借记卡余额查询功能，支持 116 家银行的信用卡账单查询功能，成为了名副其实的银行业移动支付统一入口。

本章小结

本章介绍了近场支付的多项技术及其之间在市场上的博弈状况，对于谷歌公司提出的 HCE 技术也做了简介。通过将近场支付分为脱机和联机两种形式，分别针对其特点进行了详细的讨论。对于脱机支付中的支付介质 IC 卡进行了分类和讲解，对于支付路径中的传输方式和读卡校验方式也做了一定的介绍。重点讲解了 PBOC 3.0 规范中的电子现金和圈存的概念及使用。本章还对联机在场支付做了介绍，并关联到电子商务的 O2O 模式进行讲解。结合 O2O 模式的原生在场特性，对其进行了类型划分和应用举例。

想一想、练一练

◎ 思考题

1. 什么是iBeacon和NFC技术？它们有何区别与特点？
2. HCE技术是什么？试阐述其特点。
3. 简述中国的金融IC卡发展历程。每个阶段的特点如何？
4. PBOC规范中，简述电子现金和电子钱包的区别在哪里？
5. 联机近场支付有哪些类型？并举例说明。

◎ 实训题

1. 查看银联卡中的电子现金，并描述查看的方式和步骤。
2. 调查周围使用“闪付”方式的商户，统计其普及率和使用率，用来反映当下社会对近场支付的接受和使用程度。

第 10 章

预付卡业务

知识要点

✓ 预付卡的发展和发行
✓ 预付卡的分类与监管
✓ 预付卡市场规模和趋势
✓ 预付卡优势和特色介绍
✓ 预付卡系统构成和运营

案例导读

预付卡存管办法将实施　公交卡计息等有章可循

随着《支付机构预付卡业务管理办法》和《单用途商业预付卡管理办法（试行)》的正式实施。对于公众关注的公交卡等预付卡的备付金管理及利息问题，也已出台相关管理办法。

以北京一卡通发卡量4 000万张为例进行计算，每张公交卡日均余额约有50元，一卡通公司备付金日均余额应有20亿元左右。银行基准利率是活期0.5%，3个月定期3.1%。一张卡20元押金共8亿元按日常支付费用，如果剩下预付款余额20亿元存银行3个月定期，每年的利息收入约为6 000万元。之前公交卡的备付金及利息数目和管理不透明遭到质疑。

公交卡属于支付机构预付卡，虽然不记名，但是有赎回机制。在2010年6月人民银行《非金融机构支付服务管理办法》（中国人民银行令第2号）发布之前，公交卡并没有主管机构。但是随着这一“2号令”的发布，公交卡已被纳入支付机构预付卡范畴，其备付金存管也将适用于预付卡的备付金的管理办法。在备付金的管理上将令发卡机构不得与自有资金混淆，并且考虑设立消费者保护基金，以防支付机构挪用备付金或者破产损坏消费者合法权益。

随着国民经济的发展，商业活动日益频繁，预付卡已成为适应市场需求的、提高商业活动效率的重要工具。我国的预付卡使用也已经遍布各行业，其名目之多、用途之广，已经对广大消费者的日常生活消费产生了重大的影响，成为广泛使用的商业支付手段。

10.1　预付卡概述

如何谨慎购买预付卡？

"美容美发店发优惠卡是很普遍的，大家都想通过发行预付卡笼络一批顾客，但是卡的管理往往都是一家一个样，没有统一的标准。"某美发店的店长刘师傅说，随后刘师傅拿出了自己店的会员登记簿。当被问到"如果由于某些原因店铺关门，那些发行出去的预付卡该怎么处理?"时，刘师傅说："商家一般都不愿退钱，通常的做法是和顾客协商，将预付卡转给其他美发店。"

市民王女士表示，曾经听亲友说过一次售卡欺诈案件，"我市某洗车店发行单用途卡，充100元送200元，充200元送400元，以此类推，充值的牌子在店门口挂了有一个月，后来这个店突然关门停业，老板也跑了，因为当时购买预付卡时不是实名登记，所以也没法维权。"

2012年9月21日，商务部发布了《单用途商业预付卡管理办法（试行)》，对于预付卡的管理提出了具体的监管要求和措施。商务部2016年8月18日又发布了对《单用途商业预付卡管理办法（试行)》的修正文件《单用途商业预付卡管理办法》，其中规定发卡企业分为规模发卡企业、集团发卡企业和品牌发卡企业。其中对于退卡和实名登记都作出了相应的规定，相关大中型企业逐渐走向规范，但对个体户仍缺乏有效的监管（见表10－1)。

表10－1　　单用途和多用途预付卡对比表

预付卡种类	发卡机构分类	使用范围	主要特点	监管机构
多用途预付卡	第三方发卡机构	跨地区、跨行业、跨法人	1. 发卡机构的主营业务 2. 双边市场：一方面是商户拓展，另一方面是卡片销量 3. 规模为王：发卡量及合作商户的规模决定企业的盈利能力	人民银行
单用途预付卡	商业流通企业	发卡企业内部	发卡机构的辅助业务，其主要作用在于：提前回收成本，防范财务风险；稳定客户群体，辅助销售渠道；提升品牌价值	商务部

商业预付卡以预付和非金融主体发行为典型特征，按发卡人不同可划分为两类：一是多用途预付卡（通用型预付卡)，由专业的第三方发卡机构发行，可以在众多加盟的特约商户中支付使用，如资和信、福卡等，由人民银行监管；二是单用途预付卡

（封闭性预付卡），一般是商业主体自行发售的卡，使用范围也仅限于本商业主体，如家乐福卡、沃尔玛卡、北京华联卡等，由商务部监管。

10.1.1 发展阶段和发行流程

（一）发展阶段

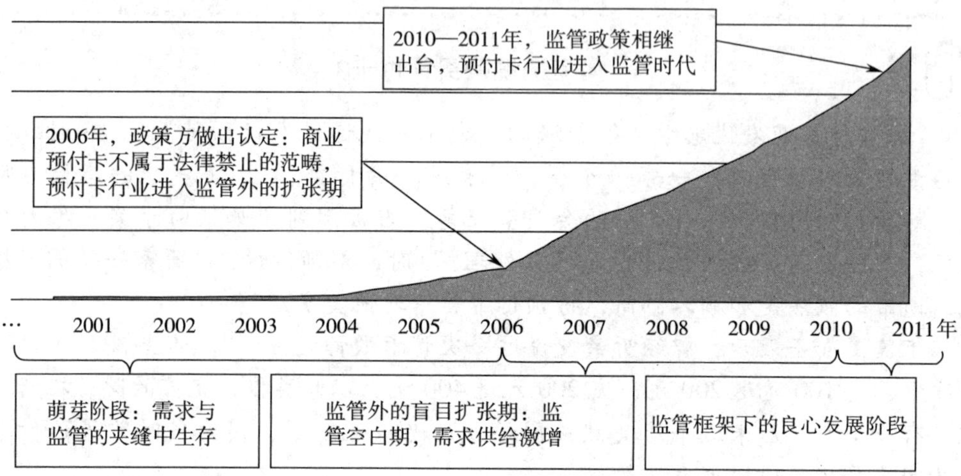

图 10－1 中国预付卡行业发展阶段

2006 年以前：萌芽阶段。2006 年以前，为了维护金融市场秩序，国务院接连出台相关政策，严厉打击各种代币购物券。预付卡行业处于尴尬的灰色地带。

2006—2010 年：监管外的盲目扩张期。2006 年，商务部办公厅《关于购物返券有关问题征求意见的函》、国务院行业研究办公室《关于代币购物券（卡）有关问题征求意见的函》等文件作出认定：预付卡不属于法律禁止的代币券（卡）范畴。预付卡行业开始了宽松的监管下的高速发展时期，发卡企业数量和发卡规模急剧增加。这一阶段的预付卡主要以单用途预付卡为主，发卡商家涵盖零售商超、百货、美容美发、娱乐健身等。另外，由于发卡企业经营状况参差不齐，消费者权益无法得到保障。

2010 年至今：监管框架下的良性发展阶段：《关于规范商业预付卡管理的意见》的出台，表明了政府对规范预付卡市场的决心，中国预付卡行业正从无序混乱走向健康公平。该意见将预付卡分为单用途卡和多用途卡两大类，并实行由人民银行和商务部分类监管的政策。伴随着消费市场的不断变化和竞争手段的多元化，以及消费者需求的多样化，预付卡在各个领域的使用范围将逐渐扩大，多用途预付卡将成为整个行业的发展重心。

（二）发行流程

预付卡发行及使用流程如图 10－2 所示，由发卡机构发行，客户购买，通过网上交易平台或者线下商户的 POS 机具进行消费，由发卡机构对卡内金额进行扣除后向第三方存管银行发送付款指令，存管银行向商户交付结算款，商户在收到结算款项之后向发卡机构返佣。需注意，单用途卡的资金以前暂不需要由存管银行进行管理，而直接由发卡企业进行管理和支配。但为保护消费者权益，新管理办法要求发卡企业需要将20%～40%的发卡资金进行第三方存管，以便在发卡企业不能继续履约的情况下，用这笔资金补偿持卡人。

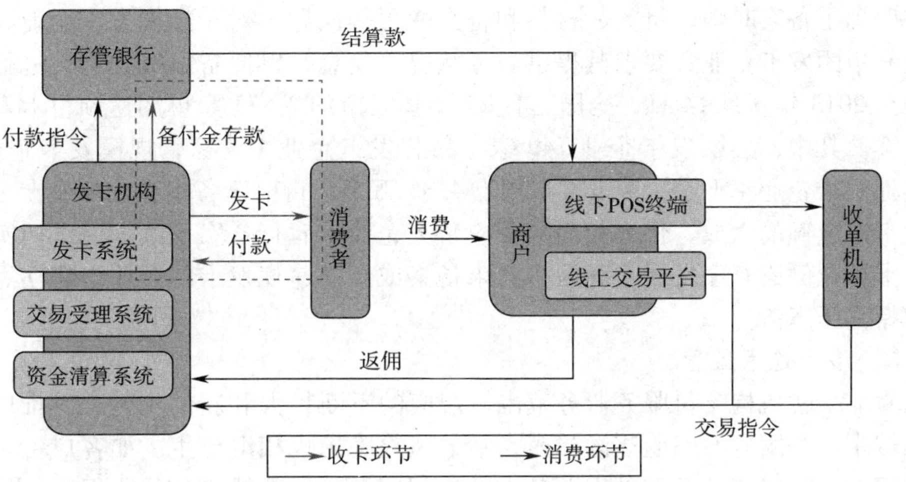

图10－2　多用途预付卡的发行及使用流程

10.1.2　预付卡监管

2011年5月，国务院办公厅转发了七部委《关于规范商业预付卡管理的意见》，首次明确了商业预付卡的地位、作用和分类，明确了分类监管的思路，该文件标志着中国商业预付卡监管体系初步形成，对行业的发展具有里程碑式的意义，从此预付卡行业进入监管时代。

目前，我国对于预付卡实施分类监管的思路是：单用途卡由商务部进行监管，多用途卡由人民银行进行监管。监管文件中对于发卡和购买、发票和财务管理、资金管理与业务管理等制度框架都进行了规范。

（一）单用途卡监管

2012年9月商务部发布《单用途商业预付卡管理办法（试行）》。该规章要求，单张不记名卡限额不能超过1 000元；超过1 000元的就需要实名登记，单张记名卡限额不得超过5 000元。同时，一次性购买1万元以上不记名卡的，发卡企业应要求购卡人出示有效身份证件，并留存购卡人的姓名、单位名称、联系方式、身份证号码等信息。单位一次性购买单用途卡金额达5 000元（含）以上或个人一次性购卡金额达5万元（含）以上的，以及单位或个人采用非现场方式购卡的，应通过银行转账，不得使用现金。在发行方面，强调限额发行制度、购卡实名制度以及非现金购卡制度是单用途预付卡监管的三大举措。

另外，为保护消费者权益，商务部要求发卡企业根据不同的规模（规模发卡企业、集团发卡企业和品牌发卡企业），必须将预收发卡资金的20%～40%进行第三方存管，并且对预收资金的用途进行限制，从而避免资金被挪用的风险。而且在发卡企业不能继续履约的情况下，用这笔资金补偿持卡人。

备案管理是开展单用途预付卡业务管理的关键。除了在购卡环节强化管理，在企业发卡源头上也进行了有效监管。零售、住宿和餐饮等多种行业，都被列入了调整范围，并明确了备案时限、机关、材料和备案变更等问题。对于规模发卡企业、品牌发卡企业和集团发卡企业，要求其提供财务状况等信息，以便备案机关对其进行风险监测。截至2013年6月14日，全国已有29个省区市的2 373家单用途预付卡发卡企业完成备案。其中，集团发卡企业149家，品牌发卡企业103家，规模发卡企业1 700家，其他发卡企业421家，涉及发卡网点4.35万个。目前已备案企业的发卡金额约占全国发卡总金额的六成，仍有相当数量应备案企业未履行备案手续。为了切实规范商业预付卡行业健康有序发展，我国将对未备案或经常违规发卡的企业，建立黑名单制度，保持高压态势。

（二）多用途卡监管

随着非金融机构支付服务业务范围、规模的不断扩大和新的支付工具推广，多用途卡领域中一些固有的问题逐渐暴露，新的风险隐患也相继产生。如客户备付金的权益保障问题、预付卡发行和受理业务中的违规问题、反洗钱义务的履行问题等，都需要有详细可操作的规则予以监管。

2012年，中国人民银行对外发布了《支付机构预付卡业务管理办法》和《非金融机构支付服务管理办法实施细则》。该办法除了要求预付卡业务实行许可证准入制度之外，还要求单张不记名预付卡资金限额不超过1 000元，单张记名卡限额不得超过5 000元。另外，多用途预付卡发卡人接受的、客户用于未来支付需要的预付资金或称备付金，不属于发卡人的自有财产，发卡人不得挪用、挤占。同时，多用途预付卡发卡人必须在商业银行开立备付金专用存款账户存放预付资金，并与银行签订存管协议，接受银行对备付金使用情况的监督。

（三）新的管理规定

1. 单用途卡有效期。《单用途商业预付卡管理办法（试行）》规定单用途卡有效期为：记名卡不允许设有效期，不记名卡有效期不得少于3年。

2. 单用途卡退卡退货。《单用途商业预付卡管理办法（试行）》规定，企业售卡时应签订协议，依照章程或协议约定，应提供退卡服务。届时退回的卡内金额，将打到持卡人同名银行账户，不足100元的退费，可支付现金。

用单用途卡购买的商品需要退货，按相关规定，退货金应退至原卡内，如果单用途卡不存在或者退货后卡内余额超过单用途卡限额的，应退至持卡人在同一发卡企业的同类单用途卡内。另外，退货金额不足100元的，可支付现金。

3. 单用途卡备案标识。为鼓励单用途商业预付卡发卡企业规范经营，引导消费者选择，商务部市场秩序司于2014年6月19日召开的第五届中国商业预付卡行业峰会上发布了官方认可的预付卡备案标识（见图10－3）。

图 10-3　商业预付卡备案标识

预付卡备案标识由三个卡样和“对钩”元素组成，卡样体现出商业预付卡的内在关联特质，人们所熟悉的“对钩”在这里代表发卡企业已完成商务部门备案，是可信的象征，凸显企业拥有优良的品质。凡自愿遵守《单用途商业预付卡发卡企业备案标识使用规则（试行）》的备案发卡企业均可申请免费使用单用途商业预付卡备案标识。

4. 单用途卡保险。商务部鼓励商业预付卡发卡企业更多地使用保险等方式，保障预收资金安全，盘活流动资金。2013 年商务部、保监会发布《关于规范单用途商业预付卡履约保证保险业务的通知》，该通知要求开展预付卡履约保证保险业务的财产保险公司应在保险监管部门的指导下，严格履行保险合同义务，严禁出现恶意拖赔、惜赔、无理拒赔等损害持卡人合法权益的行为。该通知意味着国家对商业预付卡管理上升到了更高的层次。

该通知指出，开展预付卡履约保证保险业务的财产保险公司应当具备以下条件：“（一）近三年末平均净资产不低于人民币 20 亿元；（二）上一年度末及最近四个季度偿付能力充足率不低于 150%；（三）拥有覆盖全国一半以上省会城市的服务网络以及三年以上从事保证保险业务的经验；（四）拥有完善的单用途商业预付卡履约保证保险业务管理、风险控制制度，以及与业务规模相适应的核保系统和理赔系统。”

5. 单用途卡税务。对于单用途卡税务和发票情况，可以参照各地税务部门的规定进行。比如四川省发布的《四川省国家税务局关于单用途商业预付卡有关增值税问题的公告》（四川省国家税务局公告 2011 年第 5 号）以及福建省发布的《福建省国家税务局关于销售单用途商业预付卡有关增值税征收管理事项的公告》（福建省国家税务局公告 2014 年第 2 号）等。

以《浙江省国家税务局关于纳税人销售单用途商业预付卡有关增值税问题的公告》（浙江省国家税务局公告 2013 年第 7 号）为例，该条例对于纳税作出了明确规定，即纳税人以销售单用途商业预付卡方式销售货物、服务的，属于直接收款方式销售货物或服务，应在销售单用途商业预付卡并收取销售款同时（不论是否开具销售发票）确认纳税义务发生时间。纳税人发行单用途预付卡，其增值税纳税义务发生时间为收款（或开具发票）的当天。纳税人可采取财务与税务会计处理分离的方式进行账务处理。

另外，销售单用途预付卡必须通过预收账款科目进行专门核算，不得混淆。

6. 多用途卡网络支付。2012 年央行发布的《支付机构预付卡业务管理办法》规定预付卡不得用于网络支付渠道，但对风险可控的小额便民支付给予特例安排：

第一，随着近年来网络支付业务的不断发展，部分地方政府出于方便群众缴费考虑，鼓励预付卡通过网络支付渠道缴纳水、电、气等公共事业费用，满足了广大群众全天候缴费、不排队缴费的合理需求，受到了持卡人的欢迎。考虑到这类预付卡在现实中应用比较普遍，且其交易背景真实、可信、有据可查，因此，《支付机构预付卡业务管理办法》允许预付卡通过网络支付渠道缴纳公共事业费。

第二，目前很多实体商户出于压缩经营成本、提高市场竞争力考虑，纷纷将线下的商品引入网络商店中展示出售。允许预付卡在发卡机构拓展的实体特约商户的网络商店使用，对持卡人而言，只是改变了购买同一商家商品或服务的方式，但可以节约时间，甚至享受更多的优惠；对特约商户而言，能够节省营业场所租金和人工费用，增大利润空间。同时，同一家商户的网上商店出售的商品与实体商店基本吻合，其套现、洗钱风险相对较小。

第三，一些预付卡发卡机构同时也获准办理“互联网支付”业务，为满足该机构预付卡持卡人通过其实名的网络支付账户进行小额支付的需求，《支付机构预付卡业务管理办法》对此类机构发行的预付卡适当灵活处理，允许持卡人向其在该发卡机构开立的实名的网络支付账户充值，但实行同一客户年累计 5 000 元的金额控制，一方面风险可控，另一方面也引导不记名预付卡通过其实名的支付账户支付而留下“痕迹”。

10.2 预付卡市场

预付卡妥不妥一查就知

如何知道名目繁多的购物卡是否“符合规定”？广大商户和持卡人均可登录商务部网站 http：//yfk. mofcom. gov. cn 进行网上自助查询。

小小购物卡，事关大民生，购物卡管理与消费者钱包息息相关。消费者购买单用途商业预付卡如何保护自身的权益，防止可能出现的信用问题？目前购物卡流通通过部门监管、银行监督、企业备案的形式，管理规制体系完备，消费者要购买购物卡请选择“已备案”企业较稳妥。

以厦门市为例，截至2017年底，厦门有12家备案预付卡发卡企业开展单用途商业预付卡业务，其中集团发卡企业2家，品牌发卡企业1家，规模发卡企业8家，其他发卡企业1家。此外，还有许多门店在厦门市、总部在外地的大型售卡企业也已在企业总部所在地取得备案，如天虹、大润发、永辉、东百、天福、中闽百汇、麦德龙、星巴克等。企业发行单用途商业预付卡需备案。按照规定，从事零售业、住宿和餐饮业、居民服务业等三个行业开展单用途预付卡业务的企业为商务主管部门监管对象，发卡需向商务部门备案。

对于其他的小微企业经营者，虽然没有强制备案，但是也不定期通过专项检查等活动进行监管。2019年7月，河北省市场监管局、河北省商务厅、河北省公安厅三部门在全省范围内开展单用途商业预付卡专项联合整治行动。全省范围内凡从事零售、住宿、餐饮、居民服务、游泳健身、美容美发、教育培训、洗车等服务并开展预付卡消费业务的经营者，均列入本次整治范围。

本次重点整治8种违法经营者：未经登记注册或未经相关行业主管部门许可的无证照经营者。未按《单用途商业预付卡管理办法（试行）》规定进行发卡备案的经营者。不能按合同约定提供服务，消费者提出合理退款要求故意拖延或无理拒绝，消费者投诉反映强烈的经营者。未履行法定程序易名换主、地址变更的经营者。因停业、歇业或者场所迁移等原因，未对消费者说明原因，提供有效联系方式，无法联络的经营者。虚假宣传误导消费者，以格式条款、通知、声明、店堂告示等方式，作出排除或者限制消费者权利，减轻或者免除责任加重消费者责任的经营者。不以经营服务为目的，“恶意圈钱”“卷款跑路”的经营者。一年内受到两次以上行政处罚的经营者。据相关方案，对涉及重点整治的8种违法经营者，列入异常名录向社会公示，涉嫌犯罪的移交公安部门查处。情节严重的吊销相关证照，不得在河北省任何地域从事经营活动，做到“一处违法、处处受限”。

除了单用途商业预付卡，还有多用途预付卡，如厦门市民所熟知的夏商卡。发行这类多用途预付费卡则必须拥有中国人民银行颁发的“第三方支付牌照”（预付费卡类），消费者也需注意。

10.2.1 产业链

（一）产业链细分

预付卡产业链由发卡企业、售卡渠道、预付卡系统平台、预付卡受理服务四个主要环节构成，如图10-4所示。产业链涉及基础设施提供、数据管理、系统设备、系统安全、电子设备制造、制卡厂商等一系列诸多行业。

在发卡流程中，主要涉及发卡企业、售卡渠道和系统处理三个环节。卡片由发卡企业通过售卡渠道流转至购卡用户手中；而资金从购卡用户流转至发卡企业（或其签

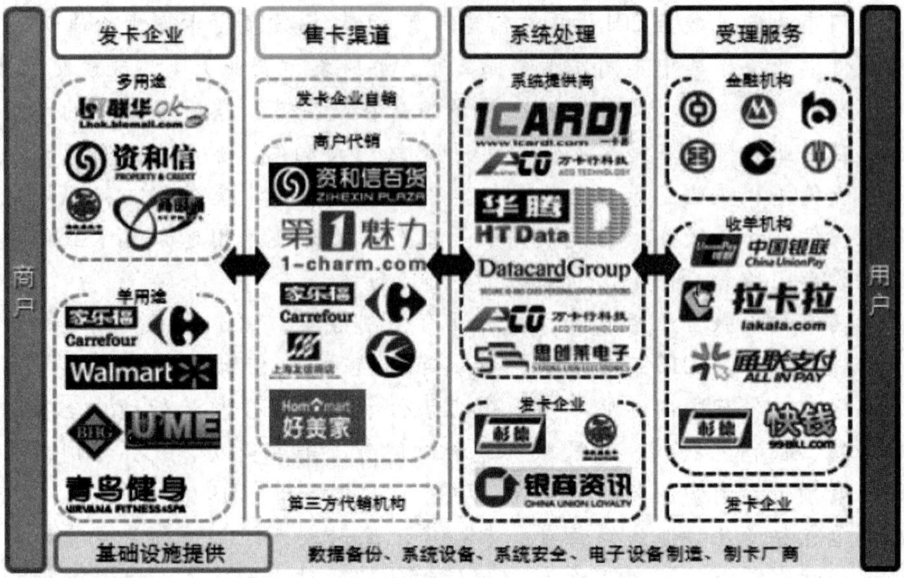

图 10－4　中国预付卡行业产业链

约存管银行），发卡企业通过自主或第三方系统对客户信息和交易信息进行处理和存储。

而消费流程则主要涉及发卡企业、系统处理和受理服务三个环节。商品或服务由商户流转至消费者；资金通过支付平台和收单机构由发卡企业（或其签约存管银行）流转至商户，发卡企业通过自主或第三方系统对卡片及用户信息进行更新存储。各个环节环环相扣为整个产业链提供服务。具体而言：

第 1 环节，发卡企业。发卡企业分为两类，第一类是发行单用途预付卡的商业企业，第二类是以发行多用途预付卡为主营业务的第三方支付企业。

第 2 环节，售卡渠道。随着预付卡产业链的不断完善，卡片销售环节中将有一些独立的代销机构参与进来，与预付卡发卡企业独立销售和合作商家代销两种模式形成一个完善的代销体系。而特别值得注意的是，在借记卡和信用卡的发行和使用过程中，这一环节是不存在的。

第 3 环节，根据卡片发行和使用的流程，系统处理方面已经形成发卡系统、受理系统、资金清算系统、卡片信息管理系统等多个系统处理环节。而预付卡交易对系统的稳定性、安全性有极高的要求。在此背景下，一些专业的第三方数据处理机构逐步介入进来，为发卡企业提供准金融级别的系统解决方案。

第 4 环节，受理服务。预付卡的发展得益于银行卡受理市场的发展以及在此基础上的金融创新，广泛覆盖的 POS 网络以及迅速发展的电子商务平台为预付卡受理市场提供了良好的基础条件。新政落地之后，未获收单牌照的发卡企业将无法继续进行收单业务，将逐步从受理服务环节中退出。另外，商业银行的资金管理地位将逐步显现，成为多用途卡发行和受理的必经环节。

（二）产业链格局发展

1. 产业链初具雏形，日趋完善。随着预付卡技术和产业的发展、消费者需求的多样化和业务模式的创新，预付卡产业分工将进一步细化，必将衍生出更多如专业的预付卡分销、预付卡代理、预付卡商户拓展等各种专业服务机构，未来预付卡产业链将更趋完善。

2. 先进入者对行业资源占据垄断优势。预付卡行业发展初期，行业规模迅速膨胀，在宽松的监管环境下，先进入者得以在渠道、受理服务等环节迅速占据领先优势。

3. 发卡机构业务跨度大。在行业发展初期，各环节的专业化分工尚不明确，发卡企业在业务进行的不同环节得不到相应的资源辅助，因此拓荒者为了迅速占领市场必须自建处理系统、自营发卡渠道等。

4. 与传统金融体系合作共赢。依据目前的监管政策，商业银行尚不具备发行预付卡的资格，这在一定程度上避免了来自传统金融体系的巨大冲击，为第三方支付企业的发展营造了良好的条件。在这种情况下，预付卡企业与以银行为代表的传统金融体系的合作将逐渐增多，旨在营造一个合作共赢的行业环境。

5. 市场机遇和挑战。在我国经济增速放缓和单用途商业预付卡加强规范的背景下，近年来整个预付卡行业增速趋缓。不只零售业预付卡，居民服务业和住宿与餐饮业的预付卡的增速也在下降。传统预付卡业务正处在发展瓶颈期，许多预付卡机构面临着业务如何转型的困惑。

事实上，目前仍有许多细分市场和领域的需求尚未被满足，预付卡可以在这些领域显示身手，行业仍具有较大的业务发展和可塑空间。首先，当前许多行业和企业都在尝试发行、受理预付卡，但由于其行业特性，业务运营成本较高，亟须预付卡机构为其提供专业的个性化解决方案。其次，从发达国家的个体消费需求来看，国内的个人市场潜力仍待发掘，应通过与行业应用的深度结合，拓宽增值服务空间，提升机构盈利能力。另外，通过产品和服务的不断创新，实现功能和服务的多元化，有助于开拓新的业务场景，进一步提升预付卡机构的市场占有率。例如，通过互动营销活动，实现合作共赢，扩大市场份额。

10.2.2　规模

（一）单用途卡

根据商务部的统计，2011 年，我国单用途商业预付卡销售规模近 1.7 万亿元，这个数字还不包含交通卡、通信卡等，单用途商业预付卡已成为我国继信用卡之后的第二大信用支付工具，是单位发放职工福利、居民小额支付、商业企业推动销售的重要手段。如图 10－5 所示，2012 年，中国单用途商业预付卡的发卡规模为 9 527 亿元，当年中国已成全球第二大预付卡市场。

中国市场调查网发布的《2017 年中国单用途预付卡市场调查分析报告》显示，2014—2016 年，我国单用途预付卡销售规模从 7 269 亿元下降至 6 434 亿元。

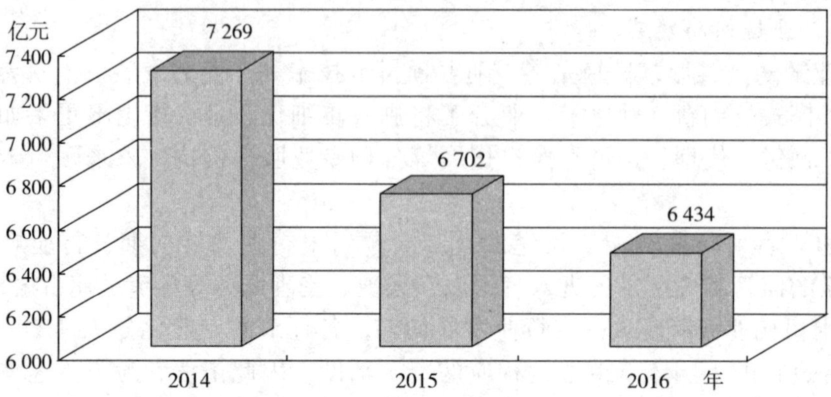

图 10－5　2014—2016 年单用途商业预付卡销售规模

我国单用途预付卡销售规模下降的原因主要有以下几点：

1. 宏观经济放缓，零售业销售规模增速持续下降。近几年，我国经济下行压力增加，宏观经济由高速发展迈向中高速发展阶段，2014 年、2015 年、2016 年我国 GDP 增速分别为 7.3%、6.9%、6.7%。单用途预付卡的主要销售领域——零售业发展速度也持续下滑，2014 年、2015 年、2016 年我国社会消费品零售总额名义增速分别为 12.0%、10.7%、10.4%。这对单用途预付卡的销售造成了不利影响。

2. 政策因素。近几年，我国掀起反腐倡廉政策风潮。2012 年 11 月，《单用途商业预付卡管理办法（试行）》正式施行，该管理办法规定：个人或单位购买（含充值，下同）记名卡的，或一次性购买 1 万元（含）以上不记名卡的，发卡企业或售卡企业应要求购卡人及其代理人出示有效身份证件，并留存购卡人及其代理人姓名或单位名称、有效身份证件号码和联系方式。政策的日趋严格也对单用途预付卡的销售造成了一定的不利影响。

3. 多用途预付卡快速发展。多用途预付卡可跨地区、跨行业、跨法人使用。由于使用方便，尽管目前多用途预付卡销售规模较小，但发展速度相对较快，对单用途预付卡造成了一定的替代作用。

商务主管部门对单用途商业预付卡发卡企业进行备案制管理，截至 2019 年 1 月，全国已经有 5 627 家发卡企业完成备案，2018 年备案企业售卖金额 5 402 亿元。

（二）多用途卡

多用途卡的规模统计出现一定分歧，艾瑞咨询《2011 年中国预付费卡行业研究报告》数据显示，2010 年底中国第三方支付企业发行的多用途预付卡市场规模达到 965 亿元，预计 2013 年底将超过 3 000 亿元，现在来看这个数据过于乐观了。另据易观智库的研究，2011 年中国多用途预付卡市场的发卡规模为 855 亿元。预计到 2014 年，中国多用途预付卡的发卡规模为 1 850 亿元。而据赛迪经智预测，2014 年中国多用途预付卡的发卡规模为 1 932 亿元。

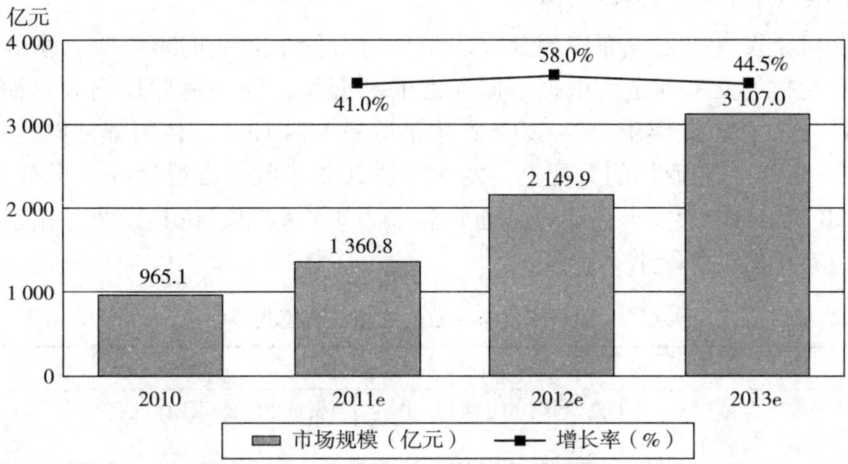

资料来源：艾瑞咨询根据业内专家访谈与市场研究综合得到。

图 10－6　中国多用途预付卡市场规模预测

10.2.3　共赢模式

预付卡能够高效完成市场资源配置，实现商家与消费者的共赢。对于商家和消费者，预付卡支付都有着独特的优势。对于单用途卡，只有商家和用户两方，而对于多用途卡，则有除了商家和用户，还有第三方机构即发卡方。

（一）发卡方优势

首先，可以获得巨额的备付金，进行资本化运作；其次，预付卡可按税率较低的商品开具商业发票；最后，卡内残余资金也是企业的另一变相收入。因此，预付卡在

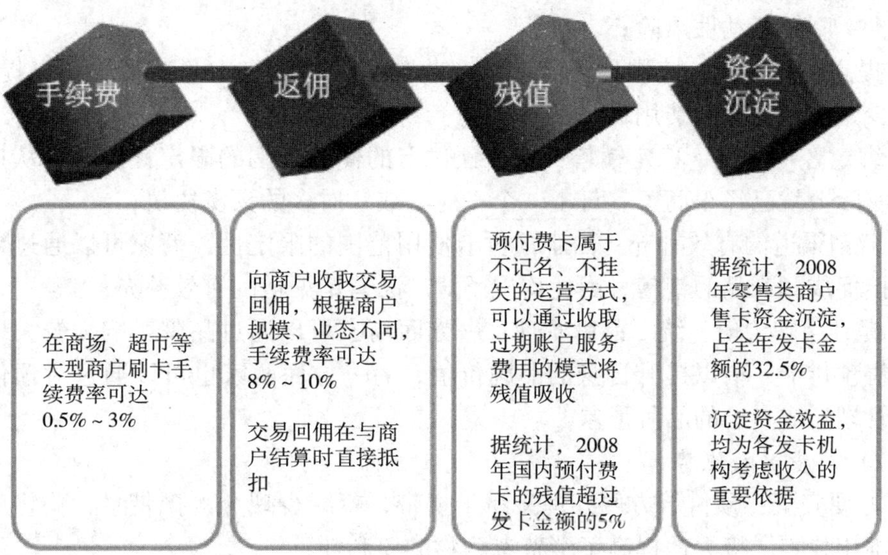

图 10－7　发卡方收益分析

市场上一经推出，便受到企业追捧。

另外，对于发卡方来说商户佣金收入是预付卡发卡企业的重要收入来源。商户返佣，即商户支付的交易佣金。根据不同业态的利润率，商户返佣比例大致如下：商超百货0.1% ~2%；餐饮娱乐5% ~20%；生活服务1% ~5%；休闲健身8% ~10%；美容美发8% ~20%。在返佣的分配上，发卡方得50%，收单方得15%，机具方得15%，拓展方得20%。而作为发卡企业方，通常涵盖发卡、收单、机具、业务拓展中的三到四项业务，有丰厚的佣金收入。

表10-2　　预付卡发卡企业的主流盈利模式

	盈利模式
单用途卡	1. 备付金收入（利息、资本市场运作、作为自有资金用于公司经营）； 2. 过期资金、余额沉淀。
多用途卡	传统盈利模式： 1. 备付金收入（利息、资本市场运作、作为自有资金用于公司经营）； 2. 过期资金、余额沉淀、延期费用； 3. 商户返佣； 4. 售卡手续费、管理费用。 创新盈利模式： 1. 通过折扣、通用积分等服务获取的中间利润； 2. 其他增值服务收入。

（二）商家优势

除了无须任何额外投入之外，对于商户方面还有如下优势：

1. 增加收入：有效撬动潜在需求，促进持卡人消费，扩大销售额，增加收入；

2. 降低财务风险：预付卡采取先收款，再消费的方式，提前回笼资金，钱款拖欠大量减少，降低流动性风险；

3. 提高结算效率：使用预付卡，现金收付、账目收支大量减少，既可提高效率，又可减少人工和设备的费用；

4. 绑定客户群体，稳定销售：由于预付卡的使用范围的限定性，所以从持卡人买卡开始实际上就已经跟商家签订了一个一对一或一对多的买卖协议；

5. 营销渠道的有效补充：由于预付卡使用范围的限定性，商家可以通过预付卡的销售间接促成对产品的销售，因此构成了对产品营销渠道的有效补充；

6. 提升品牌价值，统一品牌管理：一方面商家可以通过品牌影响力较大地第三方企业发售预付卡，借以提升自身的品牌价值，另一方面商家也可以通过对预付卡的统一形象管理形成自己的品牌形象。

（三）消费者的优势

1. 方便安全：预付卡方便办理又易于携带，可减少现金的携带量，购物后可显示余额，不用找零，极大地提高了消费者购物的便利性；

2. 经济实惠：部分预付卡采取了会员卡的管理机制，可以进行积分或者打折，给消费者购物提供了一定的实惠；

3. 避税：监管措施尚未完善的情况下，企业通过预付卡发放员工福利，可规避企业所得税和员工个人所得税。

艾瑞咨询调研数据显示，中国预付卡用户主动购买预付卡的原因主要是预付卡的便利性，不必携带现金，不用找零，出于此方面考虑的用户占64.0%；其次是预付卡可带来实惠，购物时有优惠和折扣。而这两个因素将左右用户对预付卡品牌的选择。

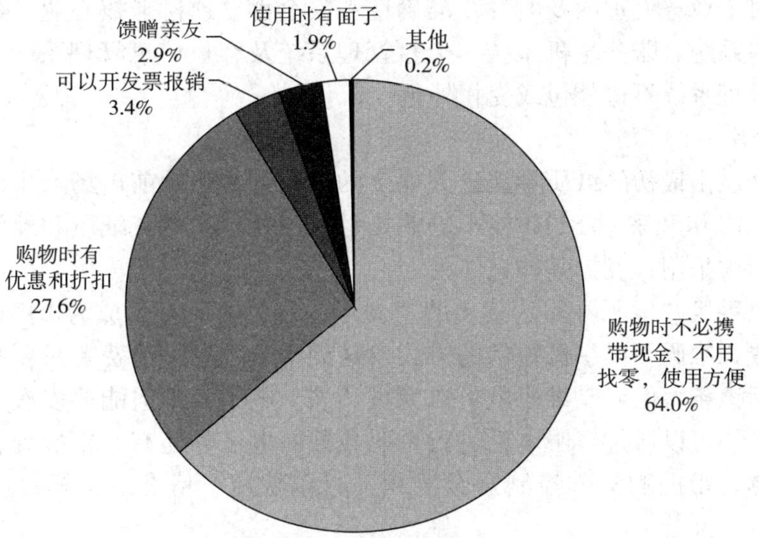

图10-8 购买预付卡的原因（2011年）

10.3 预付卡系统

银行预付卡

2012年初，人民银行已明令禁止商业银行发行预付卡，并要求银行制定业务整顿和退出计划。尽管商业银行基本暂停了预付卡的直接销售，但仍有代理商和经销商为市场供卡，并提供多达30余项发票名目。

事实上，银行预付卡最受诟病的问题之一，即是双重开票。虽然银行方面称“作为金融单位，不直接提供商业发票”，但业内皆知的“规则”是，买卡人可通过银行相关的“代理商”或“经销商”开取发票，同时支付一定“开票费用”；但此后，持卡人在使用该卡后，仍可要求商场开发票。

2012年1月20日，央行发文《关于规范银行业金融机构发行磁条预付卡和电子现金的通知》，明确“商业银行不得发行或与其他机构合作发行磁条预付卡和非实名单电子现金”，“已发行磁条预付卡和非实名单电子现金的商业银行不得新增发卡，同时，要制订业务清理整顿和退出计划，并于2012年3月31日前报中国人民银行”。

银行预付卡的关闭，体现了央行坚持预付卡与银行卡的互补发展定位，也给第三方支付机构从事预付卡业务理清了环境，但是要从事预付卡支付领域业务的机构还是有一定的门槛的。并不是能发卡就能进入这个行业的，一个核心的业务处理系统就是其必备的条件。

根据《支付机构预付卡业务管理办法》规定，发卡机构应当在中华人民共和国境内拥有并自主运行独立、安全的预付卡核心业务处理系统，建立突发事件应急处置机制，确保预付卡业务处理的及时性、准确性和安全性。预付卡核心业务处理系统包含但不限于发卡系统、账务主机系统、卡片管理系统及客户信息管理系统。而且该预付卡核心业务处理系统不得外包或变相外包。

（一）卡片

预付卡介质由最初的纸质券演进到如今的塑胶卡片，目前市场上主流的预付卡介质为磁条卡、IC 卡和采用 RFID 技术的非接触式卡片。当然，纸质和纯塑胶卡也仍然在一定范围内被采用，发挥其补充作用。

另外，以手机"电子券"为代表的"新形态预付卡"开始成为市场的新宠。例如手机电子券或二维码，以手机短信的方式发送到个人手里，消费者只要在商户消费结账的时候出示该条短信或二维码就可以完成消费。电子券不但能够多次支付而且即使不小心丢失，还可以通过客服电话进行密码找回。电子券还有一个好处，就是按照实际消费量结算，帮助购买方控制资金沉积并可以快速、精准地了解每次购买活动的记录。

（二）POS 机

POS 销售终端是预付卡最常用的支付设备。它能够读取各类卡片中的支付信息，并同时接受顾客和操作员的指令而完成金融交易。

POS 机可以由银行、银联或者第三方支付公司分别或者同时进行布放，来自不同方面的 POS 机，其对于系统的连接方式可能是不一样的。一般来说，可以是直连银行的，或者通过银联和第三方支付公司再连接银行的。

（三）系统

典型的商业预付卡运营管理系统如图 10－9 所示。而在预付卡系统中，本质而核

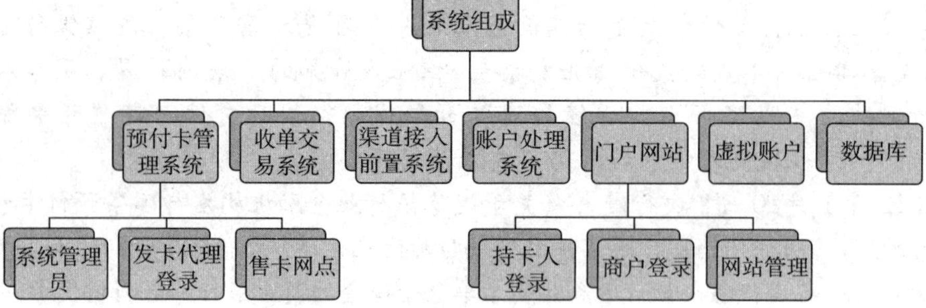

图 10－9　预付卡运营管理系统组成

心的内容是发卡、收单和清算业务，这三项基本业务功能一般都会集成在预付卡平台之中。

1. 发卡功能。发卡功能支持平台自发卡模式和签约商户自发卡模式，从而能支持多个发卡方，实现企业级服务。另外，每个发卡方可以发行多种卡类，如VIP卡、金卡等。而且支持多发卡方的互相代理、支持商户共享和机具共享、支持运营商多营业点售卡。最后，还要能够支持网上支付网关和虚拟账户。所谓的虚拟账户，即指用于网上商城和支付网关，持卡人可以在网上注册为会员，并建立网上账户。以后的网上支付既可以用预付卡支付，也可以用虚拟账户进行支付，并支持转账、充值等功能。

2. 收单功能。收单功能由收单交易平台和交易前置主机来共同完成，用于受理所有POS终端、外部接口发送而来的各种预付卡交易。交易前置机的核心功能主要有三个部分：（1）对交易进行合法性检验、转报、数据加、解密，保证交易安全、稳定地进行；（2）对交易进行准确路由，区分来自于不同接口的交易的目的地，从而将现有交易划分为本地交易、本代第三方交易、第三方代本交易等；（3）对交易流水数据进行存储（数据库服务器），并通过日终清算工作将关键交易数据进行备份和转存（转存至清算处理服务器，以支持更方便、快捷的财务管理工作）。

【小知识】 **第三方收单网络、第三方代本交易、本代第三方交易**

所谓第三方收单网络，就是与商业预付费卡平台发卡方形成商业合作的国内其他发卡机构（各银行、预付费卡运营商等）或金融数据中心（银联等）。所谓的“本”，指我方正使用的商业预付费卡平台。

根据签订的商务合作协议，第三方收单网络可以代为受理商业预付费卡平台发行的预付费卡，并将交易请求通过DDN专线发送至商业预付费卡平台进行处理，这就是第三方代本交易。

另一方面，在经过交易前置机路由判断后，第三方收单网络发行的预付费卡或者银行卡，也可以先经过商业预付费卡平台，然后通过平台的DDN专线直接发送至第三方收单网络受理。这就是本代第三方交易。

3. 清算功能。清算功能是由账务处理系统来进行处理的。账务主机是商业预付卡平台的数据核心，其功能很明确：处理清分与结算，并产生相关报表，主要功能有：日终清算功能，日终清算报表生成；历史数据统计、分析总计、明细；交易收益汇总、统计、报表生成；跨机构交易清分、对账；资金数据审核，防止历史数据篡改等。

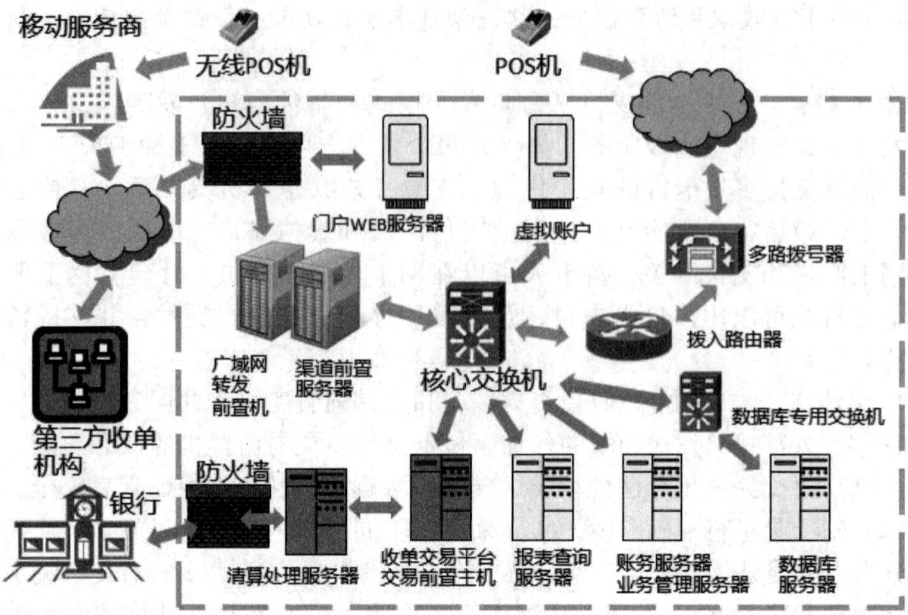

图 10－10　预付费卡平台拓扑结构

10.4　预付卡运营案例

山东高速进军第三方支付　推出全国首张多用预付卡

山东高速集团推出的第三方支付预付费卡——“信联卡”于 2013 年 8 月 28 日正式在山东全省 17 地市同时发行。山东高速信联支付公司是取得多用途预付卡牌照的企业，具备了发行跨行业、跨法人的城市公共交通“一卡通”的资质。其发行的“信联卡”是全国首张兼具高速公路 ETC 功能，并涵盖加油、购物、餐饮、娱乐、保险、旅游、停车场、公共交通等多个领域支付功能的多用途预付费卡。目前，“信联卡”可在京、津、冀、鲁、晋五省市高速公路、中石化、各大商场和超市等 7 000 余家商户，2 万余个门店刷卡消费。

“信联卡”相比其他预付卡，定位更加清晰，特色也更加鲜明，覆盖面也更广，没有经历一般预付卡企业商户门店由少到多的积累过程，一发卡就拥有 7 000 余家加盟商户，在持卡消费的便捷性和折扣优惠上具有很大优势。

随着预付卡市场的竞争愈加激烈，部分竞争力相对较弱的中小型企业将会逐渐被淘汰，行业内的洗牌在所难免。支付企业的发展路径日渐分化，那些具备清晰定位和鲜明特色的支付企业将越来越受到市场的青睐，今后部分区域性甚至全国性支付企业将会逐渐占领市场并最终成为市场的统治者。

10.4.1　银商资讯概况

上海银商资讯有限公司（简称银商资讯）由中国银联和银联商务于2004年共同发起成立，是国内知名的会员预付卡服务公司之一。银商资讯基于POS、收银MIS、手机、互联网等多种渠道，提供预付卡项目运营、会员和忠诚管理、联合营销平台、顾问式咨询等服务。

银商资讯与沃尔玛、家乐福等国际零售企业在内的近500家客户建立了密切的联系，覆盖门店近3万家，应用终端超15万台，2011年当年新增发卡账户过亿，客户预付卡售卖金额超过400亿元，交易量超过4亿笔。

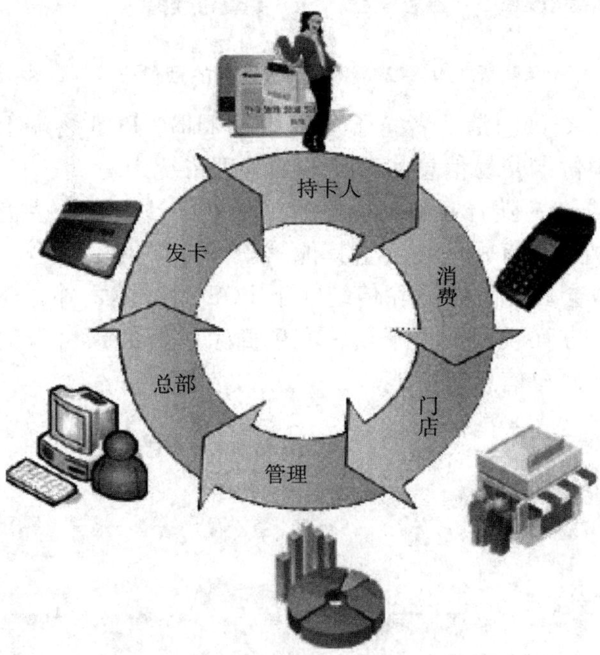

图10－11　银商资讯预付卡交易处理

银商资讯运营着目前中国最大的预付卡交易处理平台，主要用于各行业商户的预付卡业务的管理。平台可实现：集团卡统一标准、统一管理、统一账务；集团卡跨品牌、跨地区、线上线下的通用；集团卡片物流管理、卡进销存管理；集团卡走出集团使用及账务清分；外来卡统一受理及账务清分；各种卡、券类营销活动支撑等。

10.4.2　银商资讯预付卡流程

1. 售卡、充值等卡片管理类交易。卡券销售部门销售预付卡，通过一台能上网的普通PC登录“管理系统”，进行卡券激活操作。未激活前，卡券任何操作无效。预付卡管理部门通过管理系统，对卡片进行各种管理操作，实现对持卡人的各类服务。

图 10－12　银商资讯发行的预付卡

2. 持卡人消费、查询。消费者持卡券在收银 MIS、POS 终端上进行消费、余额查询等操作。门店的预付卡交易信息实时反映到管理系统中。

3. 网上支付、查询。随着互联网业务的广泛推广，现在众多商家都会涉及互联网业务，或者自行建立网上商城，或者与其他第三方互联网平台合作推广其产品。银商公司推广的预付卡或会员积分产品除传统线下 POS 消费模式外，还可利用商户现有的网上商城及其他第三方互联网销售平台，实现商家发行的预付卡的网上支付，并可提供持卡人网上查询卡账户信息等功能。

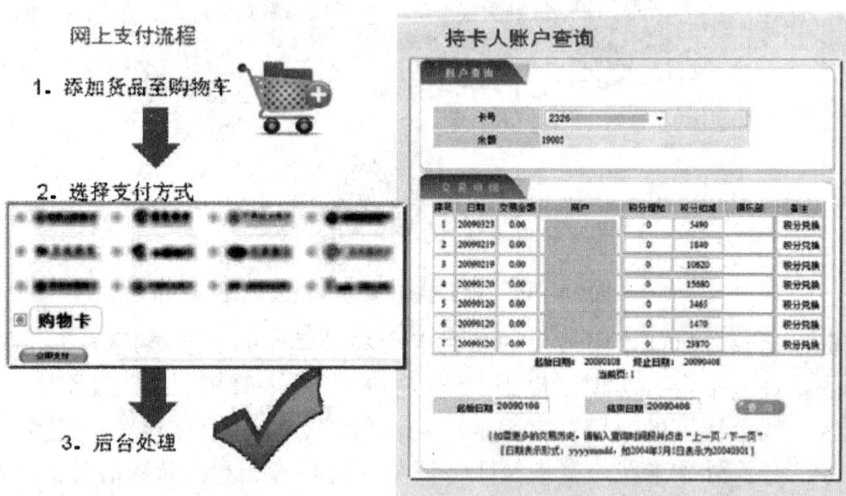

图 10－13　银商预付卡网上支付

为了满足商户网络购物和网上支付需求，银商资讯推出支付网关业务。可实现预付卡在线支付的系统平台。商户可自行设立电子商务网站，也可与其他网站合作，通过银商资讯系统平台完成预付卡的在线支付。

4. 报表提供。预付卡管理系统每日、每月自动生成各类型报表，为财务部门提供购物卡的充值、发售、消费等各种统计资料。

5. 封闭卡日常交易资金清结算。封闭卡的日常交易资金的清结算一般由商户根据预付卡管理系统提供的交易报表自行负责。若商户委托银商公司负责预付卡交易资金的清结算，则需要求商户将售卡资金进行监管，不能挪作他用。因为国家商务部要求封闭卡发卡商户需进行备案，商务部门对商户规模划分等级，对不同等级的商户要求其售卡资金不同比例的资金监管。

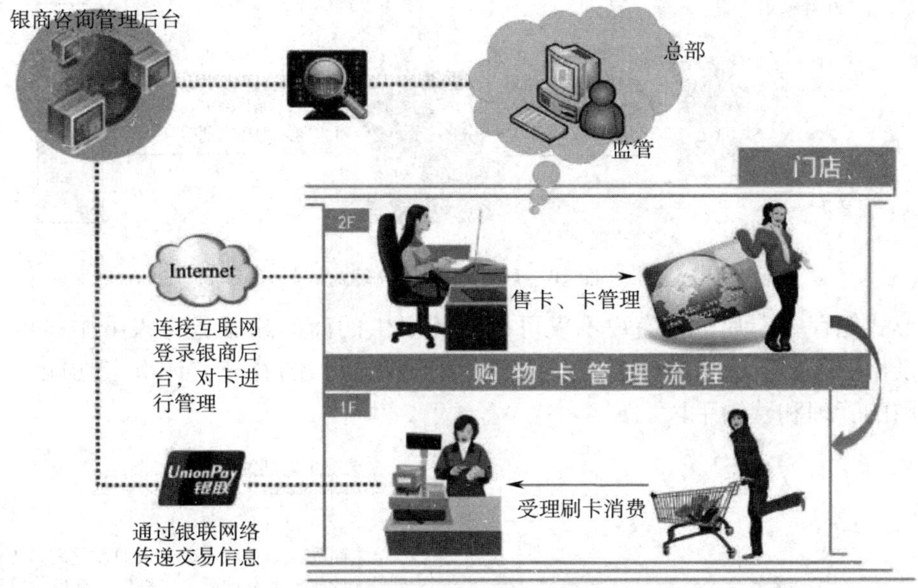

图 10－14　银商资讯预付卡流程

10.4.3　银商资讯预付卡产品

1. 飞券产品。区别于传统纸质的优惠券，飞券是一种以手机短信方式存储的电子券，此短信一般与手机号绑定，短信内容包含一串验证码。商户向消费者发送短信礼券，消费者持手机至商户处消费，结账时由收银员在 POS 端输入飞券验证码和手机号码后 4 位，即可享受相应的优惠或折扣。消费者也可根据广告信息发送短信主动获取此电子券。

2. 店外分销平台。预付卡店外分销平台，是银商资讯推出的，将众多发卡商户与零售机构有效结合在一起，实现预付卡跨行业、跨商户销售和结算的综合性营销和业务平台。

发卡商户只需接入分销平台即可利用平台的分销网络，在各个零售合作渠道销售其发行的预付卡。

3. 计次卡产品。计次卡功能是银商资讯为客户量身打造的一项新功能。它以原有的预付卡或会员卡为载体，在已具备金额或积分的基础上，增添了商品或服务，并以

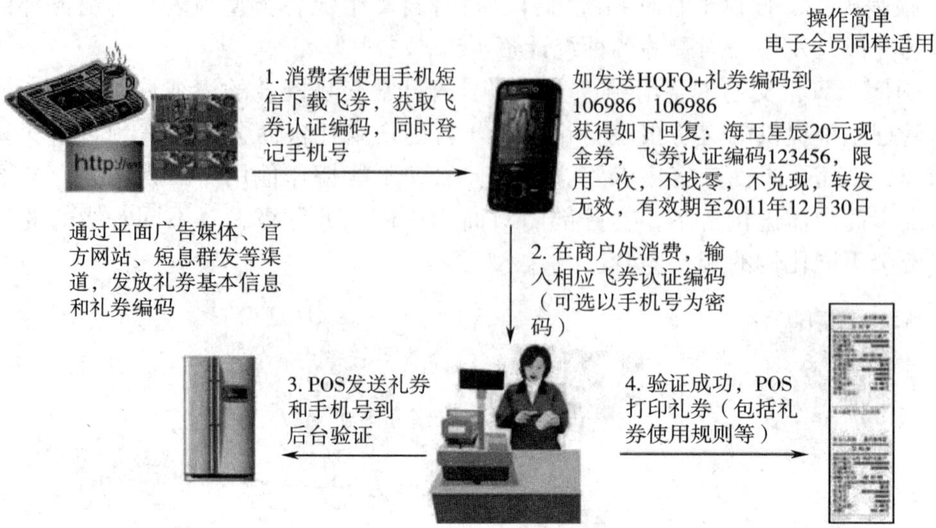

图 10－15　飞券业务模式

数量的形式储存在卡片中。商户不仅可以将所提供的商品或服务充入卡中，也可将优惠券、抵用券等置于卡中。作为对普通储值卡和积分卡的补充，计次卡功能是一个有效且实用的管理和营销手段。

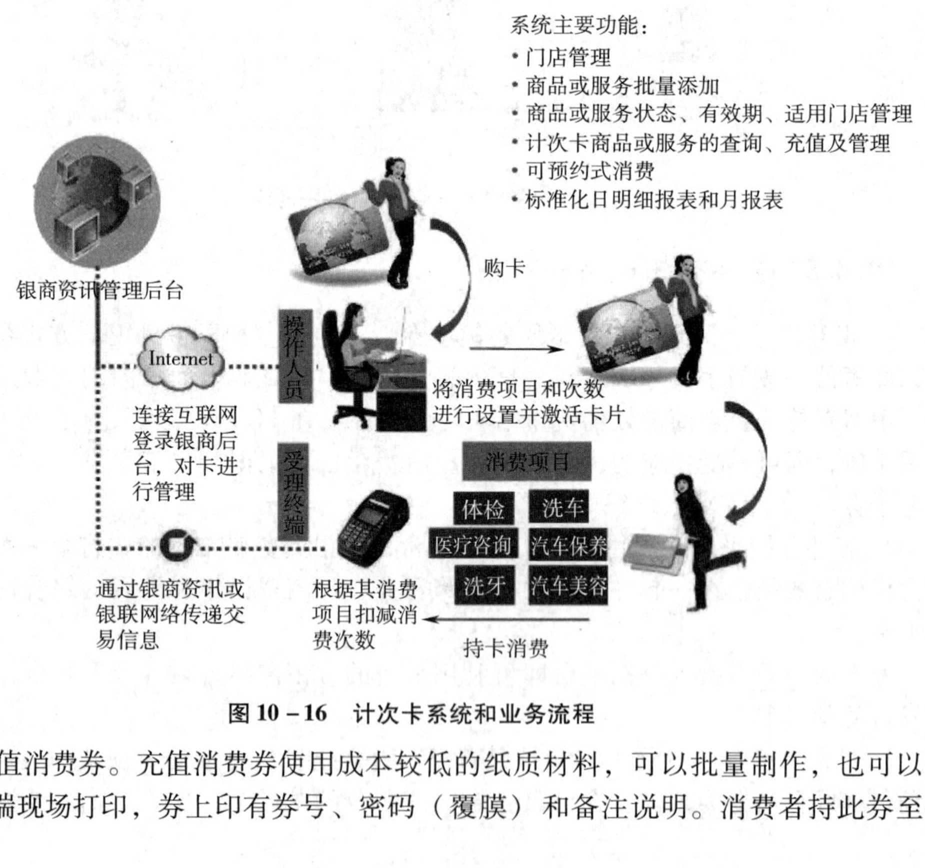

图 10－16　计次卡系统和业务流程

4. 充值消费券。充值消费券使用成本较低的纸质材料，可以批量制作，也可以通过与用终端现场打印，券上印有券号、密码（覆膜）和备注说明。消费者持此券至收银处，凭券号和密码便可在终端直接消费（一次性消费）；同时，也可登录商户网站使用充值消费券对预付卡充值。其优势在于：（1）降低制卡成本；（2）减少人力支出（无须反复充值）；（3）作为促销手段，增加额外销售。

图 10－17　充值消费券操作流程

5. 预付卡零售业务。预付卡零售功能，即利用预付卡交易终端 POS 实现预付卡的现场售卖或充值，协助发卡机构开拓预付卡个人零售市场，方便个人购卡，提高预付卡重复充值和使用率，实现小额零钞找零卡等功能，并可实现预付卡代售等延展性应用。

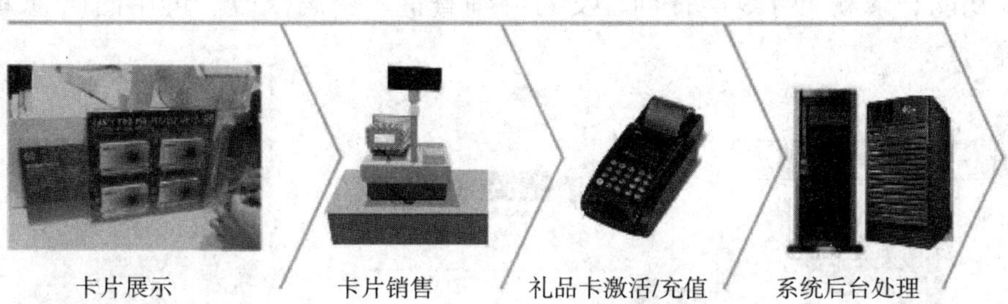

图 10－18　预付卡零售功能

例如礼品卡，在商业现场展示和售卖在发达国家已经成为预付卡发行的主流模式，能有力拉动个人礼品卡市场发展。其优势在于：（1）为商户带来增量的购物卡零售销售和受理收益；（2）扩展个人及企业零售礼品卡市场；（3）为消费者购卡提供更多选择；（4）锁定远期交易，增加营业收入；（5）购物卡资金沉淀、残值收入。

6. 福利卡。福利卡，是商户面向企业客户发行的预付卡，一般为记名制，并设有密码，该预付卡可在商户下属门店及指定受理商户使用。企业可向发卡商户采购福利卡，并可登录管理系统将员工福利发放到指定员工的福利卡中。员工持福利卡在商户处进行消费，方便快捷。优势在于：（1）锁定大型企业福利消费；（2）帮助企业简化福利采购；(3) 规范企业福利发放；(4) 满足企业员工多样化要求。

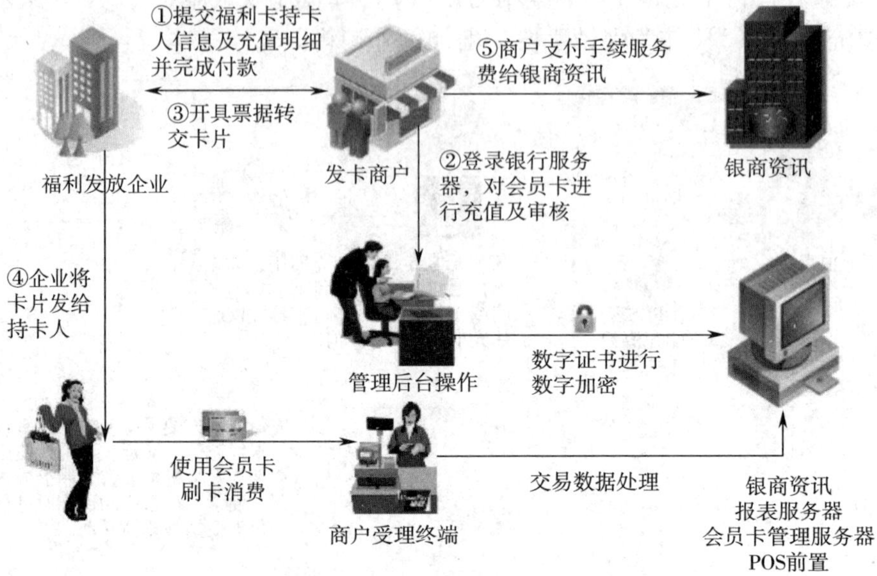

图 10－19　福利卡发放与交易流程

7. 手机预付卡。手机预付卡分为客户端 App 形式和网站 WAP 形式两种。网站 WAP 形式是主要用于满足无法安装或不愿安装手机客户端的持卡人。只需通过手机内置浏览器，输入手机网站网址 wap. upcard. com. cn，便可实现与手机客户端相同的功能。主要功能有余额和有效期查询、交易明细查询、密码修改、可用门店查询、充值券充值等。

图 10－20　手机预付卡

8. E 机通。E 机通是一个购物卡管理终端。它是针对广大中小商户推出的，可在一台 POS 终端上完成发卡、激活、售卖、消费、充值、结算、退货等操作。商户无须购买其他设备，在客服帮助下，可自行安装，并开通银商资讯标准预付卡服务。在为其特别定制的产品套装内含 POS 设备，标准购物卡，管理卡及相关说明文档。该产品优势在于：(1) 实施门槛低，投资小、收益高；(2) 全自助实施，方便快捷；(3) 操作简单，功能强大；(4) 完善的技术支持及售后服务。

9. 分销服务。预付卡分销，即通过预付卡分销平台和分销商，实现预付卡跨商户销售和销售结算。发卡机构只需接入分销平台即可利用银商资讯搭建的分销网络，由该网络下的各类预付卡零售合作渠道销售其发行的预付卡。

图 10－21　分销服务的角色

对于零售机构而言，开展分销服务占用空间少，单位收益高，且可以提供多样化商品种类。卡片种类多样，加入分销网之后卡片不会过期，不会过时，有利于吸引人气。而对于发卡机构则可以进行多渠道销售，增加售卖量，增加广告宣传的机会。

本章小结

本章通过对于预付卡概念的介绍，引入了预付卡的分类和监管规则。根据使用范围的不同，行业预付（储值）卡分为两类：单用途卡和多用途卡。对于两类卡的不同监管规则选择其重点作出了强调和解释。并进一步对预付卡的市场规模进行了趋势性分析，同时分别列举了两类卡的优势和特点。最后对于预付卡的运营进行了剖析，列举了银商资讯这个有代表性的第三方支付公司，详细描述了其业务范围和业务模式。

想一想、练一练

◎ 思考题

1. 什么是预付卡？它有哪几种类别？
2. 简述预付卡市场规模和发展趋势。

3. 在网络支付渠道，只允许预付卡用于哪三种情况？
4. 预付卡系统一般由哪几个主要部分构成？
5. 什么是银商资讯的飞券产品？

◎ 实训题

1. 列举身边各种预付卡，同时对其进行分类和介绍各自的特点。
2. 下载并安装一个简单的预付卡管理信息系统，并写出其使用报告。

第 11 章

银行卡收单

知识要点

✓ 收单业务的起源和银行卡组织
✓ 银行卡收单业务的特点及市场
✓ 中国的银行卡市场监管和特色
✓ POS 收单、收单系统和报文简介
✓ 第三方收单业务运营实例剖析

案例导读

携程信用卡泄密事件

“一大早刚开机，就收到我爸妈和朋友十几条短信，全是问我绑定携程的信用卡有没有被盗刷。”2014 年 3 月，章伟来到招商银行崇文门网点更换信用卡。他记得，第一次用信用卡在携程网买机票时，需提供信用卡卡种、卡号、有效期、CVV 码等完整信息，此后再买的话，只需提供卡号后四位及 CVV 码就能支付了，“当时我光想着便捷，但没想过携程会储存我的信息，一旦泄露，我可就悲剧了”。

让章伟紧张的是国内漏洞研究机构乌云平台的最新报告。乌云通报称，携程将用于处理用户支付的服务接口开启了调试功能，信用卡用户的身份证、卡号、CVV 码等信息有可能被任意黑客读取。

什么是 CVV 码？信用卡信息主要包含卡号、有效期、CVV 码等，其中打印在卡片签名区的 3 位 CVV 码又被称作“第二密码”，掌握着该卡的交易授权，即只要提供正确的 CVV 码，就能完成支付环节。中国银联风险管理委员会《银联卡收单机构账户信息安全管理标准》要求：“各收单机构系统只能存储用于交易清分、差错处理所必需的最基本的账户信息，不得存储银行卡磁道信息、卡片验证码、个人标识代码（PIN）及卡片有效期。”“交易网站保存银行卡的 CVV 信息相当于小时工偷偷配了你家的钥匙”，汽车之家创始人李想第一时间在新浪微博上表示。

而携程方面则回复称，按相关银行的支付规定，携程的部分银行用户交易时需提交CVV信息。用户在线上线下信用卡下单时，系统会询问是否保留相关信息，用户同意授权的话，携程会保存CVV信息。携程方面称其“符合PCI－DSS（第三方支付行业数据安全标准）规定，携程一直按照国际信用卡支付安全标准要求加密保存信用卡信息”。

携程的错在于不该随意存储CVV码。支付公司在用户付款过程中需要记录并转发给银行接口用户信息没错，但是将CVV记录在日志中，就破坏了安全性。

在线（线上）支付一般是指支付信息仅通过电子网络传递，且支付者无须到达支付现场的一种支付形式。而银行卡的有卡支付往往是需要支付者抵达现场刷卡，一般认为不属于在线支付，而是线下支付。

一般而言，银行卡收单业务通常是指线下的银行卡收单业务。收单当然也可以通过线上的形式（如上例中章伟在携程网上的交易）进行，但是在我们的分类体系中，往往认为线上的收单业务可以直接归入网络支付的范畴，而不是我们所指的传统意义上的收单业务。传统意义上的收单即线下收单，其又可以分为手工和电子两种。

11.1 银行卡收单业务概述

银联商务收单交易笔数连续五年蝉联亚太收单榜首

在中国所有收单机构中，银联旗下全资子公司银联商务为龙头老大。根据业界2018年1月的中国线下支付机构交易量排名统计，其中银联商务、拉卡拉、瑞银信位列前三甲，通联支付、银盛支付、卡友支付、海科融通、随行付、点佰趣、汇付天下成功闯入交易量排名的前十名。11～20名分别是易生支付、国通星驿、嘉联支付、付临门、和融通、杉德支付、中汇支付、乐刷、中付、现代金控。当然这只是一个月的历史数据，各家线下收单支付机构的排名都随着市场环境和经营状况在动态变化之中。然而我们可以发现截至2019年7月，银联商务的线下收单业务排名几乎永远都是第1名！这似乎也得到了其他数据来源的证实：全球支付行业权威市场研究机构“尼尔森报告”（The Nilson Report）2018年9月正式发布《2017年度亚太地区收单机构排名》，银联商务以高达53.8亿笔的收单交易笔数连续五年蝉联亚太收单榜首。

表11－1　　线下支付公司交易量排名变化情况表（2018年1月）

排名	2015年	2017年			2018年1月
		5月	7月	10月	
1	银联商务	银联商务	银联商务	银联商务	银联商务
2	通联支付	通联支付	拉卡拉	拉卡拉	拉卡拉

续表

排名	2015 年	2017 年			2018 年 1 月
		5 月	7 月	10 月	
3	拉卡拉	瑞银信	通联支付	通联支付	瑞银信
4	瑞银信	拉卡拉	瑞银信	瑞银信	通联支付
5	乐富	海科融通	海科融通	海科融通	银盛支付
6	中汇支付	乐富	随行付	随行付	卡友支付
7	快钱	随行付	点佰趣	点佰趣	海科融通
8	银盛支付	国通星驿	银盛支付	银盛支付	随行付
9	随行付	银盛支付	付临门	汇付天下	点佰趣
10	北京银商	上海德颐	易生支付	易生支付	汇付天下

资料来源：支付之家网（ZFZJ. CN）。

什么是收单业务？简单地说就是在银行柜台、ATM 或特约商户（POS）受理银行卡的取现和消费的业务。收单业务种类可以分为 POS 机收单和 ATM 自动取款机（Automatic Teller Machine）收单。其中 POS 机收单又可称为 EDC（Electronic Data Capture）收单。

人民银行对银行卡收单业务的定义是：银行卡收单业务，是指收单机构与特约商户签订银行卡受理协议，在特约商户按约定受理银行卡并与持卡人达成交易后，为特约商户提供交易资金结算服务的行为。

11.1.1　收单业务的起源

收单业务最早起源于美国，1949 年的一个中午，纽约曼哈顿的一个餐馆里，麦克纳马拉先生再次因为忘带钱包而陷入尴尬，他想这时如果有人来为自己付钱该多好啊，我宁可支付给这位好心人一点手续费的。于是他萌生了一个新的创意，创建一家公司，专门为顾客垫钱埋单，当然顾客的代价或者说提供服务的收益就是向商家或者顾客收取一定的费用。这个想法慢慢发展为收单业务和信用卡业务的思路，从而开辟了支付产业的一个革命性的时代。

1950 年，“大莱（Diners）俱乐部”创立（即大莱信用卡公司前身），这也标志着“通用信用卡的诞生”。大莱俱乐部首先说服一批餐馆、宾馆等商户加入，以此为基础在就餐者、住宿者人群中发展会员；为会员提供能够证明身份和支付能力的卡片，会员凭卡片可以记账消费。商户受理这些卡片交易后，定期把单据交予大莱，大莱扣除相应的手续费将资金支付给商户，这就是早期的“收单业务”。“单”就是客户签字的账单，在当时实际上就是“赊账单”。当时，商户手续费为 7%；虽然费率很高，但因为有保障的赊账，能为餐馆带来更多的客户及交易，餐馆愿意为此付出代价。收单最初的产生是为就餐者赊账提供便利，在某种程度上说，收单要早于发卡，这是因为在最初，大莱俱乐部只是向餐馆提供一份会员名单，即“有权赊账者”名单，并没有实质性的卡片。直到1958年，美国银行（Bank of America）发明了银行信用卡，称为美国银行卡（BankAmericard），该卡于1976年改名为维萨卡（VISA Card）。

11.1.2 收单业务的发展

（一）开放式收单

20世纪50年代，以大莱为代表的发卡机构在发卡的同时也拓展商户，大部分发卡机构拓展的商户只能受理自己发行的卡片，发卡机构同时向持卡人和商户提供服务。由于大部分收单交易是在同一个发卡机构的商户和持卡人之间发生的，即发卡机构和收单机构是同一机构，则称为“封闭式”的收单。可以想象一下，一个理想的收单系统或者说信用卡系统，是要有足够多的“消费者”和“商家”参与进来，这个“信用卡系统”才对各方都有吸引力。而要实现这一点，仅仅靠一家机构，效率是很低的，发展速度也不够快。这时可以考虑大家一起来做大这个市场。

1966年，美国银行开始在全国范围内有选择地许可一些银行运营美国银行卡业务，获得许可的银行可以使用“美国银行卡”的品牌独立发卡、签约商户和运营。而与其中任何一家特许银行签约的商户必须受理所有的美国银行卡。由于要多家银行一起来做，参与其间的银行，可能要扮演两种角色：一是要向消费者发放信用卡，这时是“发卡行”；二是要和商家签约收单，被称作“收单行”。而“开放式”的收单，则是指收单机构可以和发卡机构分离，可以不是同一机构。由美国银行发起和邀请其他银行加入的组织就是“VISA国际组织”的前身。随后，一些被美国银行排除在外的银行与美国银行卡竞争，成立了“银行信用卡协会”，即“万事达国际组织”的前身。

除了中国的银联之外，目前国际上有五大信用卡品牌，分别是威士国际组织（VISA International）、万事达卡国际组织（MasterCard International）、美国运通（America Express）、大莱信用卡（Diners Club）及JCB日本国际信用卡公司（JCB）。当然中国的银联卡也逐渐强大，据来自银联的《中国银行卡产业发展报告》显示，2013年，从各卡品牌全球交易额来看，VISA仍保持全球领先地位，银联超越万事达，位居第二，VISA、银联、万事达、美国运通市场份额占比达40%、31%、24%和5%。

（二）自组织模式

正是美国银行使用“特许经营”的商业模式，向全国发放其信用卡品牌“美国银行卡”（BankAmericard）的“营业执照”。在它的授权下，有意发展信用卡业务的银行，可以使用其品牌发行信用卡。同时，各授约银行的持卡人和签约商户互相承认。这种模式，形成了第一个银行信用卡网络体系。在这个模式中，“美国银行”是系统的支配者，拥有“信用卡系统的品牌”和“授权系统”的所有权。同时，可以对卡片发行、商户服务以及各种信用卡业务运营制定规则。

虽然这种“特许经营”的商业模式，及时解决了全国性银行卡发行和收单网络缺乏的问题。但是，它也有一些弊病：比如当时的大银行，如加州的“富国银行”和纽约的“大通曼哈顿银行”等，不愿意用“美国银行”的品牌发行信用卡。但是，如果像“美国运通”一样发展自身的“封闭式卡系统”，又需要从头开始签约商户和发卡，太消耗资源。

而且，在“美国银行”的信用卡模式里，它既是“品牌授权者”，又是“市场竞争者”，制定规则时难免从自身出发，导致其他银行不愿意遵从或无法遵从其规则。这也使得“被授权银行”不能适应当地市场需求，制定策略，不同银行间的信用卡同质化严重。

另外，当时的交易网络也比较原始，没有电子数据记录和电子清算系统。“发卡行”和“收单行”之间以手工和邮政系统方式清算。而“美国银行”又无法独力建立大型电子交易网络。此外，由于“美国银行”的信用卡部门人力不足，不能很好地解决安全问题，伪卡、盗刷卡现象很多。

20 世纪 60 年代，当时最大的两个信用卡联盟：“美国银行卡”和 MasterCharge（万事达卡前身）总共贷出 26 亿美元，但由于操作失误、伪冒等带来的损失，高达几亿美元。20 世纪 60 年代中后期，美国信用卡行业几乎走到了崩溃的边缘。

1968 年，在“美国银行”和“被授权银行”的一次会议上，来自“国家商业银行”的副总裁迪·豪克认为，“支配—控制式业务系统”是产生问题和混乱的根源。他提出对“美国银行卡”的业务系统进行重构，使用“分布式、自组织的业务系统”取代原来的模式（“自组织”即系统默契地根据某种规则，自动、协调地形成有序结构）。最终，他说服了“美国银行”按全新的商业模式，重构原来的“美国银行卡系统”成为一个新的、非营利的、由会员银行共同拥有的“会员制公司”，即新成立的“维萨国际组织”。

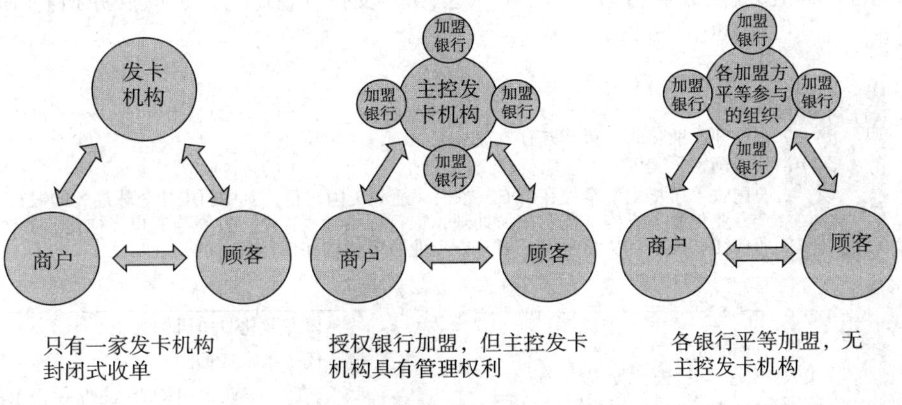

图 11－1　管理模式的转变

“维萨国际组织”不直接涉及发卡或收单领域的实际业务，这些业务完全由会员银行从事，因此，它和会员之间没有竞争关系。此外，“维萨国际组织”拥有一个全球电子交易结算网络，它只从事会员银行同意合作的那部分有限业务，如负责运营银行卡授权和清算系统、品牌推广、研究和开发等事项。它不以营利为目的，也不向会员发放股利，而是将盈余全部投入网络建设、扩展和维护。“维萨国际组织”的盈利来自两部分——“会员入会费”和“交易分成”。在每笔成功的交易中，整个信用卡系统收取3%～5%的“交易费用”，而维萨一般按10%的比例分享收入。

（三）产业链分化

20世纪80年代中期之前，从商户开发签约到资金清算划拨，所有收单业务都是由收单银行独立处理。20世纪80年代中期之后，开始出现非银行第三方银行卡处理商，为上游的收单银行提供除了资金清算和划拨之外的其他收单服务，收单银行专注于自身的核心业务，从而初步形成了银行卡收单产业链的上游和中游。产业链上游（收单银行）负责资金清算划拨。产业链中游（第三方处理商）负责商户开发签约、终端设备布放及维护、交易信息转接、交易信息清分处理、商户管理等。

21世纪，产业链中游进行了分化，产业链中游仅负责交易信息转接、交易信息清分处理、商户管理等业务。而出现了专业从事开发商户、并提供支付终端的专业化服务组织，即出现了产业链下游（专业化服务独立销售组织和资源支持商），其负责商户开发签约以及终端设备布放和维护。

（四）国外收单机构格局

各国银行卡收单市场经过50多年的发展，大致形成三种业务发展模式。

第一种是银行和专业化收单机构并存发展，以美国市场最为典型。美国收单市场的巨头是FDC（First Data Corporation）、摩根大通和美国银行，其中FDC是全球最大的银行卡专业化服务机构，其业务领域跨越银行卡收单、交易处理、外包服务等各个方面。它发展收单业务的一个成功之道是尊重银行对商户的控制权，采用和银行共同建立商户联盟的方式来拓展收单市场。FDC负责交易处理，银行提供销售支持，仍可发展与商户的多样化的金融业务往来关系，这样就发挥了第三方专业服务机构和银行各自的长处。

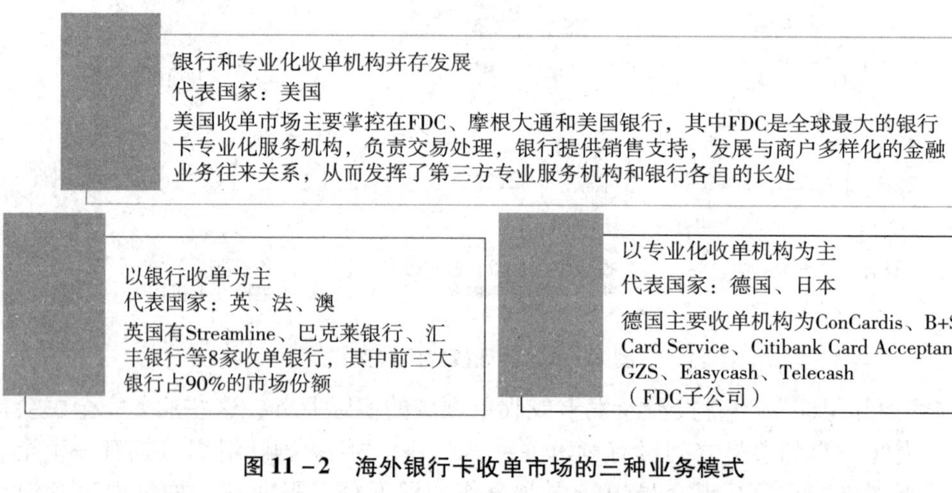

图11－2　海外银行卡收单市场的三种业务模式

第二种是以银行收单为主，如英、法、澳。英国有Streamline、巴克莱银行、汇丰银行等8家收单银行，其中前三大银行就占了90%的市场份额。

第三种是以专业化收单机构为主，如德国、日本。德国主要收单机构为ConCardis、

B+S Card Service、Citibank Card Acceptance、GZS、Easycash、Telecash（FDC子公司）。

从全球收单市场发展来看，北美地区以收单业务为主的付款处理服务行业已经高度集中和整合；欧洲地区整合度较弱，有十几家公司在争夺市场份额；而亚洲市场的情况比较特殊，独立的专门提供第三方支付服务的公司在收单行业尚未形成气候，银行卡收单业务主要被金融机构和卡组织包揽。

11.2　中国银行卡收单市场

11.2.1　银行卡

自“金卡工程”“联网通用”政策实施以来，我国银行卡产业实现了跨越式发展。中国银行业协会2019年6月14日发布的《中国信用卡产业发展蓝皮书（2019）》数据显示，2018年我国累计发行银行卡78.3亿张，其中，借记卡占主导地位，累计发卡量达68.6亿张；信用卡累计发卡量达9.7亿张，信用卡交易总额增长到38.2万亿元。2018年，信用卡活卡率达73.2%，人均持卡量0.7张，两项指标均处于历史高位。2019年4月22日，中国银联发布《中国银行卡产业发展报告（2019）》，作为解读国内银行卡产业现状与发展趋势的权威报告，《中国银行卡产业发展报告》自2003年首次发布以来已连续出版17载。报告显示，2018年银联网络转接交易金额占全球银行卡清算市场份额进一步提高，并继续保持全球第一。同时，银行卡发卡和受理规模进一步扩大，银联卡全球发行累计超过75.9亿张，银联卡全球受理网络已延伸到174个国家和地区，覆盖超过5370万家商户和286万台ATM，用卡增值服务不断丰富。

11.2.2　银行卡产业链

银行卡产业链是指参与银行卡业务的所有企业或机构所构成的功能网链。在这个网链结构中，商业银行是核心企业，是整个链条的龙头，通过利益共享的原则，它与制卡机构、发卡机构、收单机构、专业化服务机构等众多产业部门结合，它们通过业务关联组成银行卡产业集群。

在银行卡产业结构和价值链中主要包括四类参与主体：第一是整个产业的消费方——持卡人和特约商户；第二是整个产业的供给方，包括发卡机构、收单机构和银行卡组织，其中发卡机构可以是银行，也可以是一些非银行机构，如信用卡公司，及一些其他行业的企业，如旅行社、电信、石油、保险等公司；第三是中间供应商，包括机具、芯片生产厂商、系统供应和维护商，以及各类第三方服务机构；第四是整个产业的宏观管理者，即政府和行业管理者。具体而言：

（一）发卡机构

发卡机构的主要职能是向持卡人发行各种银行卡，并通过提供各类相关的银行卡服务收取一定费用。通过发行银行卡，发卡机构获得持卡人支付的信用卡年费、透支利息、持卡人享受各种服务支付的手续费、商户回佣分成等。

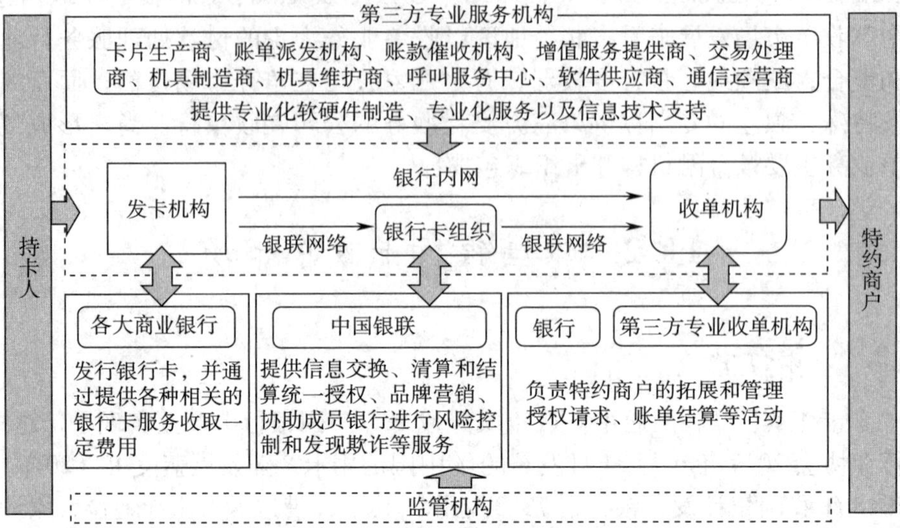

图 11－3　中国线下收单产业链（1）

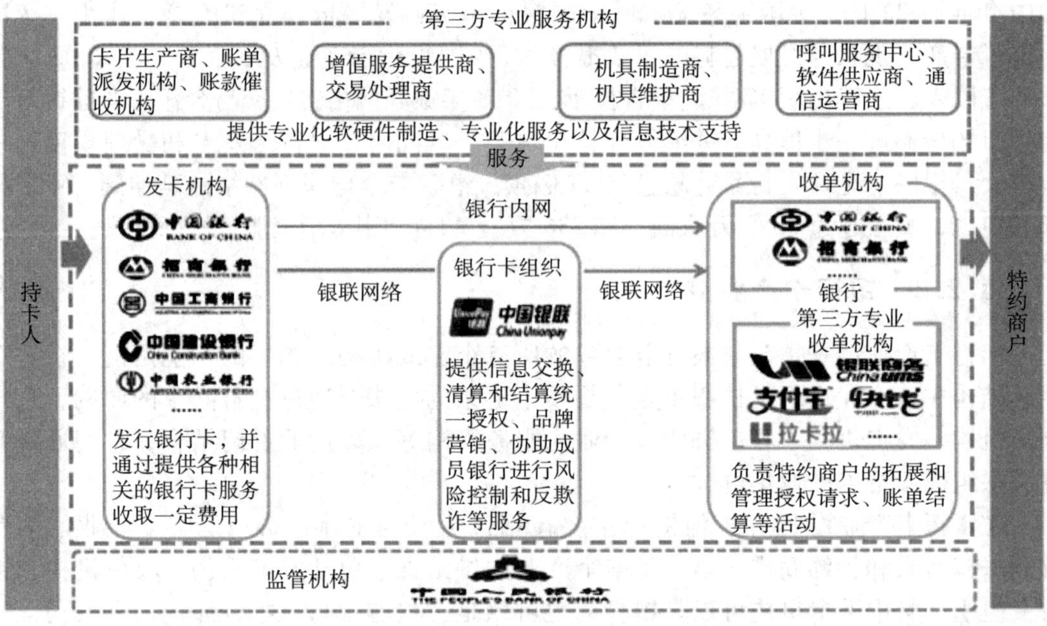

图 11－4　中国线下收单产业链（2）

（二）收单机构

收单机构主要负责特约商户的开拓与管理、授权请求、账单结算等活动，其利益主要来源于商户回佣、商户支付的其他服务费（如 POS 终端租用费、月费等）及商户存款增加。大多数发卡银行都兼营收单业务，也有一些非银行专业服务机构经营收单业务。

（三）银行卡组织

银行卡组织关键职能在于建立、维护和扩大跨行信息交换网络，通过建立公共信息网络和统一的操作平台，向会员银行提供信息交换、清算和结算、统一授权、品牌营销、协助会员银行进行风险控制及反欺诈等服务。

（四）第三方服务供应商

银行卡产业内的第三方服务供应商的种类非常广泛，涉及工业企业和服务类企业，有劳动密集型企业，也有技术密集型企业，它们分别为整个产业的消费方和供给方提供各类产品和服务。这些第三方服务供应商包括除银行卡组织以外的信息交换和转接业务机构、第三方金融服务公司、支付处理支援商等。其中信息交换和转接业务机构提供交易信息转接职能；第三方金融服务公司提供商户管理、设备维护、信用分析、交易清算以及相关咨询等专业化服务；支付处理支援商提供与银行卡产业相关的硬件、软件及相关服务。

11.2.3　银行卡收单政策环境与技术环境

在银行卡受理方面，银行卡受理终端数量基本稳定。截至2019年第一季度末，银行卡跨行支付系统联网特约商户2 461.76万户，联网POS机具3 235.42万台，ATM机具4 111.14万台。以这些物理机具为载体，银行卡收单环境也在不断完善之中。

（一）政策环境

从政策环境来看，主要有以下几点变化：（1）银联要求POS终端必须具备非接功能。银联标识产品企业资质认证办公室发出相关通知，自2015年7月1日起，所有新申请的银联卡受理终端安全认证或银联卡受理终端应用入网认证的POS终端需具备非接IC卡功能。在此之前申请通过的银联认证POS终端，在到期续证时也会被要求应具备非接IC卡功能。当下各种NFC支付的方案越来越多，对于受理终端的要求也越来越高。银联强制要求POS必须具备非接功能能在极大程度上改善了"闪付"的环境，在硬件设施完善的基础上，增强银联"闪付"对支付宝或微信"二维码"的竞争力。（2）取消信用卡超限费等。2016年4月15日，中国人民银行发布《中国人民银行关于信用卡业务有关事项的通知》，于2017年1月1日起正式施行，取消超限费、滞纳金等，并清晰界定现金提取、现金转账和现金充值等预借现金业务类型，规范管理相关要求。通知主要以改进信用卡服务和保障消费者合法权益为核心，取消滞纳金等费用，提高消费者使用信用卡的积极性，激活卡消费的市场活力。使用信用卡支付时，消费者对于便捷程度要求很高，POS收款终端必然会升级以满足消费者需求。（3）"96费改"。2015年8月10日，国家发展改革委会同人民银行、银监会、商务部与商业银行代表召开会议，提出了《中国支付清算协会〈关于完善银行卡刷卡手续费定价机制有关问题意见〉的征求意见函》并要求各家银行提出反馈意见，该方案已经获得国务院批复，并已经于2016年9月6日开始实施。通知将收单服务费由现行政府指导价7:2:1改为实行市场调节价，这有助于降低总体费用水平，扩大银行卡及第三方支付的使用范围，从而促进我国收单行业的规模增长。

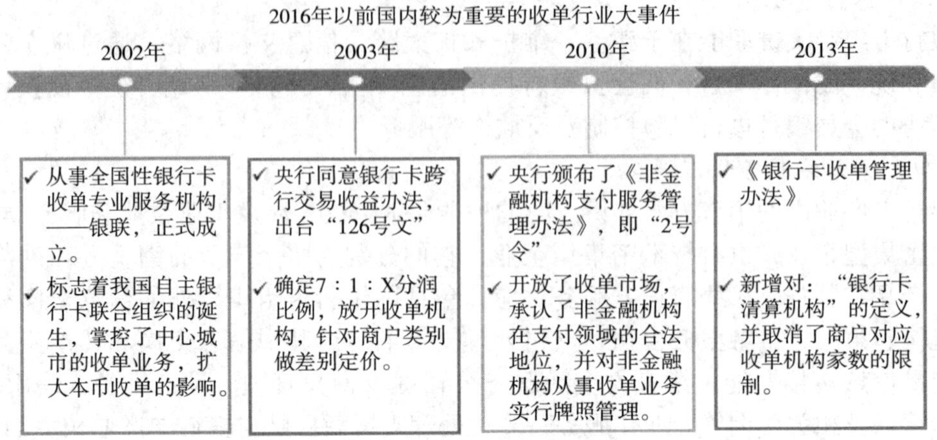

资料来源：艾瑞咨询，www. iresearch. com. cn。

图 11－5　政策环境（2002—2013 年）

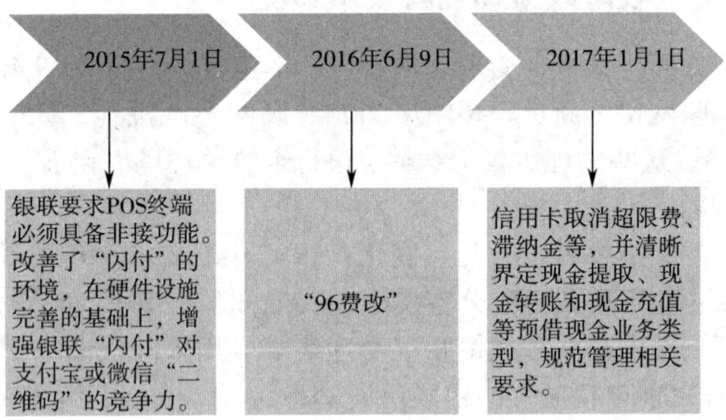

图 11－6　政策环境（2015—2017 年）

（二）技术环境

我国非现金支付交易规模持续稳定增长，以移动支付、刷卡刷脸支付为代表非现金支付的交易规模暴涨主要因为其在线下的场景极为丰富，涵盖了生活中的衣食住行各方面，国内消费者追求方便快捷的服务，习惯了在外出时只携带手机、银行卡，使用扫码、NFC 等方式支付。这种发展趋势对 POS 行业提出较高的要求，除了能满足消费者支付需求以外，如何将 POS 终端进行功能整合形成智能 POS 也是各个 POS 企业需要考虑的。国内 POS 机具的技术标准不断完善，为消费者交易过程提供了技术支持和保障。通过数据加密技术、数据签名技术、安全应用协议及安全认证体系等基础安全技术，使得支付过程中的用户信息及交易信息得到保护，确保安全。此外，基于 GPS 技术，POS 行业开发移动智能 POS，为持卡人提供更安全、更有效率的支付服务。智能 POS 可以利用大数据挖掘技术以及云计算技术，给商户提供多种功能，实现商家与消费者的多种互动，例如卡券派发，会员管理等更多更加强大的服务，给商户带来利润上的提升。

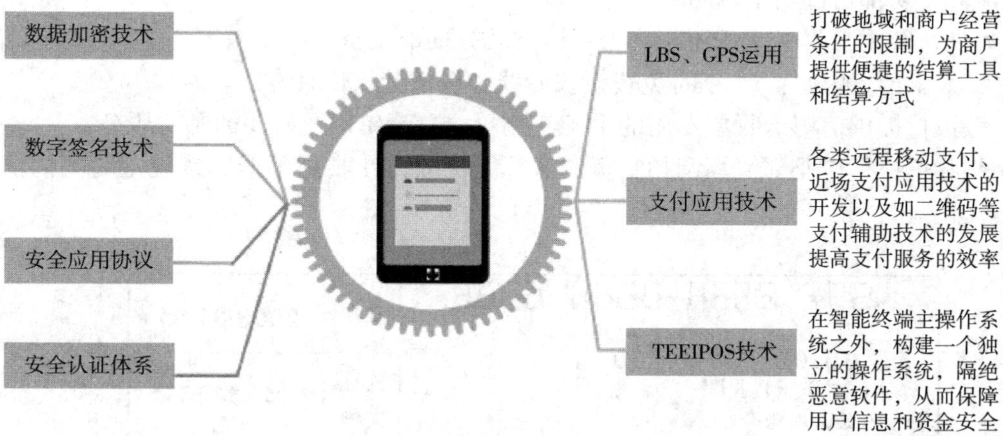

图 11－7　智能 POS 的基础技术

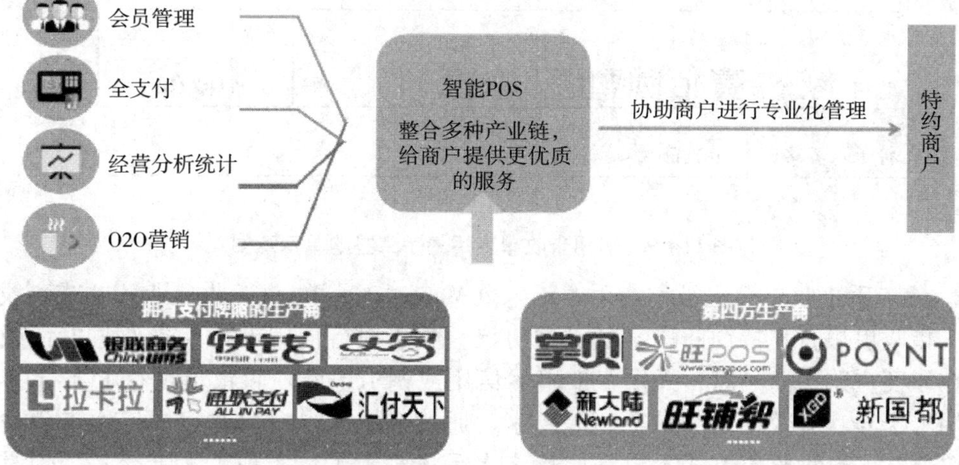

图 11－8　智能 POS 机的作用

11.2.4　银行卡收单方式和流程

（一）手工收单

在 EDC/POS 收单方式出现之前，一般采用手工方式的收单。其全部交易都采用手工方式处理，目前仍广泛应用于高档宾馆类商户的收单中。

1. 有卡手工收单。与一般 EDC 交易的区别在于以下几个方面：

- 授权：商户通过电话向收单行索要授权。
- 压单：商户手工压印签购单。
- 收单：收单行上门收单。
- 清算：收单行将手工签单上的交易资料录入系统进行资金清算。而 EDC 收单则支付清算一切都通过电子网络自动化进行。

另外，纯手工收单业务还需要得到以下几方面的支持：

- 人工授权中心：24 小时免费授权专线和取消授权传真专线。
- 银行提供信用卡收单专用的手工签购单、总计单以及必要的邮寄服务。
- 收单银行作业部清算调扣室负责清算、拨款，在收到单据后按规定时间内清算和拨款。

4392 2588 8888 8888 00/00 00/00 V XIANG RI KUI 持卡人姓名及账号	日期	2003.01.01
	授权号码	123456
特约商户名称、编号 XXXX大酒店 0211234567	交易金额	100.00
总额:（大写）壹佰圆整	总额	100.00

持卡人签名: 向日葵

招商银行 信用卡签购单 第一联 · 发卡行联

图 11－9 信用卡收单专用的手工签购单示意图

2. 无卡手工收单。也被称为手工输入（Manual Key Input）收单业务，或离线收单业务。指收单银行与特约商户签订受理协议，收单银行信用卡持卡人通过电话或传真方式在该商户购买商品时，无须客户出示信用或刷卡，商户收银员可在 POS 上手工输入信用卡卡号、有效期及交易金额等要素、通过系统取得授权并完成信用卡消费交易的收单方式。这种收单方式不再需要持卡人现场刷卡了，实现了无卡交易。但是在大部分情况之下，仍然属于手工收单。

其特点为：

- 目前仅对无法安装 POS 设备的场所开放，且所有拟签约商户均须报收单银行审批（依各收单行规范执行）。
- 客户无须出示卡片或刷卡，亦无须在签购单上签名即可完成交易，具有一定的风险。
- 一旦客户出现拒付且协调无效，所有的损失由商户承担。

（二）POS 机收单

1. 收单流程。POS 机收单业务交易及结算流程可以归纳为以下几个步骤：

- 收银员审查银行卡，刷卡输入交易金额。
- 持卡人确认消费金额并输入交易密码。
- 交易信息通过中国银联转送至发卡机构。

• 发卡机构系统检查卡片有效性、验证密码和账户余额，并发送交易处理结果信息（通过检查和验证后扣减持卡人账户资金并发送成功信息，未通过发送失败信息）。

• 中国银联把交易处理结果信息返回给受理机具。

• 若交易成功，受理机具打印单据。

• 持卡人在消费单据上签名，收银员保管好交易单据。

• 中国银联每日晚 11：00 进行日中处理，按成员机构代号进行轧差清算（含交易金额和交易手续费），次日通过现代化支付系统直接拨收（拨划或划收）成员机构清算资金。

• 成员机构次日从中国银联下载商户交易明细，对商户进行资金入账（已扣减交易手续费）并向特约商户提供交易明细。

与手工收单不同，POS 机收单的交易信息是通过电子方式进行传递的。首先 POS 机把卡片信息送收单机构，然后收单机构通过卡组织从发卡行取得授权，回复给 POS 机。之后打印单据，列明卡号、授权号等要素，在持卡人签字后完成收单流程。这里充分利用了电子手段进行了加密、传输和鉴权、授权的一系列操作，比手工方式减少了环节，提高了效率。

注意到在这个过程中，卡组织的转接作用是非常关键的。在中国，这个组织就是中国银联，它利用自身的银联跨行交易清算系统，实现商业银行系统间的互联互通和资源共享，保证银行卡跨行、跨地区和跨境的使用。

2. 收单分润。在传统线下收单业务模式中，由商户支付 POS 机刷卡的手续费。而这个手续费则由发卡行、收单行（主要是银行、银联商务和第三方支付企业）、银联按照 7:2:1 的方式进行分成。如果消费者拿着工行的卡到农行布设的 POS 机上刷卡消费，产生了 10 元的手续费收入，那么工行拿走 7 元，农行拿走 2 元，银联赚走剩下的 1 元。

<table>
<tr><th colspan="2">利益分配方</th><th>发卡行</th><th>收单行</th><th>银联</th></tr>
<tr><td rowspan="6">POS交易</td><td>宾馆/餐饮/娱乐/珠宝/工艺品</td><td rowspan="6">7</td><td rowspan="6">2</td><td rowspan="6">1</td></tr>
<tr><td>一般类商户</td></tr>
<tr><td>航空/加油/超市</td></tr>
<tr><td>房地产/汽车</td></tr>
<tr><td>批发类商户</td></tr>
<tr><td>公立医院/学校</td></tr>
<tr><td colspan="2">ATM取款</td><td>支付3.6元/笔</td><td>收取3元/笔</td><td>收取0.6元/笔</td></tr>
<tr><td colspan="2">ATM查询</td><td colspan="3">暂不收费</td></tr>
</table>

图 11－10　刷卡手续费的分配比例 7:2:1

3. “96费改”。“96费改”指的就是人民银行和国家发展改革委讨论的银行卡刷卡手续费定价改革，2016年3月，国家发展改革委和人民银行发布了《关于完善银行卡刷卡手续费定价机制的通知》，对银行卡收单业务的收费模式和定价水平进行了重要调整，于2016年9月6日正式实施，因此被业内称为“96费改”。它是中国支付行业有史以来最大的一次刷卡手续费变革。

“96费改”着眼于收单行业内套码、切机、信用卡套现、渠道套用等根深蒂固的违规现象，从市场定价、统一商户类别、借贷分离等角度进行对治。主要影响为以下三点：(1)“统一费率，借贷分离”。在费改前，商户按行业被划分成四大类，不同的行业收费是不同的，餐饮娱乐类手续费最高，为交易金额的1.25%；百货等一般类是0.78%；超市、加油站等民生类是0.38%；医院、教育等公益类的则是零费率。新规实施以后就不再区分了，所有商户费率都一样。从部分银行公布的费率来看，调整后的商户费率水平分别为：借记卡是交易金额的0.5%；贷记卡为0.6%。总体上来看手续费的确是下降了，但是这并不是给消费者省下的，因为这个收费是向商家收取的。所以，这次降低费率受益的人不是持卡人而是商家，换句话来讲，也就是说给这些中小企业降成本。(2)信用卡刷卡费率“上不封顶”。“96费改”后，借记卡、贷记卡费率不一样，刷信用卡的费率要高于刷储蓄卡，这就导致商家更乐于接受储蓄卡。新规还规定储蓄卡的收费是有限的13元，但是刷信用卡的手续费是“上不封顶”的，这就意味着一旦遇到信用卡大额消费，商户费用就会大大增加。(3)收单机构的服务费改由市场议价。“96费改”在一定程度上会冲击现有的收单行业的格局，因为新规提到，收单机构的服务费由政府指导价改为市场调节价。这就意味着，本来已经白热化的第三方支付收单市场会迎来更加激烈的洗牌。

表11-2　《关于完善银行卡刷卡手续费定价机制的通知》实施前后费率变化情况

项目	费率类别	收费区间		不同行业
		借记卡	贷记卡	
调整前	发卡机构	0.7%		政府根据商户行业进行管控
	清算机构	0.1%		
	收单机构	0.2%		
调整后	发卡机构	不高于0.35%，封顶不高于13元	不高于0.45%，上不封顶	各行业收单费率将趋于一致由市场定价
	清算机构	0.0325%		
	收单机构	与商户自主协商		

注：艾瑞咨询根据央行下发通知整理而得。

资料来源：艾瑞咨询，www.riesearch.com.cn。

“96费改”最大的变化就在于服务费分配之前发卡行、收单机构和清算机构按7:2:1的固定比例分配。现在改为：

- 发卡行不得超过交易金额的0.45%或0.35%；

• 清算机构分别向发卡行和收单机构收取，收取总比例为不超过交易金额的0.065%，发卡机构和收单机构各承担50%，也就是各承担交易金额的0.0325%，同时，清算机构单笔收取费用不得超过6.5元；

• 收单机构收取的收单服务费由现行政府指导价改为实行市场调节价，由收单机构与商户协商确定具体费率。

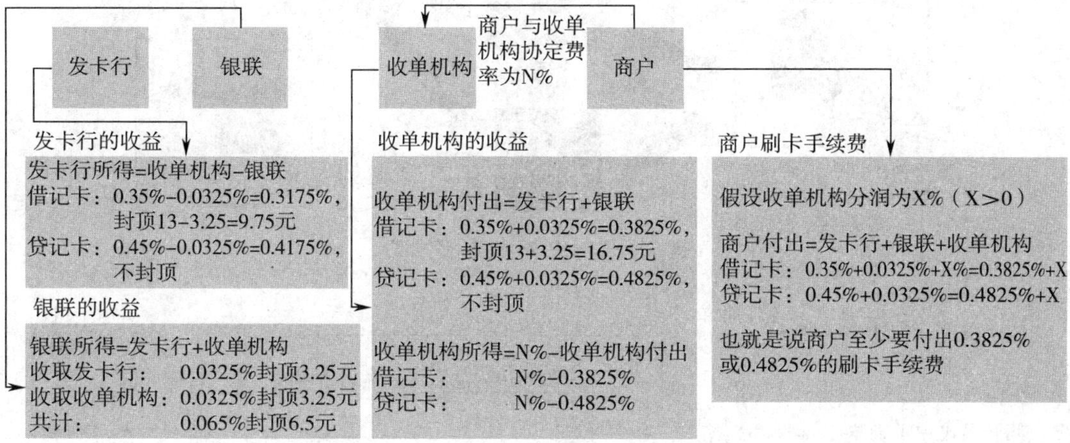

图11-11 银行卡收单每个参与者角度计算自身的所得与付出（2016年“96费改”之后）

“96费改”之后影响很大，其中受益的是广大商家，尤其是小微商户，刷卡费率从之前的1.25%~2%下降到了0.6%左右。而第三方支付则竞争更趋激烈。

4. 连接模式。目前的收单模式主要分直联和间联两种。

POS直联是指从POS终端机直接连接到银联主机，当持卡人持银行卡（发卡行B）消费的时候，交易信息直接发送给发卡行B，收单行A不会得到相应的信息。目前商户和银联签订的POS机一般都是这类。

POS间联是指从POS终端机连接到收单银行（A）的主机系统，当持卡人持银行卡（发卡行B）在POS机上跨行消费的时候，交易信息先发送给收单银行A，再发送给发卡银行B。目前银行和商户签订POS机协议的POS机都是这类间联的。

银行和银联在发放POS机业务上属于竞争关系，主要是与利益的分配有关。随着上百张第三方支付牌照的发放，第三方支付公司也发力POS机支付业务，市面上也存在很多第三方的POS机。

直联模式大多存在于网上支付，线下收单多为第三方运营商间联模式。

由于获得牌照的第三方支付机构也可以布放或改造POS设备，接纳自己发行的预付卡，形成和银行、银联竞争的态势，所以目前的局面较为复杂和微妙。从长远来看，市场环境已经很明确，银联可能需要全面市场化，至于市场化的途径，目前还很难预测。至少银联的支付业务部门有可能演变成为和第三方支付机构相竞争的处于同等地位的一家市场化公司。

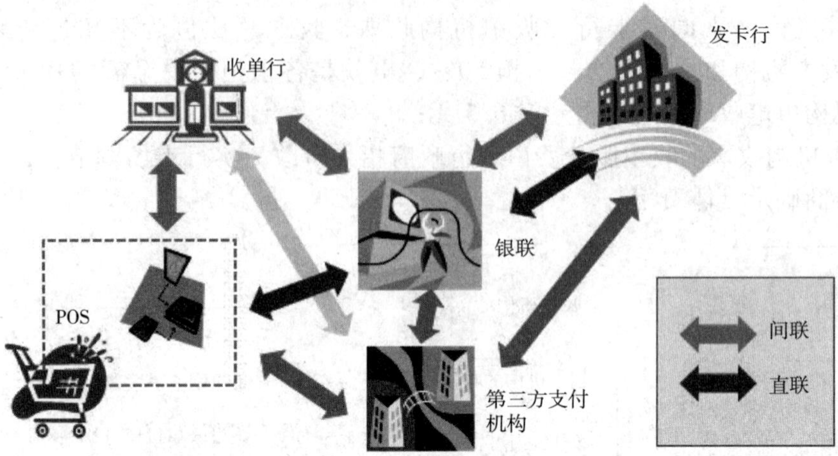

图 11－12　POS 机连接方式

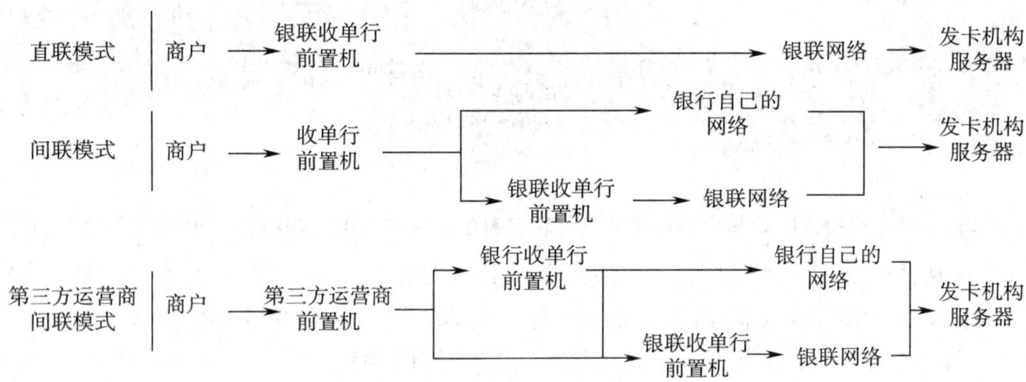

图 11－13　POS 机收单业务模式

图 11－14　第三方支付公司 POS 界面

11.2.5　收单市场新监管政策

针对银行卡收单市场出现的新情况、新问题，人民银行于2013年7月5日开始实施《银行卡收单业务管理办法》。该管理办法有以下一些特色：

（一）范围扩大到网络收单

该管理办法规范的收单业务不仅包括传统的通过实体受理终端发起的收单业务，还包括通过网络渠道发起的新型收单业务。办法强调了银行卡受理协议的签订，以及收单机构按约定承担银行卡交易资金结算责任两项核心业务的实质。其中规范的除了收单业务中的传统的通过实体受理终端发起的收单业务，还正式将网络渠道发起的新型收单业务归入管辖范围内。所基于的认知是，在线上线下业务逐渐融合难以区分的今天，渠道和终端的确只是业务发起的不同方式，业务本质仍相同。

（二）收单机构可以直连发卡机构

收单机构将交易信息直接发送发卡行的，应遵守发卡行与相关清算组织的协定，且与发卡行签订合作协定。

这一点具有政策上的突破性，此前收单机构被要求必须接入相关清算网络组织，而现在认可了目前部分机构将交易发送发卡行的事实。央行并没有正面肯定收单机构是否可以直连发卡行，但未明确禁止意味着有条件许可，这一条文或许对未来市场格局会产生深远影响，也被市场理解成清算转接市场开放的前兆。

【小知识】　　**跨法人交易转接与资金清算**

我们经常听到或看到“央行允许收单结算直连银联称跨法人交易不得绕过银联”等说法。那么什么是跨法人交易转接与资金清算呢？简单地说就是企业或机构之间的资金清算需要通过一个中间机构进行转接，在中国这个机构就是银联。

在银行卡收单业务中，第三方支付公司部分线上收单业务已经不走银联通道，直接将交易信息发送至发卡银行，但线下收单业务，还是要通过中国银联中转，将交易信息发送至发卡银行。银行卡收单业务的利润主要是结算手续费，经银联中转，银联可分得一成手续费。

从技术上，第三方支付和银行之间的清算已经完全不需要通过银联。而在央行7月发布《银行卡收单业务管理办法》也没有明确，第三方支付公司的清算业务是否都需通过银联。银联于2013年8月13日召集第三方支付公司召开收单办法解读会议，会上强调了跨法人交易发送方式不得绕过银联。其依据是：收单机构将交易信息直接发送发卡银行的前提是“发卡银行遵守与相关银行卡清算机构的协议约定”，根据《银联卡业务运作规章》，银联卡跨行交易应统一送中国银联处理，所以跨法人的交易不能绕过银联。而目前，国内商业银行发行的借记卡与信用卡大多数都是与银联合作发行，因此银联自然就成了无法跨越的一环。

（三）个体账户可以接受信用卡

考虑到目前持有个人银行结算账户的个体工商户、网络特约商户对受理信用卡的诉求日益强烈，且近年来最高人民法院、最高人民检察院已就信用卡套现等若干问题出台了司法解释，强化了对信用卡风险的法律制度约束，也为信用卡更加广泛的使用提供了制度保障，该监管办法取消了原关于以个人银行结算账户作为收单银行结算账户的特约商户不得受理信用卡的规定。同时，根据风险管理要求，收单机构应对高风险商户、高风险交易加强风险管理，如采取交易限额、建立商户风险保证金等措施，切实防范信用卡套现等风险。

（四）"一行一户、一柜一机"消失

一户一行或两行、一户一机的要求，在新的《银行卡收单业务管理办法》中消失，对于收单机构和商户均是利好消息：一是政策推动自由市场竞争，大大扩大了收单机构的市场拓展空间；二是对于特约商户来说可以拥有多元化的选择；三是肯定了目前商户因受理银行卡、预付卡、外卡的多机并存现实。在商户和收单机构关系上，不再是一一对应的关系，而可以是多对多的关系。

（五）不得向持卡人转嫁手续费

收单机构不得向持卡人转嫁特约商户应承担的刷卡手续费，且应通过协议要求其特约商户不得因持卡人使用银行卡而向其收取或变相收取附加费用，或降低服务水平。

（六）结算账户有严格限定

除个体工商户和自然人网络商户可结算至其同名个人银行结算账户外，其他特约商户受理银行卡交易的资金结算，收单机构必须为其结算至特约商户的同名单位银行结算账户，或特约商户指定的、与其存在合法资金管理关系的单位银行结算账户。

（七）责任不因业务外包而转移

收单机构应制定收单业务外包管理办法，并对收单业务和外包服务业务分别管理，且收单机构作为收单业务主体的全部管理责任和风险承担责任不因外包关系而转移。收单机构若同时提供收单外包服务的，应当对收单业务和外包服务业务分别进行管理。这些都肯定了收单业务中的外包行为。

但收单机构应当自主完成特约商户资质审核、受理协议签订、收单业务交易处理、资金结算、风险监测、受理终端主密钥生成和管理、差错和争议处理等业务活动。以上这些业务内容原则上不得外包，但随着银行卡市场专业分工日益细化，这些业务的外包也没有明令禁止。

另外，对于市场来说，这一规范相当于降低了收单业务准入的门槛，一些暂时未获得支付牌照而实质上开展业务的机构，可以与现有牌照机构以外包的形式进行业务合作。

（八）对实体商户不得跨地域收单

收单机构应当对实体特约商户收单业务进行本地化经营和管理，通过在特约商户及其分支机构所在省（区、市）域内的收单机构或其分支机构提供收单服务，不得跨省（区、市）域开展收单业务。

（九）不能保存客户敏感信息

收单机构不得以任何形式存储银行卡磁道信息或芯片信息、卡片验证码、卡片有效期、个人标识码等敏感信息，并应采取有效措施防止特约商户和外包服务机构存储银行卡敏感信息。因特殊业务需要，收单机构确需存储银行卡敏感信息的，应当经持卡人本人同意，确保存储的信息仅用于持卡人指定用途，并承担相应信息安全管理责任。

11.3　银行卡收单运营案例

11.3.1　拉卡拉支付概况

拉卡拉公司是目前中国拥有最大线下支付网络的第三方支付公司。拉卡拉公司成立于2005年，当时由联想投资、雷军和孙陶然三方共同出资，开发中国第一个电子账单服务平台，在前期模式和业务的探索阶段，拉卡拉还只是帮助银行做网络、账单、IT服务。

2010年12月，联想控股收购拉卡拉外资股东的股份，成为拉卡拉的控股股东，属于联想控股成员企业。公司在2011年第一批获得中国人民银行颁发的支付业务许可证，是目前中国最大的线下支付公司。在2013年8月拉卡拉完成集团化结构调整，下设拉卡拉支付公司、拉卡拉移动公司、拉卡拉商服、拉卡拉销售和拉卡拉电商公司。拉卡拉总部位于北京，在上海、广州、深圳、成都、长沙等地设有分公司，在50个城市设有分支机构。拉卡拉集团致力于为个人和企业提供日常生活所必需的金融服务及生活、网购、信贷等增值服务。

拉卡拉是中国便民金融服务的开创者及领导者，拉卡拉在全国超过300个城市投资了超过10万台自助终端，遍布所有知名品牌便利店、商超、社区店，每月为超过1 500万人提供信用卡还款、水、电、煤气缴费等公共缴费服务。

2007年9月，拉卡拉与平安银行签署战略合作协议，双方在电子账单以及信用卡还款展开合作。随后，拉卡拉陆续与其他商业银行展开了类似的合作。拉卡拉已经与中国银联以及包括工、农、中、建四大国有商业银行在内50余家银行建立了战略合作伙伴关系。在任何一个拉卡拉便利支付点，利用拉卡拉的智能刷卡终端，用户可以使用带有银联标志的借记卡为指定信用卡进行还款，支持所有银行的借记卡及拉卡拉签约服务银行的信用卡。

拉卡拉董事长孙陶然表示，拉卡拉的发展分三个层次，1.0阶段是日常金融类服务，如余额查询、信用卡还款、转账汇款等；2.0阶段指生活类服务，包括机票、演出票、彩票、租车等；3.0阶段则是便利购物服务，拉卡拉将引入像京东、凡客、携程、艺龙这样的精品商户，让用户更为方便地购买一些产品。

2013年8月，拉卡拉完成集团化结构调整，下设拉卡拉移动公司、拉卡拉支付公司、拉卡拉电商公司、拉卡拉商服公司、拉卡拉电销公司、拉卡拉营销总公司和正在筹建中的拉卡拉金融公司。9 月，拉卡拉推出开店宝，它是集“支付、生活、网购、金融”于一体的社区金融及电子商务平台，通过线下与线上的无缝融合，推进社区便民电子商务的发展，拉卡拉正式步入 3.0 时代。

11.3.2 拉卡拉支付的盈利模式

拉卡拉的服务很少对普通用户收费，其盈利目前来自两方面：

1. 手续费。通过在终端机上的交易对收款方收取一定手续费。

2. 增值服务。是利用拉卡拉的渠道为商户提供其他增值服务，比如广告收入。更重要的是市场占有率，一旦拉卡拉在终端市场份额达到一定规模，便可以在这些网点上开发出各种各样的盈利模式。

最初，拉卡拉的业务还是集中在信用卡还款上。拉卡拉把自己定位在产业链条的中间环节上，帮助银联和商户建立合作关系。简而言之，拉卡拉负责网点签约、终端购买、设备维护，银联负责监控后台的整个操作流程。拉卡拉只是赚取手续费，产业链地位上并不独立，而仅起到了一条新的通道的作用。

但是随着企业的发展和市场环境的变化，拉卡拉正在对自己的市场位置进行重新定位，有望借助增值服务，凭借强大的线下终端布放量，找到自己的强势话语权。

11.3.3 拉卡拉产品和流程

拉卡拉的产品和服务主要依托其拉卡拉电子账单服务平台。该平台提供的服务不是经过互联网，而是通过固话专线连接银联和银行，保证了资金转移的安全性。拉卡拉布放的智能终端都经过银联和银行卡检测中心认证，采用金融级交易加密技术，所有个人信息在交易中都是加密传输且仅在固话网络专线中传输，对于交易安全和交易效率都有保证。由于拉卡拉一直是通过银联转接来开展业务的，即只接受银联卡，其交易通道完全使用银联也保证了其交易的真实可靠性和可追溯性。以 2010 年 7 月为例，流量为 449 万笔，当月交易金额 54 亿元。

1. 拉卡拉便利支付点 POS。截至 2011 年 7 月底，拉卡拉在全国 280 多个城市建设了超过 5 万个拉卡拉便利支付点，并以拉卡拉家用刷卡机的方式进入超过 15 万户家庭，用户总数超过 2 000 万人，月交易笔数达 1 000 多万笔，月交易金额超 200 亿元。拉卡拉便利支付越来越贴近用户。2014 年世界杯期间，拉卡拉已布局 300 多个城市，拥有 30 万个线下网点，遍布城区的便利店、超市和社区店。快客、好德、7－11、华润万家、沃尔玛、海王星辰、国美、中石油、昆仑好客等近百个知名连锁品牌店安装了拉卡拉，在京、沪、广、深、成都、南京、杭州等 38 个大中城市，拉卡拉的密度都超过了邮局的 3 倍。同时，拉卡拉还进驻了上万家银行营业厅、数万个办公室，搭载进上万台 ATM，为办公区、繁华居民区的持卡人提供贴心服务。

拉卡拉 POS 的装机和使用流程如图 11－15 所示。

其产品优势在于：一机多用，收款、便民金融服务同时进行；交易资金 T＋1 结算；专业人员上门服务，安装手续只需 3 天；耗材费、固定 POS 交易通信费全免；机

图 11－15　拉卡拉 POS 机装机流程

具免费维护，全年开通 24 小时客服热线。

2. MINI 家用刷卡机。家用刷卡机可以让消费者足不出户，即能在家自助完成还款、缴费、充值、付款，MINI 拉卡拉家用刷卡机于 2010 年 4 月面市，这是拉卡拉公司专门面向家庭用户和个人而设计研发的，涵盖拉卡拉便利支付点具备的所有功能。

功能简介：

- 信用卡还款（支持 50 多家银行）
- 拉卡拉支付（手机号汇款、账单号付款、公益捐款、账户直充）
- 手机充值（移动、联通、电信）
- 淘宝网购物付款
- 支付宝账户充值
- 采购游戏点卡
- 银行卡余额查询
- 公共事业缴费

拉卡拉在交易中采用一机一密、一次一密的安全措施，通过了银联的安全认证。所谓一机一密就是每台刷卡机拥有唯一独立的主密钥。而一次一密是指每笔交易产生新的工作密钥。

3. 手机刷卡器。2013 年 7 月国内最大智能手机厂商联想宣布携手拉卡拉推出其定制版手机刷卡器，同时将在超过千万部联想智能手机中预装拉卡拉客户端。联想定制版手机刷卡器采用了全新的外观设计，体积比通常版本的拉卡拉手机刷卡器更为小巧，同时材质和形状都进行了改良，全新的透明刷卡槽看起来更为时尚，用户刷卡也更加方便。预计第一批上市达到 50 万部，全年将超过 1 000 万部。

通过定制版手机刷卡器，联想手机用户将可以随时随地享受查询、转账、还款还贷、手机充值、网购支付、水电煤缴费、交罚款、彩票、电影票等多项便利的金融服务内容，预装的客户端与拉卡拉现有客户端每两周同步迭代更新一次，对业务功能进行更新和优化。联想智能手机国内市场份额居第二位，拉卡拉手机刷卡器也以83.5%的市场份额在同类产品中占据绝对优势（2013年7月数据），因此双方的此次合作也被业界视为两大企业强强联手双方在合作中发挥各自的优势，让联想手机的用户能够通过手机刷卡器直接享受还款、转账汇款、查询、手机充值等二十几项金融服务，进一步提升了用户体验。

4. 拉卡拉充值支付宝。由于支付宝线上支付的霸主地位，加之拥有淘宝和天猫等杀手级应用平台，拉卡拉提供支付宝方向的服务是很自然的选择。目前的合作形式有充值码和交易号付款两种形式。

充值码服务即在拉卡拉便利网点为支付宝账户刷卡充值。其流程为（如图11－16所示）：在拉卡拉POS终端机上，用户选择【支付宝充值码购买】服务，输入手机号码和充值金额，终端机显示充值信息和需缴纳手续费信息，用户确认后，按终端机提示刷卡支付，交易完成打印充值码；然后登录支付宝就可以选择拉卡拉充值，输入购买到的充值码就可以成功充值支付宝账户。充值模式支持信用卡，手续费按交易金额的1%收取，2元起50元封顶。

图11－16　充值码服务流程

交易号付款服务即在拉卡拉便利网点，刷卡为支付宝交易付款。其流程为（如图11－17所示）：在拉卡拉POS终端机上，用户选择【支付宝交易号付款】服务，输入支付宝交易号和金额，终端机显示交易号和需缴纳手续费信息，用户确认后，输入手机号码，按端机提示刷卡支付；拉卡拉终端提示交易成功就表示付款已成功。如未能打印凭条不影响交易，可以进入支付宝账户核对交易支付结果。

图11－17　交易号付款服务流程

但2014年8月支付宝和拉卡拉陆续停止业务合作，包括充值码、交易号付款两项业务。如需付款，支付宝建议使用快捷支付。在与其他第三方支付企业的竞争合作中，支付宝是否将继续与拉卡拉合作，目前还是一个未解的悬念。

5. 开店宝。拉卡拉开店宝是一款主要用于网购的多媒体终端，支持消费者在线下商店购买电商产品。其外形与拉卡拉现有的便利店便民金融终端相似，同样基于安卓系统，但造价更高，目前售价在5 000元左右。功能上，开店宝也可以用于商户收单、进销存管理、用户充值缴费，但最主要的功能将是网上购物。主要针对社区小微商户，合作的电商则包括全国范围内的主流购物网站，如京东、当当、凡客等。商户安装开店宝之后，间接成为电商网站的“分销商”，但配送依然由电商负责。在商业模式上，拉卡拉、线下商户都将通过与电商的销售利润分成获益。而且线下商户将从电商销售中获得可观的分成，对有的店主来说，为电商卖出一台家电的利润分成将超过其平时一整天的收入。

拉卡拉方将借开店宝在全国范围内打造全新的社区电商模式，而电商、商户、拉卡拉、银行都能从中获益。拉卡拉此前与电商的合作主要集中在支付环节方面，即通过支付宝渠道实现线上购物、线下刷卡付款。“开店宝”终端的推出，一方面可以改变拉卡拉在电商领域购物、支付分离的用户体验，实现购物、支付一体化；另一方面，更重要的是，大举铺设线下终端，意味着拉卡拉在电商中扮演的角色将从纯粹的支付工具扩展为“支付＋渠道”。

图 11－18　开店宝

在线下零售领域其实已经有一些商户尝试过在门店安装网购终端，实现商品的海量展示，借以弥补门店的空间局限。从消费者角度来看，一种线上、线下购物无缝融合的趋势也在逐渐开始。

11.4 网联与交易模式

11.4.1 网联

网联清算有限公司（Nets Union Clearing Corporation，NUCC）是经中国人民银行批准成立的非银行支付机构网络支付清算平台的运营机构。也常被称作“网络版银联”。网联只是一个清算平台，并不直接开展支付业务，从而保证其在支付行业中中立的立场。

相比刷银行卡统一通过银联转接清算，一段时间内网络支付就像是一个自由的市场，支付机构可以选择通过央行的跨行清算系统转接到银行（间连），也可以选择自己直连银行完成支付（直连）。例如支付宝，以前就一直通过直连银行的方式绕过央行和银联开展银行卡快捷支付业务。

2017 年 8 月 4 日，中国人民银行支付结算司发布了《关于将非银行支付机构网络支付业务由直连模式迁移至网联平台处理的通知》（银支付〔2017〕209 号）。通知的核心要求是自 2018 年 6 月 30 日起，支付机构受理的涉及银行账户的网络支付业务全部通过网联平台处理，也就是第三方支付工具例如支付宝或微信要通过网联来连接银行，即业内所谓的“断直连”。

2018 年 4 月 1 日，中国人民银行又发布了《中国人民银行关于印发〈条码支付业务规范（试行）〉的通知》，该通知要求银行业金融机构、支付机构开展条码支付业务涉及跨行交易时，应当通过人民银行跨行清算系统或者具备合法资质的清算机构处理。也就是扫码支付要通过网联来连接收单机构。

为了理解网联的作用，我们不妨来看看交易的演变过程。

11.4.2 两方模式与三方模式

在最简单直接的交易模式下，设想有一个消费者，多次在某家商户消费，那么在这个所谓的“两方模式”下，存在两个市场主体，消费者和商户，其中商户集中处理交易与支付两种职能，换句话说，此时物流、资金流、支付信息流三流是完全合一的。并且假设是赊销方式（刷卡类似于这种方式），商户与消费者之间的交易关系由“一手交钱一手交货”变为了“多次交货一次交钱”，清算职能便出现了，此时执行清算职能的是商户自身，其清算范围也仅局限于每个独立的消费者的多笔支付，事实上这种清算甚至简单到很难将其与清算联系在一起，因为商户只需简单地将每个消费者每次消费时支付的金额累积起来即可。

当消费者的消费范围不再局限于某一家商户时，两方模式就不是很方便了，它需要消费者与每一个商户进行谈判达成赊销约定。于是便催生出专门谈判赊销约定的机构，也就是出现了第三方。在这种所谓的“三方模式”中，一个专门的卡片发行者——卡组织——出现了，许多商户接受其发行的卡片，接受卡片就意味着接受赊销约定。在该模式运行中，商户将每一笔包括客户账号、支付金额等在内的购买信息发送给卡组织（支付信息流），卡组织来垫付资金支付给商户（资金流），然后卡组织将每段时期内（通常一个月）消费者的支付记录发送给持卡人，而后持卡人按约定方式付款给卡组织结账。

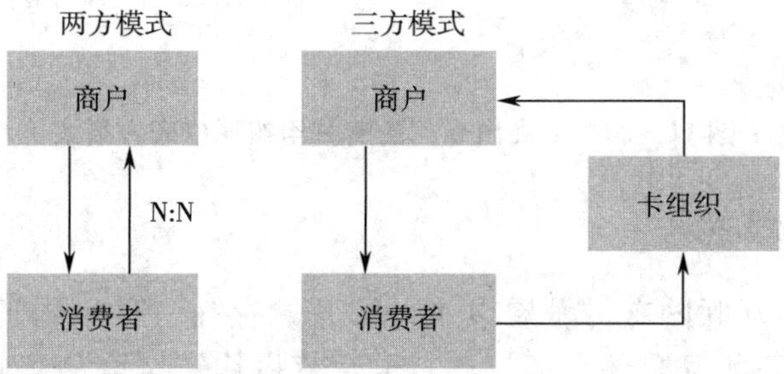

图 11－19 两方模式与三方模式对比示意

从分工的角度来比较，很明显“三方模式”是将“两方模式”中集于一体的交易与支付职能分开，并由不同的主体来负责执行，商户专门交易，而封闭式卡组织则专门负责支付。在“三方模式”下，存在三个市场主体，商户、消费者与卡组织，其中商户集中处理交易，而卡组织则处理资金的垫付，同时对于封闭式卡组织来说，现代意义上的清算业务也出现了，只是清算结果是用来支持其自身的付款与收款。相比于“两方模式”来说，“三方模式”意味着分工的细化——交易与支付分离。然而支付（垫付）与清算仍然集中在一起，换句话说，此时物流已经与资金流、支付信息流分离了，然而资金流和支付信息流仍然合并在一起。

11.4.3 四方模式

在三方模式下，市场上存在大量的发卡组织，以及海量的商户，它们之间的关系是 N:N 的关系，即每个发卡组织可以对应多个商户，而每家商户也可以对应多家发卡组织，这样的关系错综复杂。为了不让每家商户和每个卡组织都两两进行单独的清算。于是出现了第四方：专门的清算组织。这样就不需要市场上大量的收单机构和各发卡银行各自分别两两达成协议和进行交易。在四方模式下，消费者（持卡人）和商户均不与银行卡清算机构发生直接的关系，银行卡清算机构通过充当收单机构（接入商户）和发卡银行（消费者的账户银行）的中间桥梁来完成跨收单机构和跨发卡银行的交易的实现和处理。

“四方模式”是目前银行卡产业的主流模式。“四方模式”下清算的内容与“三方模式”并无太大区别，只不过由于卡组织自身不再负责发卡和收单，因此便需增加从发卡银行接收信息和向收单银行发送信息两项职能，而资金流则不再经过卡组织，直接由发卡银行转入收单银行。这意味着资金流和支付信息流进一步分离了，卡组织专门承担清算职能以及与之相关的标准制定、市场秩序维护等。

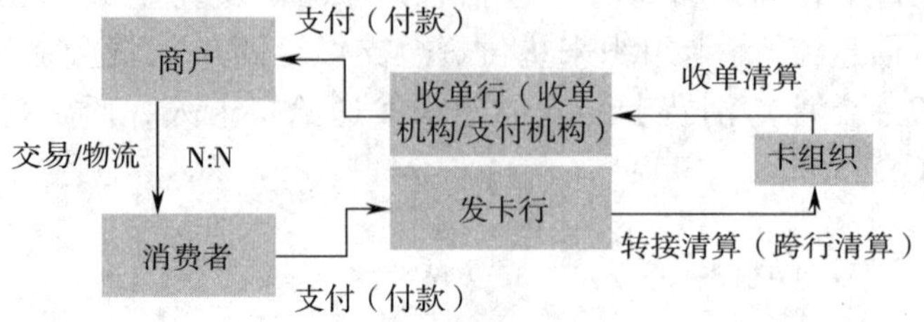

图 11－20　分离出专门的清算组织形成四方模式

11.4.4　直连模式

支付市场上，自互联网支付发展以来，即开始存在一种不同于四方模式的“直连模式”，即收单机构不将交易信息通过银行卡清算机构转接给发卡银行，而是通过与发卡银行直接签订合作清算协议的方式，直接将交易信息转送给发卡银行处理并完成资金清算。此种方式下，收单机构需要与众多的发卡银行一一达成两两协议。之前，以支付宝为代表的第三方支付机构，绕过银联直连银行，单独一家第三方支付机构就能连接一百多家银行，已成为事实上的“网上银联”，不仅接口重复，而且开设多个备付金账户，关联关系复杂且透明度低，第三方支付机构相当于各自构建了支付清算体系，游离于现有清算系统之外。

在境内外各大银行卡清算机构的业务规则和与相关收单、发卡机构签订的协议中，实际上均规定了不得以“直连模式”绕开银行卡清算机构进行交易，因此直连模式是对于相关协议的违约行为；此外，直连模式中往往仍然在有关交易环节展示相关银行卡的标识，也容易构成对卡组织有关商标的侵权行为。此类行为构成违约和商标侵权，在境外 Visa 和 MasterCard 有关的众多案例中已经得到了广泛的验证。

直连模式下，支付机构实际上可以凭借其在众多商业银行开立的备付金账户在自己的账户体系内完成资金的跨行清算，使得发卡银行无从还原真实的交易场景，信息流和资金流都脱离监管，对于反洗钱、影子银行监管和金融安全稳定带来了较大的风险，存在较大的合规隐患。

11.4.5　断直连，设立网联

2016 年 4 月 21 日，中国人民银行与中宣部、中央维稳办等 14 部委办局联合发布的《非银行支付机构风险专项整治工作实施方案》中，明确指出：“支付机构开展跨行支付业务必须通过人民银行跨行清算系统或者具有合法资质的清算机构进行，实现资金清算的透明化、集中化运作，加强对社会资金流向的实时监测。推动清算机构按照市场化原则共同建设网络支付清算平台，网络支付清算平台应向人民银行申请清算业务牌照。平台建立后，支付机构与银行多头连接开展的业务应全部迁移到平台处理。逐步取缔支付机构与银行直接连接处理业务的模式，确保客户备付金集中存管制度落地。”

"网联"，即网联清算有限公司的简称，是由央行指导和推动，由中国支付清算协会组织支付机构共同发起筹建的线上支付统一清算平台。根据有关信息，据称网联注册资金总额为20亿元，股东总数45家，其中中国人民银行有关单位共持股30%以上；支付协会持股比例为3%，代表不符合入股资格的中小支付机构行使投票权；支付宝和财付通分别持股10%左右；其余股权由各支付机构分别持有。网联平台从法律性质上属于一家由多家市场机构共同出资设立的有限责任公司。

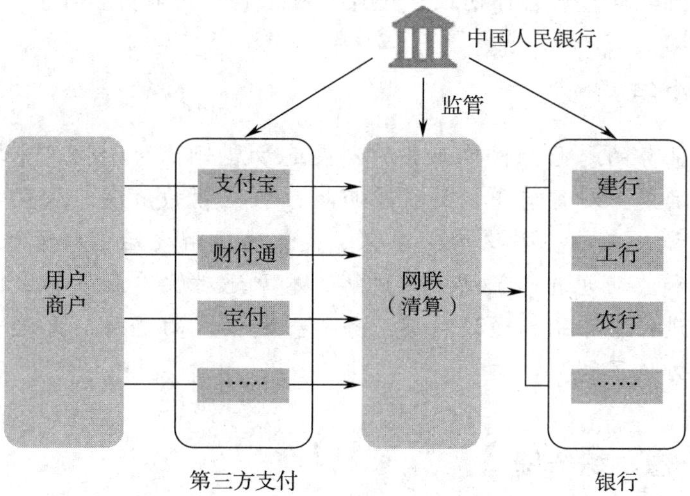

图11－21　网联清算示意图

2017年3月31日，与银联各司其职的"网联"平台诞生。网联首批接入四家商业银行和支付宝、财付通、网银在线，第二批包括快钱支付、平安付、百付宝等；以后每个月陆续接入技术筹备到位的银行和第三方支付机构。网联取代之前第三方支付机构直连银行的模式，网联仅作为清算平台，一端连接持牌支付机构，另一端对接银行系统。网联的建成，也划清了和中国银联的"楚河汉界"——银联转接线下支付，"网联"转接线上支付，第三方支付平台可任意选择接入其中的一种，但不得再继续直连银行的模式。

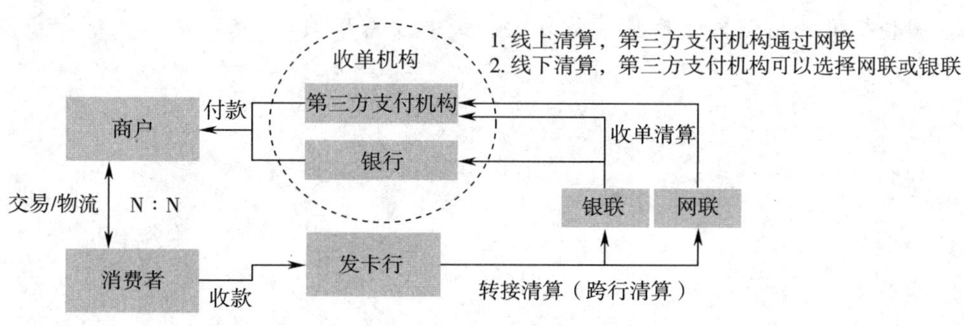

图11－22　网联和银联

2018 年 5 月 11 日网联发布《关于网联公司与支付宝开展条码支付业务合作的公告》，网联公司作为支付宝二维码收单业务重要的合作伙伴，将为收单银行提供跨行资金清算等服务。双方的合作意味着，收单机构受理支付宝条码支付业务的交易链路将发生改变——以前，各个收单机构分别对接支付宝，以后，这些收单机构对接的不再是支付宝，而是网联，网联作为中转站，再对接到支付宝。当然这一合作改变的只是交易链路，用户和商家使用支付宝的支付体验不会受到任何影响。而几乎与此同时，财付通与银联、网联均签署合作协议，正式开展条码支付业务合作。

本章小结

本章从收单业务的起源，收单业务的发展逐步展开，对于收单市场的特点、规模进行了概述。尤其是针对目前中国的收单市场，从监管的角度，从竞争和合作的角度作出了详细的解读。在对整个收单业务有了大致的了解之后，对于收单系统的构成，以及信息的交换和流动也进行了细致的讲解。本章还对收单业务领域内最大的第三方收单机构拉卡拉进行了介绍，通过对其业务和盈利模式的讲解，更进一步加深对于收单机构业务的全方位了解。

想一想、练一练

◎ 思考题

1. 收单业务是如何发源兴起的？收单管理模式又是如何转变的？
2. 国外收单业务有哪些特点？如何理解中国的收单市场呈现三足鼎立的局面？
3. 人民银行对于收单业务的监管政策有哪些特点？
4. 简述 POS 机收单业务交易及结算流程是怎样的？POS 报文由哪几部分构成？采用何种协议？
5. 拉卡拉的开店宝是一款怎样的产品？对于拉卡拉的发展有何战略意义？

◎ 实训题

1. 制作 PPT 分别讲解银行和商户进行 POS 收单业务的意义。
2. 调查在境外用银联卡有何优势以及相关的注意事项。

第 12 章

支付安全

知识要点

- ✓ 密码学中密钥及其传递方法
- ✓ 对称加密、非对称加密及数字签名
- ✓ 安全算法的实际应用介绍
- ✓ 手机安全支付解决方案
- ✓ POS 安全支付解决方案

案例导读

浙江平湖两“90 后”非法充值公交卡

2014 年 4 月 14 日，浙江平湖市公交公司接到一举报电话，说是在路边可以用 50 元买到金额 200 元以上的公交卡。工作人员通过系统查询发现，从 2014 年 3 月开始，公交公司的 126 张公交卡已被人恶意充值，而且非法充值金额达 44 176 元。相关负责人员马上报警。

平湖警方经过多方调查，于 4 月 17 日将犯罪嫌疑人两人捉获归案。两人都为平湖本地人，且均为“90 后”。其中一人待业在家，是一个游戏爱好者，游戏卡里经常没钱就成了他的一个烦恼。2014 年 1 月底的一天，他在淘宝上购买了名叫“卡匠”的软件及一些刷卡的设备，本想买个设备给自己的游戏卡充点钱，但却没有成功。随后，他又用身上的公交卡试了一下，居然成功了，并且真的能在公交车上使用。于是当即把这个“好消息”告诉了在读职高的好友，还帮其公交卡充了 800 多元。两人都觉得这是一个不错的“机会”，便商量着把非法充值的公交卡卖掉来从中赚取利润。

浙江平湖公交卡被恶意充值事件经过报道之后，引起了城市一卡通行业的广泛关注。目前我们常用的“一卡通”在市场中占据主流的是 M1 卡，M1 卡在很多城市中使用量很大。M1 卡是“Mifare One”的简称，是飞利浦推出的非接触式 IC 卡，又称射频卡。2008 年，德国研究员亨里克·普洛茨（Henryk Plotz）和弗吉尼亚大学计算机科学在读博士卡尔斯滕·诺尔（Karsten Nohl）成功地破解了 NXP 的 Mifare 经典芯片（非接触智能卡，即平时所说的 M1 卡）的安全算法。M1 卡被破解一事在全球掀起轩然大波，这意味着全球多达 10 亿张安全卡中所使用的一项技术可轻易破解。

12.1 网络支付安全问题

随着计算机网络技术的发展，方便快捷的互联网使人们渐渐习惯了从 Web 页或移动设备购物和交易，需要传输重要或敏感的数据，例如用户的银行账户、密码等，所以支付信息安全就成为电子支付亟须解决的问题。

我们面临的网络支付风险主要有以下四方面。

一是身份识别问题。在一般的实体贸易支付活动中，“一手交钱，一手交货”，身份识别并不存在多大的问题，而电子支付的身份识别便复杂得多。网络环境下的电子支付极有可能双方未能见上一面，签章或者证明也可以被轻易伪造，更何况，电子商务从达成订单到确认收货有一个时间差。在这样的条件下，如果没有很好的身份识别和权威认证，极有可能出现仿冒他人身份参与支付过程、身份抵赖等情形的发生，严重时造成网络诈骗，给参与电子支付的参与方带来严重损失。

二是支付信息被伪造、拦截和篡改。恶意破坏和获取信息的行为包括，拦截支付信息、利用计算机系统漏洞或者木马等病毒将伪造的信息包注入真实支付信息当中、篡改支付金额等内容以实现破坏支付信息真实性和完整性。

三是支付信息泄露。在互联网环境下进行的支付行为，必然会将买方、卖方和信用机构（如银行）都暴露于开放的平台之上。支付信息便可能面临被监听、观察甚至窃取等一系列风险。例如，三方中任何一方在支付过程中不注意自身的支付信息安全，都可能面临重要信息被窃取，而这将给在互联网环境下的电子支付以致命的打击。

四是支付信息被抵赖。在传统交易当中，支付双方需通过合同、签章或者第三方公证等方式，来证明支付信息的合法性和不可抵赖性。如果一方产生支付信息抵赖，也可以通过自己手上掌握的实体资料作为上诉凭证，诉诸司法机关。依据“白纸黑字”定能有理有据证明自己的支付信息的真实性，也让抵赖者没有可乘之机。而网络环境下的电子支付却本身具有极大的虚拟性色彩，支付过程几乎没法提供上述“有理有据”的证据。如果一次支付不能证明其真实性，防止支付信息被抵赖，那将给买方带来一系列“支付后”后遗症，也就没办法保证互联网条件下的电子支付的持续性和规范性。

我们生活中电子支付方面的安全工具就是为了应对上述问题，例如：

数字证书。电脑或手机上安装数字证书后，即使账户支付密码被盗，也需要在已经安装了数字证书的机器上才能支付，保障资金安全。

短信验证码。短信验证码是用户在支付时，银行或第三方支付通过客户绑定的手机，下发短信给客户的一次性随机动态密码。

动态口令，无须与电脑连接的支付安全工具，采用定时变换的一次性随机密码与客户设置的密码相结合。

USB Key。连接在电脑USB接口上使用的一种支付安全工具，支付时需要插入电脑，才能进行支付。

下面将对这些工具所基于的基本原理和机制做一些简单的介绍。

12.2 密码学算法基础

德国青年破解GSM算法

在2009年12月30日闭幕的“电脑捣乱者俱乐部”年会上，一位年仅28岁的德国计算机高手宣布：他与一些密码破译行家用类似于穷举法的方式，联手破解了全球移动通信系统（GSM）的加密算法，破解代码已经上传至文件共享网站供下载。通过破解表，外加一个专用软件、一根天线、一套硬件，就可以实时破解密码，监听通话，而且这种设备已有现成的供应商。英国《金融时报》强调，这一举动可能对全球80%移动电话通信构成安全隐患，令30多亿移动电话用户置身语音通信遭窃听的风险中。

GSM采用的加密技术是在20年前设计的，曾一直被密码学界认为是不太安全的加密方式。对当时的计算机来说，虽然不可能用“穷举法”来将其破解，但随着计算机运行速度和存储空间的迅猛发展，原来需要几年，甚至十几年才能完成的运算，现在可能几秒钟内就可完成。

信息安全主要包括系统安全及数据安全两方面的内容。系统安全一般采用防火墙、病毒查杀、防范等被动措施；而数据安全则主要是指采用现代密码技术对数据进行主动保护，如数据保密、数据完整性、数据不可否认与抵赖、双向身份认证等。所以说，密码技术是保障信息安全的核心技术。密码学是信息安全的基石。

密码学是一门古老的学科，在20世纪以前很长的时间里，主要依靠人的聪明才智和直觉信念，比较少依靠数学理论，主要目的只是为了保密通信。随着现代信息理论的重大突破以及计算机技术的发展，密码学也产生了天翻地覆的变化，如果说古典密码是充满着神秘色彩的艺术，那么现代密码学则才称得上是真正的科学。随着Internet和电子商务的出现和普及，密码学正逐渐走入人们生活的方方面面，为人们的信息安全提供着保驾护航的作用，同时，密码学还被广泛应用到电子政务、物联网等各个领域，为社会的发展带来了巨大的社会效益和经济效益。

密码系统的两个基本要素是加密算法和密钥管理。加密算法是一些公式和法则，它规定了明文和密文之间的变换方法。密钥是一种参数，它是在明文转换为密文或将密文转换为明文的算法中输入的参数。由于密码系统的反复使用，仅靠加密算法已难以保证信息的安全了。事实上，现代加密体制的安全主要依赖于密钥系统，密钥是控制加密算法和解密算法的关键信息，它的产生、传输、存储等工作是十分重要的。

根据密码算法所使用的加密密钥和解密密钥是否相同、能否由加密过程推导出解密过程（或者由解密过程推导出加密过程），可将密码体制分为对称加密和非对称加密。

对称密钥加密，又称私钥加密或会话密钥加密算法，即信息的发送方和接收方使用同一个密钥去加密和解密数据。它的最大优势是加/解密速度快，适合于对大数据量进行加密，但密钥管理困难。常见的对称加密算法：DES、3DES、DESX、Blowfish、IDEA、RC4、RC5、RC6 和 AES。

非对称密钥加密，又称公钥密钥加密。它需要使用不同的密钥来分别完成加密和解密操作，一个公开发布，即公钥，另一个由用户自己秘密保存，即私钥。信息发送者用公钥去加密，而信息接收者则用私钥去解密。公钥机制灵活，但加密和解密速度却比对称密钥加密慢得多。常见的非对称加密算法：RSA、ECC（移动设备用）、Diffie－Hellman、El Gamal、DSA（数字签名用）。

与非对称加密相关的数字签名常用的哈希（Hash）算法包括 MD2、MD4、MD5、HAVAL、SHA、SHA－1、HMAC、HMAC－MD5、HMAC－SHA1。

数据加密的基本思想是通过变换信息的表示形式来伪装需要保护的敏感信息，使非授权者不能了解被保护信息的内容。网络安全使用密码学来辅助完成在传递敏感信息的相关问题，主要包括：

机密性（Confidentiality）：仅有发送方和指定的接收方能够理解传输的报文内容。窃听者可以截取到加密了的报文，但不能还原出原来的信息，即不能得到报文内容。

鉴别（Authentication）：第三者不能冒充跟你通信的对方，能对对方的身份进行鉴别。

报文完整性（Message Intergrity）：即使发送方和接收方可以互相鉴别对方，但他们还需要确保其通信的内容在传输过程中未被改变。

不可否认性（Non－repudiation）：如果我们收到通信对方的报文后，还要证实报文确实来自所宣称的发送方，发送方也不能在发送报文以后否认自己发送过报文。

12.2.1 对称加密算法

对称加密算法是应用较早的加密算法，技术成熟。在对称加密算法中，数据发信方将明文（原始数据）和加密密钥一起经过特殊加密算法处理后，使其变成复杂的加密密文发送出去。收信方收到密文后，若想解读原文，则需要使用加密用过的密钥及相同算法的逆算法对密文进行解密，才能使其恢复成可读明文。在对称加密算法中，使用的密钥只有一个，发收信双方都使用这个密钥对数据进行加密和解密，也正因为如此，如何把密钥安全地传递到解密者手上就成了必须要解决的问题。

古典加密算法主要采用替换加密和置换加密，严格地说，其本身也属于对称加密体制。多年热播电视剧《潜伏》中就常有这样的情节：余则成通过广播接收上级的消息时，抄写一段数字，再拿出一本书，就可以译出上级的指令，这就是一段保密通信的过程。在这个过程中，余则成和他的上级双方要事先约定好一本书，抄写的那些数字的含义，也是事先约定的。比如 3789，就可以表示第 37 页第 8 行第 9 个字，这样余抄写下收到的数字，再按照约定好的方式在书中查找就可以译出相应的文字了。这就是“替代”加解密的方式，双方都使用同一个密钥（替代密码的密钥就是其替换表），而密钥的传输法是最简单的事先约定方式。

20世纪50年代之后，随着计算机技术的发展，对称加密算法也有了长足的进步。其中，DES（Data Encryption Standard）很可能是使用最广泛的密钥系统，特别是在保护金融数据的安全中，1977年被美国政府正式采纳。

DES是Data Encryption Standard（数据加密标准）的缩写。它是由IBM公司研制的一种对称密码算法，美国国家标准局于1977年公布把它作为非机要部门使用的数据加密标准，40多年来，它一直活跃在国际保密通信的舞台上，扮演了十分重要的角色。

DES是一个分组加密算法，典型的DES以64位为分组对数据加密，加密和解密用的是同一个算法。它的密钥长度是56位（因为每个第8位都用作奇偶校验），密钥可以是任意的56位的数，而且可以任意时候改变。

DES加密的算法框架如下：首先生成一套加密密钥，从用户处取得一个64位长的密码口令，然后通过等分、移位、选取和迭代形成一套16个加密密钥，分别供每一轮运算使用。

DES对64位的明文分组进行操作，经过一个初始置换，置换成m0。将m0明文分成左半部分和右半部分m0 =（L0，R0），各32位长。然后进行16轮完全相同的运算（迭代），这些运算被称为函数f，在每一轮运算过程中数据与相应的密钥结合。

在每一轮中，密钥位移位，然后再从密钥的56位中选出48位。通过一个扩展置换将数据的右半部分扩展成48位，并通过一个异或操作替代成新的48位数据，再将其压缩置换成32位。这四步运算构成了函数f。然后，通过另一个异或运算，函数f的输出与左半部分结合，其结果成为新的右半部分，原来的右半部分成为新的左半部分。将该操作重复16次。

经过16轮迭代后，左右半部分合在一起经过一个末置换（数据整理），这样就完成了加密过程。加密流程如图12-1所示。

除了DES，对称加密算法还有很多形式，如3DES（Triple DES）是基于DES对一块数据用三个不同的密钥进行三次加密，强度更高。而AES（Advanced Encryption Standard）：高级加密标准，是下一代的加密算法标准，速度快，安全级别高。最近，美国国家标准局倡导使用AES加密算法作为新标准，将逐步取代DES。

对称加密算法的特点是算法公开、计算量小、加密速度快、加密效率高。尤其是体现为加解密的高速度和使用长密钥时的难破解性。不足之处是，交易双方都使用同样钥匙，安全性得不到保证。此外，每对用户每次使用对称加密算法时，都需要使用其他人不知道的唯一钥匙，这会使发收信双方所拥有的钥匙数量呈几何级数增长，密钥管理成为用户的负担。对称加密算法在分布式网络系统上使用较为困难，主要是因为密钥管理困难，使用成本较高（如果企业内用户有 n 个，则整个企业共需要 $n\times(n-1)$ 个密钥，密钥的生成和分发将成为企业信息部门的噩梦）。另外，与公开密钥加密算法比起来，对称加密算法还缺乏签名功能。

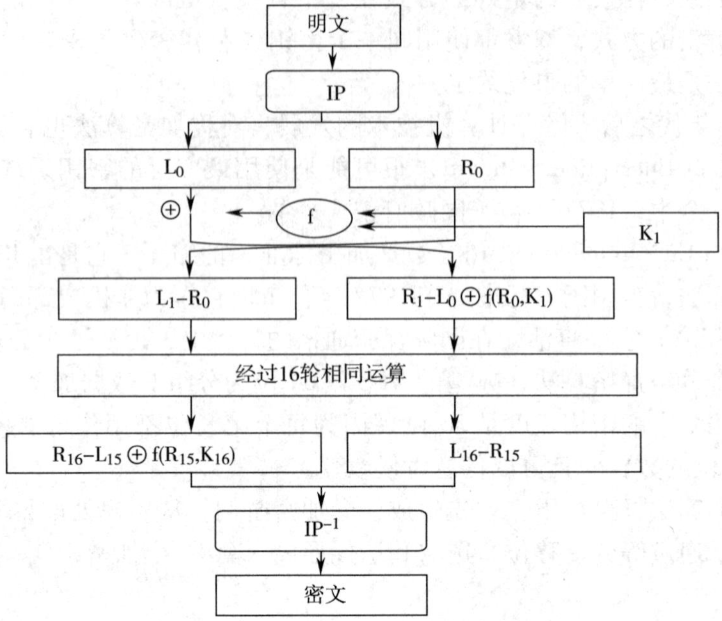

图 12－1　DES 加密过程

12.2.2　非对称加密算法

非对称加密算法（Asymmetric Cryptographic Algorithm）又名“公开密钥加密算法”，非对称加密算法需要两个密钥：公钥（Public Key）和私钥（Private Key）。首次发表的公开密钥算法 1976 年出现在 Diffie 和 Hellman 的论文中，这篇影响深远的论文奠定了公开密钥密码编码学，被人称为是现代密码学算法的一次革命。

对称密码学中采用相同的密钥加解密数据，而在非对称密钥加密技术中，采用一对匹配的密钥进行加密、解密，且公钥和私钥具有这种性质：每把密钥执行一种对数据的单向处理，每把的功能恰恰与另一把相反，一把用于加密时，则另一把就用于解密。用公钥加密的文件只能用私钥解密，而私钥加密的文件只能用公钥解密。公共密钥是由其主人加以公开的，而私人密钥必须保密存放。为发送一份保密报文，发送者必须使用接收者的公共密钥对数据进行加密，一旦加密，只有接收方用其私人密钥才能加以解密。

相反地，用户也能用自己私人密钥对数据加以处理。这也提供了“数字签名”的基础。如果一个用户用自己的私人密钥对数据进行了处理，别人可以用他提供的公共密钥对数据加以处理。由于仅仅拥有者本人知道私人密钥，这种被处理过的报文就形成了一种电子签名——一种别人无法产生的文件。而数字证书中包含了公共密钥信息，从而确认了拥有密钥对的用户的身份。

简单的公共密钥例子可以用素数表示，将素数相乘的算法作为公钥，将所得的乘积分解成原来的素数的算法就是私钥，加密就是将想要传递的信息在编码时加入素数，编码之后传送给收信人，任何人收到此信息后，若没有此收信人所拥有的私钥，则解密的过程中（实为寻找素数的过程），将会因为找素数的过程（分解质因数）过久而无法解读信息。

非对称加密算法的保密性比较好，由于不需要像对称密码那样传输对方的密钥，它消除了最终用户交换密钥的需要，安全性大大提高。但是，非对称加密的缺点是加解密速度要远远慢于对称加密，在某些极端情况下，甚至能比对称加密慢上1000倍。

非对称加密算法有很多种类，比如RSA、El Gamal、Rabin、D－H、ECC（椭圆曲线加密算法）等，其中使用最广泛的是RSA算法。

（一）RSA

RSA公钥加密算法是1977年由罗纳德·李维斯特（Ron Rivest）、阿迪·萨莫尔（Adi Shamir）和伦纳德·阿德曼（Leonard Adleman）一起提出的。当时他们三人都在麻省理工学院工作。RSA就是他们三人姓氏开头字母拼在一起组成的。它通常是先生成一对RSA密钥，其中之一是保密的私钥，由用户自己保存不能外泄；另一个为公开密钥，可对外公开，甚至可在网络服务器中注册。

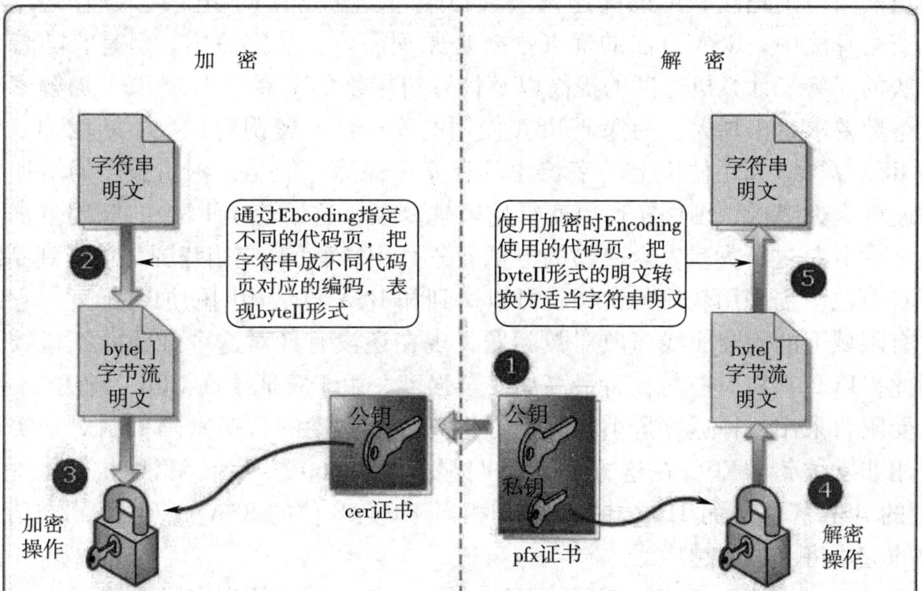

图12－2　RSA加密解密过程

RSA算法是第一个能同时用于加密和数字签名的算法，也是目前最有影响力的公钥加密算法，它能够抵抗到目前为止已知的绝大多数密码攻击，已被 ISO 推荐为公钥数据加密标准。到 2008 年为止，世界上还没有任何可靠的攻击 RSA 算法的方式。只要其钥匙的长度足够长，用 RSA 加密的信息实际上是不能被解破的。但在分布式计算和量子计算机理论日趋成熟的今天，RSA 加密安全性受到了挑战。

由于 RSA 加密算法使用了两个非常大的素数来产生公钥和私钥，其运算所包含的计算量是非常巨大的，以至于使得 RSA 算法加密大量的数据在现实上是不可行的。这就使得一些现实中的加密算法都改良了 RSA 加密算法的直接使用方式。例如，广泛被用到的 PGP 算法就使用公钥只加密一个对称加密算法的密钥（其数据量很小，速度不会慢），然后再利用一个快速的对称加密算法来加密数据（速度可以很快）。这个对称算法的密钥是随机产生的，是保密的，因此，得到这个密钥的唯一方法就是使用私钥来解密。当对方收到时，解密程序找到加密过的密钥，并利用 RSA 私钥解密出来，然后再确定出数据的开始位置，利用解密后的对称密钥来解密数据。这样就使得加密的钥匙和数据都能安全地传输和被解密。

（二）ECC

通信网络特别是互联网的高速发展使得信息安全这个问题受到人们的普遍关注。在信息安全算法中，RSA 方法的优点主要是原理简单、易于使用。但是，随着分解大整数方法的完善、计算机速度的提高以及计算机网络的发展，作为 RSA 加解密安全保障的大整数要求越来越大。为保证 RSA 使用的安全性，密钥的位数不断增加，目前一般认为 RSA 需要 1 024 位以上的字长才具有安全保障。但是，密钥长度的增加导致加解密的速度大大降低，硬件实现也变得越来越复杂，这给使用 RSA 的应用带来了极大的负担（尤其是进行大量安全交易的电子商务），从而使其应用范围日益受到制约。

ECC 算法只需采用较短的密钥就可以达到和 RSA 算法相同的加密强度，它的数论基础是有限域上的椭圆曲线离散对数问题，现在还没有针对这个难题的亚指数时间算法，因此，ECC 算法具有每比特最高的安全强度。由于智能卡在 CPU 处理能力和 RAM 大小上受限，采用一种运算量小同时能提供高加密强度的公钥密码机制对于实现数字签名应用非常关键。ECC 在这方面具有明显优势，160 位 ECC 算法的安全性相当于 1 024位的 RSA 算法，而 210 位的 ECC 则相当于 2 048 位的 RSA。ECC 技术在信息安全领域中的应用将会越来越广泛。

ECC 和 RSA 相比，在许多方面都有绝对的优势，主要体现在以下方面：

（1）抗攻击性强。相同的密钥长度，其抗攻击性要强很多倍。

（2）计算量小，处理速度快。ECC 总的速度比 RSA、DSA 要快得多。

（3）存储空间占用小。ECC 的密钥尺寸和系统参数与 RSA、DSA 相比要小得多，意味着它所占的存贮空间要小得多。这对于加密算法在 IC 卡上的应用具有特别重要的意义。

（4）带宽要求低。当对长消息进行加解密时，三类密码系统有相同的带宽要求，但应用于短消息时 ECC 带宽要求却低得多。带宽要求低使 ECC 在无线网络领域具有广泛的应用前景。

12.2.3　数字签名算法

数字签名是指数据电文中以电子形式所含、所附的用于识别签名人身份并表明签名人认可其中内容的数据。数字签名包含两个方面的含义，一是信息真实性的保证，二是信息完整性的保证。实现数字签名有很多方法，目前数字签名采用较多的是公钥加密技术，如 RSA、DSA（Digital Signature Algorithm）、PGP。同时散列算法（Hash）也是实现数字签名的一种方法，其对于信息完整性的保证有很好的应用价值。

基于 Hash 算法的数字签名的原理：发送报文时，发送方用一个哈希函数从报文文本中生成报文摘要，然后用自己的私人密钥对这个摘要进行加密，这个加密后的摘要将作为报文的数字签名和报文一起发送给接收方，接收方首先用与发送方一样的哈希函数从接收到的原始报文中计算出报文摘要，接着再用发送方的公用密钥来对报文附加的数字签名进行解密，如果这两个摘要相同、那么接收方就能确认该数字签名是发送方的。

哈希（Hash）算法，就是将任意长度的二进制值映射为较短的固定长度的二进制值，这个小的二进制值称为哈希值。哈希值是一段数据唯一且极其紧凑的数值表示形式。如果散列一段明文而且哪怕只更改该段落的一个字母，随后的哈希都将产生不同的值。要找到散列为同一个值的两个不同的输入，在计算上是不可能的，所以数据的哈希值可以检验数据的完整性。

MIT 教授 Ronald L. Rivest 设计了密码学散列算法 MD4 和 MD5，而 MD5 可以说是目前应用最广泛的 Hash 算法。MD5 是信息摘要算法，相当于一个指纹，就是信息的特征，并不保存信息，因此并不是加密，它是用来检测信息是否一致、是否被篡改的。其他的算法还有由美国国家安全局（NSA）所设计，并由美国国家标准与技术研究院（NIST）发布的 SHA-1、SHA-224、SHA-256、SHA-384 和 SHA-512。后四者有时并称为 SHA-2。SHA（Secure Hash Algorithm）被视为是 MD5 的后继者。

【小知识】　**数据的完整性**

Hash 算法不管是 MD5 也好 SHA1 也好，它们都是一种散列算法，其算法的特点是，可以把任意长度的字符串经过运算生成固定长度的字符串，并且这个产生的字符串代表着原来字符串里的所有字符。

例如：字符 admin 加密后：

16 位 8f00b204e9800998

32 位 d41d8cd98f00b204e9800998ecf8427e

其中不管是 16 位还是 32 位，其生成的字符串 8f00b204e9800998（16bit）或者 d41d8cd98f00b204e9800998ecf8427e（32bit）都表示着 admin 这个原始字符串。

只要 admin 这个字符串没有变，不管怎样重复使用 MD5 或者 SHA1 进行重新运算，其结果保持不变。利用这个特点，在信息安全学上，我们使用这种算法来保证数据完整性（Integrity）。

数字签名是通过一个单向函数对要传送的信息进行处理得到的用以认证信息来源并核实信息在传送过程中是否发生变化的一个字母数字串。数字签名提供了对信息来源的确定并能检测信息是否被篡改。

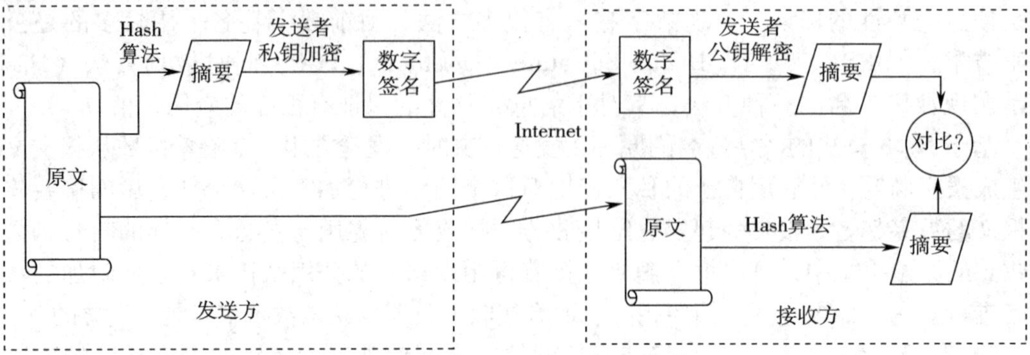

图 12－3　数字签名原理

12.3　算法的实际应用

加密和解密算法对网络安全和电子支付的作用主要体现在以下几方面：

一是数据保护：数据的保密最终是要借助于加解密算法；

二是验证服务：验证登录的服务是否是真正自己想登录的服务，如通过证书来验证登录的网站是不是真正的银行网站；

三是签名：通过电子签名，可以保证支付相关方的身份准确，同时也能保证交易的不可抵赖。

（一）CA

CA 指的是认证机构，它是一个受到各方信任的权威机构，其职责是签发证书。

从 CA 中心的建设背景来看，国内的 CA 中心大致可以分为三类：大行业或政府部门建立的 CA，如 CFCA、CTCA 、CCCA 等；地方政府与公司共建的 CA，如 SHECA、天津 CA 等；商业性 CA，如天威诚信公司。

在中国，中国金融认证中心（China Financial Certification Authority，CFCA）是经中国人民银行和国家信息安全管理机构批准成立的国家级权威安全认证机构，是国家重要的金融信息安全基础设施之一。在《中华人民共和国电子签名法》颁布后，CFCA 成为首批获得电子认证服务许可的电子认证服务机构。CFCA 是由中国人民银行牵头，联合中国工商银行、中国银行、中国农业银行、中国建设银行、交通银行、招商银行、中信实业银行、华夏银行、广东发展银行、深圳发展银行、光大银行、民生银行十二家商业银行参加建设，由银行卡信息交换总中心承建的。作为一个权威的、可信赖的、公正的第三方信任机构，专门负责为金融业的各种认证需求提供证书服务，包括电子商务、网上银行、支付系统和管理信息系统等，为参与网上交易的各方提供安全的基础，建立彼此信任的机制。并且在中国电子商务发展中，组织并参与有关网上交易规则的制定，以及确立相应的技术标准等。中国金融 CA 建立了 SET CA 及 Non－SET CA 两大体系。Non－SET CA 体系亦称 PKI CA 系统。

（二）PKI

PKI（Public Key Infrastructure，公钥基础设施）是通过使用公钥技术和数字签名来确保信息安全，并负责验证数字证书持有者身份的一种体制安排。PKI 由公钥加密技术、数字证书、认证机构（CA）、注册机构（RA）等共同组成。认证机构 CA 是 PKI 的核心，负责管理所有用户（包括各种应用程序）的数字证书的生成、分发、验证和撤销，在此基础上，可以实现各类加密应用如 SET、SSL、HTTPS、IPSec/VPN 等。

（三）SSL/HTTPS

SSL（Security Socket Layer）是 Netscape 公司所提出的安全保密协议，在浏览器和 Web 服务器之间构造安全通道来进行数据传输，SSL 运行在 TCP/IP 层之上、应用层之下，为应用程序提供加密数据通道，它采用了 RC4、MD5 以及 RSA 等加密算法，使用 40 位的密钥，适用于商业信息的加密。美国则已推出 128bit 之更高安全标准，但限制出境。

同时，Netscape 公司相应开发了 HTTPS 协议并内置于浏览器中，HTTPS 实际上就是 HTTP over SSL，它使用默认端口 443，而不是像 HTTP 那样使用端口 80 来和 TCP/IP 进行通信。HTTPS 协议使用 SSL 在发送方把原始数据进行加密，然后在接收方进行解密，加密和解密需要发送方和接收方通过交换共知的密钥来实现，因此，所传送的数据不容易被网络黑客截获和解密。

SSL 是全球许多知名企业为了保护敏感数据在传送过程中的安全而采用的一种加密机制。但加密和解密过程需要耗费系统大量的开销，严重降低机器的性能，相关测试数据表明使用 HTTPS 协议传输数据的工作效率只有使用 HTTP 协议传输的十分之一。

（四）SET

在当今的电子商务中还有一项被广泛使用的安全协议是 SET 协议，多用于信用卡交易领域。安全电子交易 SET（Secure Electronic Transaction）协议是由 VISA 和 MasterCard 两大信用卡公司于 1997 年 5 月联合推出的规范。SET 能在电子交易环节上提供更大的信任度、更完整的交易信息、更高的安全性和更少受欺诈的可能性。

SET 交易分三个阶段进行：用户向商家购物并确定支付；商家与银行核实；银行向商家支付货款。每个阶段都涉及 RSA 对数据加密，以及 RSA 数字签名。使用 SET 协议，在一次交易中，要完成多次加密与解密操作，故有很高的安全性，但 SET 协议比 SSL 协议复杂，商家和银行都需要改造系统以实现互操作。

（五）TLS

最新版本的 TLS（Transport Layer Security，传输层安全协议）是 IETF（Internet Engineering Task Force，Internet 工程任务组）制定的一种新的协议，它建立在 SSL 3.0 协议规范之上，是 SSL 3.0 的后续版本。在 TLS 与 SSL3.0 之间存在着显著的差别，主要是它们所支持的加密算法不同，所以 TLS 与 SSL3.0 不能互操作。TLS 的主要目标是使 SSL 更安全，采用了更安全的 MAC 算法，并使协议的规范更精确和完善。

（六）OpenSSL

在 Linux 下，比较流行支持 SSL 认证的是 OpenSSL 服务器。OpenSSL 项目是一个合作的项目，其目的是开发一个健壮的、商业等级的、完整的开放源代码的工具包，用强大的加密算法来实现安全的 Socket 层（Secure Sockets Layer，SSL v2/v3）和传输层的安全性（Transport Layer Security，TLS v1）。这个项目是由全世界的志愿者共同来管理和开发的。使用方面，OpenSSL 与 Apache 服务器配合可以建立支持 SSL 的 Web 服务器，并可以使用自我签订的证书做认证。

由于 OpenSSL 是为网络通信提供安全及数据完整性的一种安全协议，囊括了主要的密码算法、常用的密钥和证书封装管理功能以及 SSL 协议，在中国的金融类网站、电商网站、门户网站上均被广泛使用，被形容为“互联网上销量最大的门锁”。

【小知识】 **自签名证书**

验证证书的时候，需要得到 CA 的公钥。用户的公钥可以通过证书来证明，那 CA 的公钥如何获得呢？可以再让另一个 CA 来发证书，但最终总有一个 CA 的公钥的获得过程缺乏证明。PKI 技术并不把这样一个循环问题留给自己，而是依赖其他的安全信道来解决。因为 CA 毕竟不多，可以通过广播、电视或报纸等公开的权威的媒介，甚至通过发布红头文件的方式来公告 CA 的公钥。

公告 CA 的公钥可以有多种形式，为了兼容程序的处理，人们一般也以证书的形式发布 CA 的公钥。CA 给自己签发一张证书，证明自己拥有这个公钥，这就是自签名证书。

（七）IPSec VPN

VPN（Virtual Private Network）是指通过综合利用网络技术、访问控制技术和加密技术，并通过一定的用户管理机制，在公共网络中建立起安全的“专用”网络，保证数据在“加密通道”中进行安全传输的技术。

SSL VPN 能提供更方便地远程访问企业核心应用与和网络资源的能力，由于它基于标准的浏览器上，不需要安装专有的客户端软件，从而大大降低了远程访问的维护成本，帮助企业在有限的预算和时间里，完成全部配置工作。SSL VPN 解决方案提供应用层网络连接，只通过应用层数据就可以访问内部系统，而不需要改变网络，不需要修改防火墙配置和修改终端用户的配置，从而大大地降低了部署成本、减小对日常性支持和管理的需求。

而 IPSec 是 IP Security 的简称，它的目的是为 IP 提供高安全性特性。IPSec VPN 是一种基础设施性质的安全技术。部署 IPSec 需要对基础设施进行重大改造，并要求安装客户端软件，因此管理成本很高。另外，IPSsec VPN 要求软硬件兼容，要求 TCP/IP 网络隧道两端几乎只能是同一个提供商的软件。但是 IPSsec VPN 相对 SSL VPN 更加安全，因为它需要配置客户端软件。

12.4　手机支付安全

Apple Pay 的指纹验证

2014 年 9 月 10 日，苹果于美国弗林特演艺中心举办秋季新品发布会，苹果将发布 4.7 英寸和 5.5 英寸两款 iPhone 6 和 iPhone 6 Plus，同时旗下首款智能穿戴设备 iWatch 还将有可能在本次发布会中亮相。在发布会中，苹果发布了支付系统 Apple Pay，在内置 NFC 芯片的 iPhone 6 以及 iPhone 6 Plus 中，可以通过刷手机进行支付，美国用户可以在赛百味、麦当劳等商家进行消费，目前已经覆盖了全美 80% 的商家。苹果宣布与 VISA、万事达、美国运通进行合作，用户如果想使用 Apple Pay 的，在 iTunes 账户里关联一张卡添加进来就可以，如果想添加其他卡的话，只要用摄像头拍照就可以添加，并且支持 Touch ID 指纹支付。

从 Apple Pay 的验证方式来看，NFC 加上指纹识别验证，看似完美无缺。但是我们要警惕的是，指纹也好，密码也好，人脸识别也好，归根结底是一组数据。

指纹信息同样是作为一组数据。虽然苹果对指纹信息做了严格的加密措施，采用了 Secure Enclave 进行保护，但是 Secure Enclave 也难保万无一失。虽然 Secure Enclave 可以设立安全区域，但是其中的数据并没有物理隔离（安全区域存储断电），而指纹识别的传感器所产生的数据在储存到安全区域前能否被截获也是问题，如果这种数据因为 iTune 或者网络支付等原因被上传到网络服务器则更加危险。所以只要是数据，就有被截获、复制、利用的可能，不能保证绝对安全。

对于传统的银行卡来说，本身是一个非智能的东西，没有谁能让银行卡运行程序。安全验证是通过银行的网络、移动通信网络进行的，而读卡设备也是封闭的。第三方想在读卡设备上安装个木马是比较麻烦的。

手机则完全不同，手机是可以运行程序的。第三方木马如果进入手机，不仅仅可以截获你的密码，也可能截获你的指纹数据。而指纹数据，苹果的 ID，信用卡数据都存储在手机里面，这就太危险了，相当于姓名、账号、密码信息全部透明，黑客只要破解了你的手机，一切都没有了。

安全、快捷、可靠是移动支付的基本要求。采用 NFC 技术可以解决快捷的问题，之前已经有公司推出过 NFC 方案，但因为应用环境不成熟，始终没有普及应用。由于当时 NFC 功能应用场景不多，使用过程烦琐，对广大用户来说用处不大，所以有些手机在推出新版本的时候，NFC 功能又被拿掉了。

其他的手机支付方案，支付宝的二维码支付也满足了便捷的要求，但简单密码的方式的确不够安全。如果有嗅探程序记录下支付宝密码，要实现转账是很容易的事情。其他的声纹支付等，虽然效果不错，但对大众来说，声纹支付可靠性始终存疑。

苹果公司推出的 Apple Pay，集合了 NFC 近场通信技术、TouchID 身份验证技术以及传输加密技术，实现了从银行卡到支付终端机的安全信息传输通道。通过指纹授权，生成相应的支付请求，然后将加密数据通过 NFC 传送到支付终端，实现了端到端的安全。

苹果公司宣称，Apple Pay 并没有存储任何的银行卡信息，也就是说，苹果是完全的第三方，只是提供一整套技术实现了信息传输。结算，还是商家和用户之间的事情。用户可以自己决定是否把银行卡与手机绑定。而相应的数据不会存储在苹果的服务器上，而只是通过加密方式保存在手机里。即使手机丢失，因为获得手机的人并没有相应的指纹信息，也一样无法盗刷银行卡里的钱财。用户只需通过 find my iphone 远程解除绑定即可消除可能的安全隐患。

这一切的实现，都离不开 Secure Enclave 技术的支持。Secure Enclave 是苹果基于 ARM 公司的 TrustZone 技术而实现的。

12.4.1 手机支付安全：硬件

（一）TrustZone 方案

现在几乎所有智能手机都支持 TrustZone 技术，也就是说，每一个手机芯片里其实都有类似于苹果的 SecureEnclave 的 TrustZone 专区。

TrustZone 的技术包括硬件和软件两个部分。硬件部分，芯片里分安全区和非安全区。安全区其实是芯片里的一块飞地，与芯片的其他部分是隔离的，通常的操作系统无法对其访问，以保障敏感信息的安全。软件上，当我们需要在支付的时候用到这一块存储的信息的时候，通过输入（如指纹）可以确认是否本人操作。如果是，可以获得一个授权，如果不是，将直接拒绝。

（二）RFSIM 卡支付方案

将无线射频模块嵌入到手机 SIM 卡中，从而使 SIM 卡同时具有射频识别卡的功能，使手机可以与读卡器（POS）之间进行非接触式数据交换，如此一来，用户在原来的 SIM 卡通信功能基础上还能实现各种支付操作。

这种模式的作用主要表现在如下几方面：可移动，在更换手机时可以方便转移移动电话服务，证书和相关增值服务；多用途，每个服务供应商可以单独控制自己在 SIM 卡安装的软件以及 SIM 卡的区分不受运营商控制；远程管理，通过 OTA 可以进行远程软件管理以及提供个性化的应用服务；安全更胜一筹。

（三）NFC 支付方案

在手机中嵌入 NFC 模块，NFC 芯片和应用安全芯片是独立于 SIM 卡之外的。法国非接触芯片厂商 Inside Contactless 的一个解决方案，是在手机中单独设立安全芯片用于管理 NFC 移动支付相关应用和用户数据，但该芯片没有 SIM 卡的允许便无法激活。因此对于移动运营商来说，SIM 卡就是一个远程的开关。

而美国智能读卡器及软件开发商 Vivotech 公司的解决办法是，在 NFC 手机中放置一应用安全芯片，但是这个芯片不与 SIM 卡相连，运营商可以通过控制该芯片的密钥来控制 NFC 手机。这个方案最妙的就是在这个芯片内，银行和 SP 等组织可以有自己的密钥来控制自己的相关应用。就好比，运营商手里拿着大楼的钥匙，而房间的钥匙掌握在银行等手中。

（四）软件认证支付方案

这一类是依托网络的空中支付，这也是目前使用最广泛，被最多的网购用户所采用的支付方式。它使用 WAP 网络、短信确认、第三方支付平台等来实现“空中”的支付，这个方案与 RFSIM 和 NFC 手机最大的区别就在于通过网络和软件实现，手机不用改变任何硬件设备即可完成支付。

认证技术是该方案的核心和安全保证。由于移动终端的计算环境和通信环境都非常有限，这就需要对相应的安全认证做一些特殊要求。通常采用的技术是 WPKI（Wireless PKI），它是有线 PKI 的一种扩展，它将互联网电子商务中 PKI 的安全机制引入到移动电子商务中。WPKI 采用公钥基础设施、证书管理策略、软件和硬件等技术，有效地建立了安全和值得信赖的无线网络通信环境。

（五）USSD 方案

USSD（Unstructured Supplementary Service Data，非结构化补充数据业务）服务，它是一种基于 GSM 网络的新型交互式数据业务，如证券交易、移动银行业务，专业性强，提供服务的企业对安全问题也相当地看重。

12.4.2 手机支付安全：App 安全机制问题

360 手机安全中心发布国内首份针对 16 家主流银行手机客户端（App）的评测报告——《手机银行客户端安全性测评报告》（暨 2014 年中国移动支付安全报告第二期）。360 测试发现，少数手机银行客户端存在加密机制不完整，不校验服务器身份等安全隐患。在防范 Activity 劫持、防止进程注入、反盗版/防二次打包，以及防止验证短信被劫持等方面，16 款被检测的手机银行客户端均表现不佳。报告指出，受到安卓系统的体系限制，很多支付安全性问题难以靠手机银行客户端软件单独解决，银行类手机 App 整体安全状况堪忧。

（一）登录机制安全性

银行客户端的登录机制安全性中，主要有两类比较严重的安全隐患：一类是加密机制不完整或过于简单，很容易被攻击者劫持或破解；另一类是在通信过程中不对服务端身份进行校验，从而导致登录过程很容易被“中间人攻击”所劫持。特别是某些手机网银客户端采用了“HTTP + 简单加密”的数据传输方式，极易被劫持或破解。

另外，即使使用 HTTPS 加密机制的银行客户端，也不能忽略服务端证书校验的必要性。不论银行客户端使用的是何种登录加密机制，如果客户端在登录过程中不对服务端的身份（证书）进行校验，就有可能“信任”伪装身份的“冒牌服务端”，连接到假冒的银行服务端上，从而导致用户名、密码等信息被窃取。这种假冒服务端身份的攻击也被称为“中间人攻击”。

（二）自绘随机键盘安全性

如果银行客户端使用了系统默认的输入法，则存在重大的安全隐患。建议手机银行客户端使用自绘键盘。但使用自绘随机键盘，虽然能大大提高安全性和黑客攻击的难度，但也并不是万无一失的。如果手机银行客户端被注入了恶意模块，或者系统模块被恶意代码感染等极端恶劣的环境下，攻击者能直接获取到密码明文。

（三）Activity 组件安全性

手机银行客户端使用最多的安卓组件是 Activity（Activity 为安卓系统的一个提供给用户屏幕交互的应用程序组件），其中存在 Activity 劫持、Activity 导出风险、进程注入、盗版/二次打包，以及验证短信被劫持等漏洞或入侵方式。

（四）盗版修改安全性

安卓作为开放平台，攻击者可以较容易地使用逆向分析工具，将银行客户端程序进行反编译，并向反编译结果中加入恶意代码后，发布到一些审核不严格的第三方市场中。这些被二次打包发布的盗版银行客户端软件，对用户的支付安全造成了极其严重的安全威胁。手机银行客户端的设计要能有效地防范逆向分析和二次打包。要重视防止客户端被二次打包，在程序中要对自身签名进行校验，防止重打包过程中被攻击者轻易篡改。

（五）认证因素安全性

要防止认证因素中所存在的安全隐患。手机银行客户端软件若采用“账号密码+短信验证码”的伪双因素认证体系。这种认证体系在面对具有短信劫持功能的手机木马攻击时，会显得非常脆弱。虽然已经有部分银行开始推广音频盾、蓝牙盾等双因素认证系统，但这些系统的使用不是强制性的，绝大多数用户仍在使用“账号密码+短信验证码”的认证方式。

12.5 POS 支付安全

利用 POS 机安全漏洞套现逾千万

近日，萧山警方成功打掉一个长期盘踞在广州，通过获取浙江、上海、广东、山东、陕西、海南、天津等地的 POS 机和信用卡，利用信用卡预授权漏洞超额套取银行资金的犯罪团伙，抓获犯罪嫌疑人 6 人。目前已查证造成银行损失 1 000 余万元，萧山警方通过不懈努力，辗转多地成功追回损失 300 余万元。

信用卡有一个叫“预授权”的功能，但是这个原本方便市场交易的功能却被一些不法分子利用，疯狂进行信用卡超额套现，俗称“空套”，即空卡套现，进而给银行造成巨额损失。普通的信用卡套现是通过 POS 机以虚假交易的形式将信用卡信用额度内的金额套现，而空套是可以套现出远高于信用额度的金额，两者有着本质上的区别。简单地说，比如犯罪嫌疑人利用一张信用额度只有 1 万元的信用卡，可以刷出几十万元、几百万元，甚至上千万元。

由于 POS 属于易受攻击的金融设备，因此安全性问题显得尤为重要。ATM 取款或者 POS 支付的信息流，即报文，包括一个人的磁卡号、密码、取款或支付金额。将这些数据从一台 ATM 传到银行前置机处理，在传输过程中要保证信息的私密和完整。

（一）MAC Key

DES 算法已经出来了很多年了，并且在金融行业也有广泛的应用，我们可以用 DES 算法进行处理，来解决上面的信息完整性问题。一般的 DES 算法（此处指单 DES），就是用一个 64bit 的 Key 对 64bit 的数据进行处理，得到加密后的 64bit 数据。那我们用一个 Key 对上面的报文进行 DES 算法，得到加密后的 64bit 数据，放到报文的最后，跟报文一起送到前置机，前置机收到报文后，同样用 Key 对数据（不包括最后的 64bit 加密数据）进行 DES 加密，得出 64bit 的数据，用该数据与 ATM/POS 发送过来的报文最后的 64bit 数据比较，如果两个数据相同，说明报文没有中途被更改过。

再进一步，对于超过 64bit 的报文进行处理时，一般是这样进行操作的：先对报文第一个 64bit 加密，得到 64bit 的加密后数据 data1，接着再拿加密后的 data1 与报文第二个 64bit 数据进行按位异或，得到同样长 64bit 的数据 data2，再用 Key 对 data2 加密，得到加密后的数据 data3，再拿 data3 与报文第三个 64bit 数据进行按位异或，同样的处理依次类推。直到最后会得到一个 64bit 的数据，将这个数据放到报文的最后，然后发送到前置机，这样报文的长度增加了 64bit。这个算法就叫作 MAC 算法。

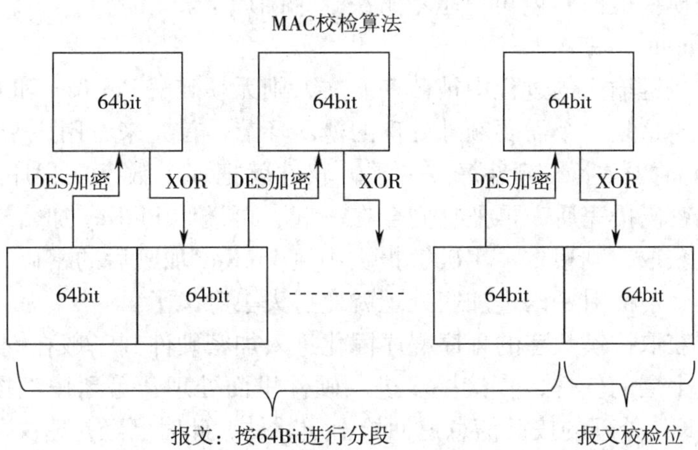

图 12-4 MAC 算法

这个用来参与 MAC 计算的 Key 就常被称为 MacKey，也有叫工作密钥、过程密钥的。

（二）Pin Key

继续来处理 ATM 和前置机间网络数据传输的问题。前面提到的 MAC 算法对传送的报文进行了处理，保证了在网络传输过程中数据不会被有意或无意地篡改。接下来需要对明文进行加密，因为如果不加密的话，卡号和交易密码都会暴露，形成非常大的安全隐患。当然，我们仍然可以采用 DES 来加密，但是用 DES 对数据加解密是耗时间的，尤其是使用硬加密（下一步讲什么是硬加密）的情况，速度是比较慢的。幸运的是整个报文中只有账号和密码是必须加密的，其他的信息诸如流水号、终端号、金额等其实无须加密处理。一般称对账号和密码进行 DES 加密处理后的一个密文数据块为 PinBlock，即 PIN 块。专门来加密用户账户和密码的 DES Key 又被称为 PIN Key。

至于怎样进行加密形成最后的密文 PinBlock，有很多标准，像 IBM3624、ANSI、ISO、DIEBOLD 等标准，其实它们大同小异，就是先对报文中的客户密码进行一个预处理，再用 PinKey 来 DES 加密，主要的差别就是怎样预处理而已，比如有的是密码后面补 F，补够 16 位等，基本就是类似这样的预处理。

（三）Master Key

通过 MacKey 和 PinKey 对报文进行了两重处理，基本上报文就是安全的了。由于 DES 是对称加密算法，如果想对加密后的密文解密，必须要知道 Key 才行，所以说 Key 一定要保密。怎样来保密 Key 呢？我们前面提到的无论是算 MAC 还是算 PIN 块，都是直接拿明文的 Key 来计算的，那么这个 Key 很容易被窃取的，这样看来，我们还要对 PinKey 和 MacKey 本身进行加密。最直接的解决方法就是再找个 Key 对 MacKey 和 PinKey 进行一次加密，这样就看不到 PinKey 和 MacKey 的明文了，问题便解决了。这时用来对 PinKey 和 MacKey 进行加密的 Key 就被称为主密钥 MasterKey，即用来加密其他密钥的密钥。不过，MasterKey 又如何加密保存呢？把 MasterKey 放到硬件里面（一般是键盘的加密模块里面）就可以基本解决这个困局了。

（四）Key Input 加密

注意到如果按键输入的过程中被截获明文，则无须破解 Pin Key 和 PinBlock 就可以得到用户密码了。这是一个需要额外处理的薄弱环节。首先来看用户密码的形成过程：用户按动键盘上面的数字，键盘每按一下，软件就把那个数字在程序里面先存起来，等到 4 位或 6 位密码按完后，再把它们合在一起，再送给 PinKey 加密。如果黑客程序直接把按键信息获取，则根本不用破解报文中用 PinKey 加密后的密码，直接简单地就得到了用户密码，前面对密码进加密处理就变得失去意义了。

这时可以把获取按键数字的程序程序固化进入加密硬件（一般在键盘中），按键的数字根本不通过上层的软件，直接一步进入硬件里面处理，等到按键按完之后，硬件直接把经过 Pin Key 处理的按键信息返回给上层软件，此时已经是密文了，就相当于把前面计算 PinBlock 的处理移到硬件里面去了，这种处理现在就被称为硬加密。伴随着国际三大银行卡组织 Europay（欧陆卡，已被万事达收购）、MasterCard（万事达卡）和 Visa（维萨）的 EMV 2000 标准发布以及 3DES 算法的发展，自助终端支持硬加密几乎是个强制性要求。

（五）密钥管理

POS 前置机系统将采用一种具有很高安全性的密钥管理方法。具体措施可采用如下方式：（1）POS 的工作密钥组（包括 PIN 加密密钥和 MAC 校验密钥）采用动态更换的方法。每进行一次金融交易，前置机都要向 POS 下传新的工作密钥组，通知 POS 以后的交易必须用新的工作密钥，否则视为非法。（2）前置机向 POS 下传新的工作密钥组时，用主密钥作为新工作密钥组的加密密钥，应用 DES 算法对新工作密钥组进行加密。(3) 在接收金融交易的返回包时，POS 可以将新工作密钥组密文，作为关键性数据存放起来。等到必须使用工作密钥时，根据主密钥，然后应用 DES 算法解密即可得到工作密钥的明文。注意工作密钥的明文在使用完毕后必须从物理上予以销毁。(4) 在进行金融交易时，若交易过程中在与前置机通信时发生故障，POS 必须在下次联机交易前自动发送冲正交易。前置机在处理自动冲正交易时自动恢复原密钥组，防止了 POS 和前置机之间工作密钥组失去同步。

这种密钥管理方法极大提高了系统的安全性，体现在以下几个方面：(1) 由于采用了动态更换密钥的方法，POS 每进行一次金融交易，都必须更换一次工作密钥，这就使得工作密钥的生命周期被尽可能地缩到最短，把破译的可能性降到极低。(2) 每台 POS 的工作密钥是各自独立的，这就使得工作密钥的相关性为零，一台 POS 遭到非法破译者的攻击时不会对其他 POS 造成影响。POS 的关键性数据对于外部是不可读的，而密钥正是作为关键性数据存放起来的，这样非法破译者就无法通过硬件或软件手段从 POS 读得密钥。由此可见，采用符合安全规范的 POS 对于系统的安全是至关重要的。如前所述，初始密钥组的生成由两个以上的主管人员负责，工作密钥的明文在使用完毕后必须从物理上予以销毁，这些要求是从密码学的原理出发，同时也是遵从金融信息交换标准中关于密钥管理的建议和要求的。

（六）通信加密

考虑到 POS 系统数据交换过程比较复杂，且流经的设备也较多，因此在通信的所有环节中的都要考虑到数据安全问题。主要的数据传输过程有以下几个：POS—网控器、网控器—前置机、前置机—主机。为了保证数据传输的隐秘性，关键数据字段采用了加密方式；为了保证数据传输的完整性，传输数据采用校验和作为检查标志。

从 POS 端到前置机的数据通信采用了 ISO8583 金融数据交换格式，其中关键字段采用了数据加密方式，同时整个数据包经特定 MAC 算法计算出 MAC 校验和作为数据完整性的检查标志。网控器本身不具备加密功能，只是将传输数据加以简单的 LRC 校验。前置机和 POS 相互约定一组 PIN 加密密钥和 MAC 校验密钥，基本加密算法采用 DES 的 X98/X99 算法，理论上具有相当高的安全性。前置机到主机的数据传输沿用 POS 到前置机的数据格式和加密方法，从而使系统整体上的安全性能具有一定的水准。

本章小结

本章对密码学中的加密算法作了基本的介绍。作为互联网金融支付的基石和保障，对于对称、非对称加密各类有代表性的算法，逐一描述了其特点和应用范围。介绍了数字摘要和数字签名技术，同时还对于与支付关系密切的安全技术应用作出了讲解。本章对于手机安全支付的多个解决方案，还对银行 POS 支付的安全设计进行了详细描述，分析其加密方式和密钥分类，最后也提出了安全建议。

想一想、练一练

◎ 思考题

1. 什么是对称加密和公钥加密？各有哪些代表性的算法？其特点如何？

2. 手机安全支付的解决方案有哪些？各有何特点？

3. POS 通常采用何种加密算法？其密钥又是如何管理的？POS 键盘输入有怎样的加密设计？为什么？

4. 简述网上支付有哪些安全隐患。

5. 网上支付的安全需求有哪些？

◎ 实训题

1. 用 PPT 举例讲解并分析 DES 加密。

2. 用 PPT 讲解区块链技术将如何变革支付行业。

第13章

区块链支付

知识要点

✓ 虚拟货币的产生背景
✓ 虚拟货币分类和特点
✓ 计算型虚拟货币原理
✓ 虚拟货币市场与管理

案例导读

腾讯十年发了千亿Q币

微信、QQ、游戏，现在人们的生活已经与腾讯息息相关，所以腾讯做网络银行的消息出来后，众多网友热议，“腾讯银行是以Q币结算的吗？利率多少？”“是不是意味着Q币这个新币种将崛起？”也有网友笑称，一旦腾讯开足造Q币机器，那它立即将成为世界上最盈利的公司。

值得注意的是，腾讯自身拥有国内最流行的虚拟货币Q币，推行至今已有超过10年的历史，最初主要用作购买虚拟产品及服务，用户以人民币为账户充值Q币，每年交易金额高达数十亿元人民币，年发行量还按15%～25%速度增长。腾讯云平台总经理陈磊近日就曾透露，腾讯绝大多数的收入是通过Q币渠道获得的，Q币渠道是最核心、最大的，相比来说，财付通等支付渠道相当边缘化。

腾讯近十年的财报显示，腾讯来自于互联网增值业务的收入总计1 235亿元，而这绝大部分是通过Q币来完成，也就是说，这十年，腾讯发放的Q币总量，已经超过千亿元。

13.1 虚拟货币概论

淘金币购物

小丽是一位年轻母亲，自从接触淘宝后，逛街的次数越来越少，每天都要在淘宝上晃悠。某日，她为宝宝拍了一款积木，利用淘金币，最后原价55元的积木11.92元便成交。

“淘金币是平日积累的，淘宝购物、分享宝贝、登录做任务等可得淘金币，这些淘金币用来兑换宝贝都要积攒万八千的。但在竞拍模式下，有时只要几十个淘金币就可以低价买到宝贝，我觉得真不错。”小丽说。

淘金币是淘宝网的虚拟货币，在淘宝，它甚至可以当作实际货币来使用，它就像古代钱庄里发行的银票一样，能在淘金币这个应用平台进行兑换和使用。可以兑换自己喜欢的物品，也可以参与淘金币抽奖，还可以参加淘金币应用中心兑换游戏道具和其他物品。淘金币是资深淘友的最高象征和权力体现。网民通过它来获取淘宝网的一些额外服务，同时增加在淘宝网购的乐趣。

伴随着互联网技术的发展，虚拟社区逐渐走入人们的视野。虚拟社区可以理解为在某一个特定的网络环境中，人与人之间为追求相同的目标或利益而进行互动与交流的网络场所。有为社交而生的 Facebook、Twitter 和 QQ，也有为知识分享而创建的 Wikipedia。这些都是在虚拟世界中创建的虚拟社区。虚拟社区内有着不同等级的服务与虚拟商品，为了方便人们在社区内进行消费，虚拟社区创建了在社区内流通的虚拟货币。

自2002年5月腾讯网提供Q币以来，目前国内虚拟货币已不下几十种，比如新浪U币、网易POPO币、百度币、盛大点券、天堂币、魔兽币、酷币等，因影响范围不断扩大，引起广泛争议。这些虚拟币不仅可以用于支付网上收费的增值服务，有的还可以支付手机短信费用、购买实物商品等。虚拟币在现实运行中越来越具备虚拟货币的特征，逐渐引起世界各国金融当局关注，国内甚至有观点警告虚拟币可能冲击人民币，扰乱国家经济金融秩序。

13.1.1 虚拟货币的概念

目前，就虚拟货币的概念没有公认的严格定义。部分学者借鉴较多的是巴塞尔银行监管委员会对“电子货币”（e－money）所作出的界定：“电子货币是指通过销售终端、各类电子设备，以及在公开网络上执行支付的储值产品和预付机制。所谓储值是指保存在物理介质中可用来支付的价值。”

狭义地说，如果基于虚拟社区的角度出发，虚拟货币可以定义为：虚拟货币是由某一特定的网络环境中的开发者开发和控制，并由虚拟社区内的成员接受并且使用的电子货币。从本质上来说，不管货币的形式如何，一般都具有三个基本的功能：交换媒介、记账单位和价值贮藏。虚拟货币在虚拟社区范围内同样具有货币的这三个最基本的功能。

更广义而言，虚拟货币是指以公用信息网为基础，以计算机技术和通信技术为手段，以数字化的形式存储在网络或有关电子设备中，并通过网络系统（包括智能卡）以数据传输方式实现流通和支付功能的网上等价物。

最近兴起的数字货币（如比特币、莱特币等）也属于虚拟货币范畴，但不等同于虚拟世界中的虚拟货币，因为它经常被用于真实的商品和服务交易，而不仅仅局限在网络游戏等虚拟社区中。目前，我国中央银行不承认，也暂不发行数字货币。

13.1.2 虚拟货币的分类

虚拟货币按照发行方式的不同，可以分为人工型虚拟货币和计算型虚拟货币。以网络游戏公司或网络社区为发行方的虚拟货币都属于人工型虚拟货币，它的特点是，发行原理简单，发行易受单独个体和人为控制，理论上可以无限量发行。近年来，开始出现不依靠特定货币机构发行，而只依据特定算法，通过大量的计算产生的虚拟货币，可被称为计算型虚拟货币。其特点是，发行原理较复杂，发行不受任何单独个体控制，理论上无法达到无限量发行。其代表货币是比特币。

从虚拟货币与现实货币和实体经济的互动上看，可以将虚拟货币划分为三种不同的存在形态。

（一）单向流通的虚拟货币

虚拟货币可以直接以现实中的货币按照一定的汇率购买，但是不能兑换回现实中的货币。兑换的条件由虚拟货币的发行者和控制者制定，虚拟货币可以购买虚拟的商品和服务。

以腾讯公司为例，2002 年 5 月，腾讯公司推出 Q 币这种单向流通的虚拟货币，官方的购买价格为一元人民币兑换一 Q 币。网民可以通过银行卡、电话银行、QQ 卡等形式购买 Q 币，然后将 Q 币存入对应的 QQ 号码中。随着 Q 币逐渐被广大网民所认同，Q 币的流通领域也突破了腾讯公司的内部体系。

腾讯公司并没有对外界公布 Q 币的具体发行和流通数量，但是根据腾讯公司的业绩报告可以发现，以 Q 币发行和增值服务为基础的腾讯公司业绩增长的很大一部分归因于其发行的网络虚拟货币 Q 币。财报显示，2013 年第四季度总收入为人民币 169.70 亿元（27.83 亿美元），其中网络游戏收入为人民币 84.75 亿元，而在游戏产业中，Q 币的应用是相当广泛的，再加上 QQ 即时通信中对 Q 币的使用，Q 币的收入在总收入中的比重不容小觑。

此外，Q 币与其他虚拟货币相比，用户的接受度和使用率相对较高。在 Q 币的交易上可以按照现实资本市场一样将其分为一级市场和二级市场。虚拟货币 Q 币的一级市场指的是直接通过腾讯公司购买 Q 币的交易市场，没有第三方的介入，用户直接通过腾讯公司的官网购买Q币，Q币最终的功能是支付腾讯公司内部的增值服务，在整个交易过程中，Q币始终是在腾讯公司内部流通，是一个闭环系统，不存在外部的影响。随着Q币使用范围的扩大和用户接受度的提高，逐渐演变出了二级市场。二级市场实质上是一个倒卖Q币的市场，交易的主体不再是腾讯公司与用户直接的交易，而是用户与用户或是与Q币投机者的交易。由于二级市场Q币的交易价格低于腾讯公司的官方价格，因此Q币的流通开始向双向流通的方式演变，Q币与人民币可以双向兑换。2007年3月2日，中央14个部门联合印发了《关于进一步加强网吧及网络游戏管理工作的通知》，提出“要加强网络游戏中虚拟货币的规范和管理，防范虚拟货币冲击经济金融秩序”，之后，腾讯公司为了制约二级市场的非法交易，出台了禁止Q币转账给其他账户的规定。因此，从法定角度来看，Q币仍然是一个单向流通的虚拟货币类型。

（二）双向流通的虚拟货币

用户可以根据本国货币的汇率购买和出售虚拟货币。这一类的虚拟货币类似于一国的货币，可以与其他货币兑换，允许以虚拟货币购买虚拟以及真实的商品和服务。在双向流通的虚拟货币中，比特币是目前在全世界流通度最高的。

比特币是在2009年由中本聪设计并实现的。比特币使用者可通过电脑直接向世界任何地方的其他使用者进行比特币转移，比特币可用于购买真实商品，在交易所兑换现金或用于投资交易。比特币不与任何真实世界的货币挂钩，其兑换的汇率由市场的供应和需求决定。

（三）封闭环境内的虚拟货币

封闭式的虚拟货币在单机类的游戏中比较常见，用户通过在游戏内的不断升级，会得到相应的金币，然后用获得的金币来购买相应的道具。知识分享类的社区多数也采用了这种交货易货模式，用户支付一定的费用进入社区，通过在社区内的表现来获取虚拟货币，然后再用这些虚拟货币购买社区内的服务。用户通常不向发行者购买社区或游戏内的虚拟货币，因此这类虚拟货币的普及度不高，仅仅在少数社区或是游戏中存在。

例如，“MP”是中国最具影响力的中文网络社区之一猫扑论坛的计量货币，MP一般是用户通过在论坛内的表现而获得，是一种封闭类型的虚拟货币。注册猫扑的账号之后，用户会获得一个MP的奖励，如果用户每天登录猫扑网就可以获得论坛的虚拟货币奖励。另外一种方式是通过自己在论坛内的发帖数目以及回帖数量来赚取MP。本质上，MP的获得是与用户在猫扑内的活动有关的，也是网站增加用户黏性的一种方式。获得MP之后，用户就可以得到网站内的一些高级服务，比如在猫扑内可以玩虚拟股票，在猫扑游戏内兑换各种游戏道具以及可以浏览高级别的帖子等。猫扑的MP只可能在猫扑社区内流通，社区之外MP无流通价值。

13.1.3 人工型虚拟货币的问题

（一）存在的问题

1. 虚拟世界的通货膨胀。虚拟货币作为一种信用凭证没有建立准备金制度，它只能用服务商的商誉作为发行保证，由服务商发行，虚拟货币本身有可能发生出现膨胀或贬值。网络游戏公司以创收为目的大规模、无约束地发行游戏货币造成了游戏玩家花钱买来的虚拟财产屡屡贬值。另一方面，游戏运营商也无力控制虚拟货币的发行总量，最终导致通货膨胀现象泛滥。

2. 回兑人民币的问题。虽然各大运营商都规定不允许虚拟货币回兑人民币，但是不法分子们无孔不入，他们通过论坛、QQ 群和一些私人网页低价收购虚拟货币，再以高价卖出。鉴于 Q 币的价值，有很多网站专门提供 Q 币与人民币进行双向兑换，使 Q 币逐渐成为近似的可以流通等价交换单位。

根据《人民币管理条例》，人民币是我国法定货币，一切公私债务都必须用人民币支付。人民币的法定发行机构是中国人民银行，其他组织和机构都无权发行货币。虚拟货币代替人民币成为网上交易的一般等价物，必会冲击我国的金融秩序。而且，一旦实现双向兑换，虚拟货币发行商也将会面对巨大的资金风险。这种风险主要体现在两个方面：一是自身的资金链断裂；二是遭遇恶性挤兑。

3. 虚拟货币持有者面临的风险。虚拟货币没有任何实体特征，其存在实质只是储存在电脑里的一串数字或指令，如何保证其安全是一个重要问题。一方面，虚拟货币的管理尚缺乏成熟完善的体系和技术手段，根本不能和现实银行相比，网民手中的虚拟货币时时刻刻处在危险之中。另一方面，不法的网络“高手”可以利用技术漏洞，找出修改这些指令的方法，达到盗取虚拟货币的目的。这就意味着网民们的虚拟财产可能一夜之间化为乌有，从而也损失了购买虚拟货币所花费的真实货币。

4. 虚拟货币的黑市货币风险。QQ 游戏的游戏币赌场里，赌注已经相当大，而游戏币是可以与 Q 币自由兑换的，Q 币在某种程度上已经具有了一定的黑市货币性质。如此助长的是现实黑市交易因需求而日渐庞大，而许多“黑钱”也逐渐通过这种虚实兑换“漂白”，由于缺乏监管，运营商可以利用虚拟货币逃税，或者虚造收入洗钱。虚拟货币交易是网络时代派生的经营行为，至今还没有明确的法律条文规范，工商部门注册上也没有关于虚拟物品交易的项目，因此，对于目前网络游戏中所出现的虚拟金币、虚拟装备等虚拟财产，没有明确的法律法规加以规范。但目前虚拟财产交易的人员雇佣化、场所固定化、交易盈利明确化等特征，已显示其具有了经营的性质，将面临市场秩序和税收征管等方面的问题。

（二）政策

2007 年 2 月中国人民银行、信息产业部等 14 部委联合出台《关于进一步加强网吧及网络游戏管理工作的通知》，首次把虚拟货币纳入监管视野。按国家 14 部委的通知规定，将严格限制网络游戏经营单位发行虚拟货币的总量，以及单个网络游戏消费者的购买额；严格区分虚拟交易和电子商务的实物交易；网络游戏经营单位发行的虚拟货币不能用于购买实物产品，只能用于购买自身提供的网络游戏等虚拟产品和服务。

国家税务总局 2008 年 10 月 28 日公布了“关于个人通过网络买卖虚拟货币取得收入征收个人所得税问题的批复”，这意味着国内个人通过网络收购玩家的虚拟货币，加价后向他人出售取得的收入，必须缴纳个人所得税。针对北京市地方税务局《关于个人通过网络销售虚拟货币取得收入计征个人所得税问题的请示》，国家税务总局作出上述批复，明确规定个人通过网络收购玩家的虚拟货币，加价后向他人出售取得的收入，属于个人所得税应税所得，应按照“财产转让所得”项目计算缴纳个人所得税。按照“财产转让所得”项目计算缴纳个人所得税的税率固定为20%。

目前，我国对虚拟货币的管理，原则上只准用真实货币购买虚拟货币，而不允许将虚拟货币反过来转换为真实货币。

2009年6月，经中国人民银行会签同意，文化部、商务部联合印发了《关于加强网络游戏虚拟货币管理工作的通知》，首次明确网络游戏虚拟货币的定义。另外，规定了从事网络游戏虚拟货币业务需审批。规范了网络游戏虚拟货币的发行和交易行为，明确虚拟货币不得支付购买实物，终止服务时虚拟货币必须退还给用户，严厉打击利用虚拟货币从事赌博等活动。

13.2 计算型虚拟货币

PayPal宣布支持比特币支付：仅限虚拟商品

据美国有线电视新闻（CNN）网站2014年9月26日报道，美国支付服务提供商PayPal宣布，该公司将与三家顶级比特币支付服务提供商（Coinbase、BitPay和GoCoin）合作，为这种数字货币提供有限的支持。

销售音乐、游戏、铃声等虚拟商品的北美商家，现在便可通过PayPal Payments Hub接受比特币付款，这是该公司专门面向数字商品零售商提供的一款服务。PayPal表示，将为数字商品卖家提供简单的一站式服务，来试水这种新兴支付手段。

由于PayPal是美国互联网支付领域的领导者，因此比特币支持者之前一直呼吁该服务接受这种虚拟货币。PayPal总裁大卫·马库斯（David Marcus）曾在2013年5月接受采访时称比特币“十分迷人”，并由此引发了比特币社区的兴奋之情。

但PayPal方面则表现得比较谨慎，该公司在声明中说：“需要明确的是，今天的新闻并不意味着PayPal已经将比特币作为我们数字钱包中的一种货币，也不意味着我们的安全支付平台会处理比特币支付。PayPal始终拥抱创新，但必须确保为用户提供更加安全和可靠的支付服务，我们对比特币的态度也并无不同。”

PayPal接受比特币是其迈向主流支付系统怀抱的一个里程碑事件。PayPal对比特币的开放态度对推动比特币支付应用具有极好的示范和促进作用，如何不断提升比特币支付的安全性，是所有比特币支付公司面临的重要挑战和课题。

13.2.1　比特币

比特币（Bitcoin）是一种网络虚拟货币，跟腾讯公司的 Q 币类似，你可以使用比特币购买一些虚拟的物品，比如网络游戏当中的衣服、帽子、装备等，只要有人接受，你也可以使用比特币购买现实生活当中的物品。跟 Q 币不同的是，比特币的发行、流通和管理权不属于某一个人、组织、公司或者国家，或者换一句话说：它是平等地属于参与其中的每一个人。每个人只要有一台能接入互联网的计算机，然后通过运行一个自由的开放源代码的软件都可以参与其中，所有参与的人当中不存在所谓的管理员、中心节点或者特权人员，是一个平等的点对点（P2P）的系统。

比特币使用 P2P 网络中众多节点构成的分布式数据库来确认并记录所有的交易行为，并使用密码学的设计来确保货币流通各个环节的安全性。P2P 的去中心化特性与算法本身可以确保无法通过大量制造比特币来人为操控币值。这种互联网时代中全新的金融思想和货币发行模式构建，对原有货币发行体制，甚至整个金融界都带来颠覆性的挑战。

（一）比特币的由来

弗里德里希·冯·哈耶克（Friedrich von Hayek，1899—1992 年）在他的《货币的非国家化》一书中颠覆了正统的货币制度观念：既然在一般商品、服务市场上自由竞争最有效率，那为什么不能在货币领域引入自由竞争？哈耶克提出了一个革命性建议：废除中央银行制度，允许私人发行货币，并自由竞争，这个竞争过程将会发现最好的货币。1976 年获诺贝尔经济学奖获得者米尔顿·弗里德曼（Milton Friedman，1912—2006 年）产生了一个伟大的灵感：可以用计算机技术（数学）来建立比国家信用更可靠的货币体系。他构思了一个自动化装置，可以按程序来发行货币，从而避免各国央行无限制地开动他们的印刷机。

自 20 世纪 80 年代，大卫·乔姆（David Chaum）提出不可追踪的密码学网络支付系统之时起，他将此想法逐步扩展为密码学匿名现金系统，即 Ecash。在前人的工作基础之上，2008 年，名不见经传的程序员中本聪在 http：//metzdowd. com 的密码学邮件组列表中发表了《比特币：一种点对点的现金支付系统》。2009 年 1 月 3 日，比特币网络诞生，中本聪本人发布了开源的第一版比特币客户端。

随着比特币不断发展与投资者接受度的提高，比特币逐渐成为一种投资品，吸引着大批的炒家介入，导致比特币兑换成现金的价格大起大落。2010 年 5 月 21 日，一位程序员用一万个比特币购买价值 25 美元的披萨，这项交易诞生了比特币的第一个公允汇率。2013 年 2 月 10 日，比特币价格突破 266 美元。2013 年 11 月 28 日，比特币价格首次突破 1 000 美元。2014 年 4 月 13 日，比特币的价格跌到 420 美元。从比特币诞生时的仅仅 3 美分到最高时的 1 230 美元，比特币的价格如过山车一般起伏，大批的投资者将比特币作为了一种投机品，而不是单纯的投资品。

比特币的生产、存储、兑换、支付和消费在中国已经初步形成较为完整的产业链。截至 2013 年 5 月，中国比特币“矿工”已经达到 8. 5 万人，比特币在中国的注册用户超过 3 万人。2013 年 11 月，中国已经成为全球最大的比特币交易市场，日均交易量超过 10 万个比特币。随着比特币交易规模和用户的不断激增，为保护投资者的利益，中国已经逐步开始对比特币市场进行监管。

（二）比特币的交易原理

比特币虽然是电子货币，但比特币系统中并没有特定的数据结构用来单纯代表货币。本质上，比特币的价值就是交易渠道本身。

这个过程可以简单地用下面两句话来归纳：一组新制造出来的比特币提供了把旧的比特币从一个账户转移到另一个账户的数学保证。这个安全保证背后的代价是大量的计算力，生产这么一个安全通道是需要消耗大量能源的，所以整个比特币用户群体将奖励那个造币者。

1. "交易单"。比特币被设计成由一串数字签名构成的数据流。每个账户其实就是一对公私匙，有私匙的人就是账户的主人。每个支付方都对前面所有的历史交易记录和下一个收款方的公钥进行摘要，然后用自己的私钥进行签名，这就构成了一个"交易单"（见图 13－1）。

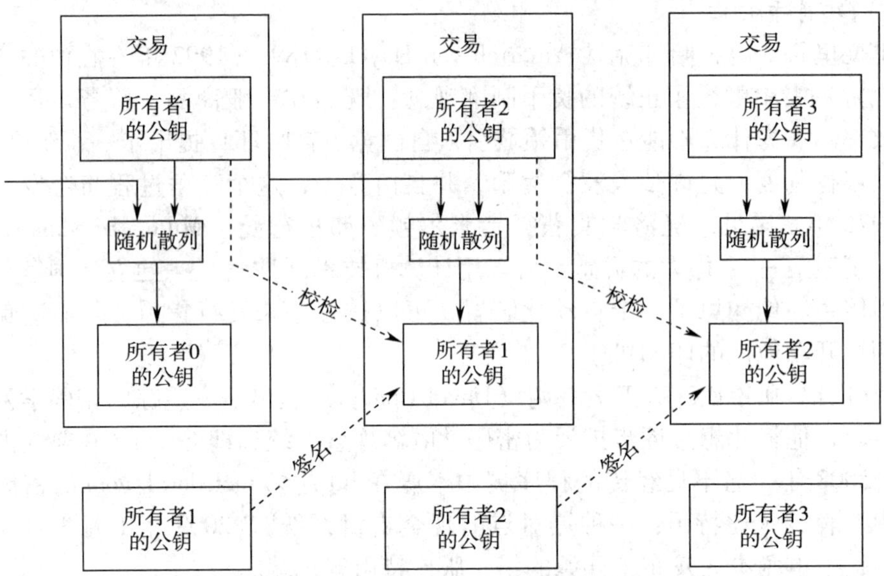

图 13－1　比特币数字签名过程

例如，如果 A 要给 B 转一笔钱，A 就把钱的数量加上 B 的公匙，用自己的钥匙签名。而 B 看到这个签名，就可以了解，的确是 A 转给了他如数的比特币。那么这笔交易需要一个见证人，担保交易发生过，以后 B 想用这笔钱的时候才是合法的，这个担保人就是整个使用比特币的网络。

A 在发起这笔交易的时候，必须把签过名的交易单尽量的广播到 P2P 网络上，最终会让每个节点都知道这件事。交易单记录一笔交易的具体信息，比如付款人（交易发起方的公钥）、收款人（交易接收方的公钥）、付款金额（上一笔交易信息）、付款人签名（加密后的 Hash 值）等。

B 从 P2P 网络上不断地收到别人的确认信息。当它收到足够多的确认信息后，就认为 A 的确发出了这条交易单。这以后，B 就可以自由使用这笔钱了。当 B 使用 A 转给它的钱给 C 时，也会广播给足够多（最终所有人都收到）的人让他们担保。

实际上，比特币网络并没有记录每一元钱属于谁，它记录的是从网络诞生起到当前的每一笔交易，通过记录货币的去留来证明你有多少货币，而不是提供给你具体的货币单元。

2. 区块。记录交易单的数据单元叫作区块，我们可以将其理解为账簿，一个区块上会记录很多交易单。每个区块只记录比特币网络 10 分钟内的交易信息，即每约 10 分钟产生一个新的区块。每个区块里面包含有若干条经过确认并 Hash 签名（难以伪造）的交易记录，都和全局链条上的上一个区块存在关联。

所有的区块以双向链表的方式链接起来，且每个区块都会保存其上一个区块的 Hash 值（这样区块之间的顺序一旦确定就无法更改），这就形成了一个链条形态，即区块链。

区块链全网唯一，每个节点都有相同的备份，区块链一旦有更新则全网通知。每当区块链高度增加，则重新选取最大期望分支（以分支的实际增长速度为准），当某分支的高度稳定的高于其他分支时，其他分支将会被网络彻底抛弃。

3. “挖矿”。那么区块是怎么产生的呢？

这个制造新区块的过程被叫作“挖矿”，就是把最近收到的账单打包在刚制造的区块里，只有极其稀少的概率被制造成功。技术上来说就是反复去尝试寻找一个随机数，该随机数加上其他数据后，SHA256 算法计算它们的 Hash 值 X，该 X 必须满足特定条件。一旦制造成功，制造者（“矿工”）就把新的区块（被认为是对老的全局区块链的延续）广播出去。

比特币全网每 10 分钟（算法动态调节至约 10 分钟产生一个）产生一个新的区块，矿工为寻找该随机数而付出的劳动被看成是为生产新的区块而付出的工作量，通常需要反复尝试上亿次才能成功找到一个满足条件的随机数。每个新的区块含有的一定数额的比特币归创建者所有，此规则称为“激励”。

每一个区块所含有的比特币会奖励给创建区块的人。根据设计，第 0 个至第 21 万个区块，每个区块里有 50 个比特币；第 21 万至第 42 万个区块，每个区块里有 25 个比特币……依次递减。因此，理论上比特币全网中最多只会有 2 100 万个比特币。

因为是 P2P 网络，可能有许多人都在同时制造新的区块，但有一个排序机制保证只有最优（最难，花费最大计算时间的）的那个新区块被网络群体接受，挂在全局的区块链上。如果 P2P 网络过大，交易账单不能尽量地迅速地广播到全网络，就会发生网络局部保持有小群体共同认可的一份全局账单的情况，因此多个全局账单的分支同时发展是有可能的。但是，只要有人发现另一条分支更长，它就会转换阵营。

4. 安全机制。比特币作为一种支付工具，所要解决的一个核心问题，就是“双花”，即重复支付的问题。正如现在的法币系统中，如何杜绝假币的问题——主流社会的做法是通过国家的制定法律法规打击制造假币行为。比特币的核心技术即基于“可重复使用的工作量证明机制”则完全依靠技术解决双花问题。

前面的流程可以概况为：广播比特币网络中的每一笔交易，使每个参与者（节点或矿工）都记录下这笔交易；每个参与者接收到交易信息后，都要将每笔交易盖上时戳，收入区块；“矿工”开始计算游戏，谁能最快解出 SHA256 运算的值，谁就将赢得打包区块的权利，并获得系统的若干比特币奖励。获得记账权的矿工将向全网广播这十分钟内区盖了时戳的交易，其他参与者将核对这些账目是否正确、真实。当其他参与者都确认无误后，该区块就确认合法，就进入了下一轮的区块记账权的争夺战。这样一块一块的区块，首尾相联合起来，就形成了区块链条。

工作量证明机制要求计算机在计算能力为某个有限值的情况下，需要运算一定的时间才能解决，这就使得攻击者无法重写交易历史，除非他能够拥有比其余比特币系统更强大的计算能力，从而能以更快的速度产生数据区块链。打个比方来说，鉴于每个人手里都有一本账簿，除非你在最快的时间里说服了整个游戏里超过 51% 的人更改某一笔账目，否则你的篡改都是无效的，这体现了集体维护和监督的优越性。

而比特币之所以被视为对传统货币的一种颠覆，也正是基于这样的设计本质。

（三）比特币的特点

1. 比特币的优点。

（1）完全去中心化，没有发行机构，也就不可能操纵发行数量。比特币通过独立于任何经济体中央银行和政府控制的点对点网络系统进行买卖。

（2）匿名、免税、免监管。由于这一特性，比特币可能被大量用于黑市交易、洗钱活动、赌博，跨境交易等。由于全球黑市市场需求巨大，所以比特币的流通性较好。

（3）健壮性。比特币完全依赖 P2P 网络，无发行中心，所以外部无法关闭它。除非全球断电，或者屏蔽掉整个互联网。

（4）无国界、跨境。

（5）山寨者难以生存。由于比特币算法是完全开源的，谁都可以下载到源码，修改些参数，重新编译下，就能创造一种新的 P2P 货币。但这些山寨货币很脆弱，极易遭到“51% 攻击”——任何个人或组织，只要控制一种 P2P 货币网络 51% 的运算能力，就可以随意操纵交易、币值，这会对 P2P 货币构成毁灭性打击。想要控制比特币网络 51% 的运算力，则需要的 CPU/GPU 数量将是一个天文数字。

（6）比特币能够帮助支付系统处理拒付的问题，因为比特币就不允许用户取消支付。一旦比特币已经发送，在没有接收者同意的情况下用户将无法得到接收者的退款。很难判断这个特点是否属于完全的优点，可以暂且归为对于卖方的优点。

2. 比特币的缺点

（1）交易平台的脆弱性。比特币网络很健壮，但比特币交易平台很脆弱。交易平台通常是一个网站，而网站会遭到黑客攻击，或者遭到主管部门的关闭。

（2）交易确认时间长。比特币钱包初次安装时，会消耗大量时间下载历史交易数据块。而比特币交易时，为了确认数据准确性，会消耗一些时间，与 P2P 网络进行交互，得到全网确认后，交易才算完成。

（3）价格波动极大。由于大量炒家介入，导致比特币兑换现金的价格如过山车一般起伏。使得比特币更适合投机，而不是匿名交易。

（4）目前比特币无法实现定期付款，客户不得不手动支付。

（5）大众对原理不理解，以及传统金融从业人员的抵制。

（6）法律和政策风险。由于比特币缺乏监管，易成为洗钱、行贿受贿、转移资产的渠道，更重要的是比特币的本质缺乏有力的信用支持，如果作为货币，它既缺乏金本位币背后的商品职能，也缺乏信用货币的强制力保证。当比特币市值不断攀升而对现实货币造成一定程度的影响和冲击时，各国政府就有可能宣布其非法。

（四）比特币的风险和监管

比特币在快速发展的同时，也暴露出以下三大风险：

一是技术性风险，容易受到黑客的盗取。2014 年 2 月初，Mt. Gox 全球最大的比特币交易平台因技术性问题，停止用户提现。2 月 25 日该平台正式申请破产保护，据媒体报道，Mt. Gox 因受到黑客攻击，导致 744 408 个比特币被盗，价值 3. 5 亿美元，该平台因此资不抵债，最终破产。

二是比特币交易价格不稳定，投机性强。比特币的价格容易受到外界因素的干扰，交易价格的暴跌暴涨引发投机性风险。仅仅在 2013 年一年，比特币的价格上涨了 92 倍。比特币交易市场是 24 小时连续开放的，并且没有涨跌幅的限制，价格容易受到投机者的控制，产生异常波动，普通的投资者如果盲目性地跟风极易受到重大的损失。

三是流动性风险。比特币的设计程序非常复杂，没有技术背景的投资者很难理解其运行程序。比特币的用户如果想出售手中的比特币，必须要有相应的买家才可以完成交易。如果比特币价格受到外界因素干扰产生大的跌幅，大规模的投资者出售比特币，在没有买家的情况下很容易产生流动性风险，甚至可以使整个交易系统崩溃。

在美国，2013 年 3 月 18 日美国财政部金融犯罪执法网发布了《虚拟货币管理条例》，认为比特币交易是一种货币转移业务，在美国开展业务需要获得所有的相关许可，并把 MtGox（曾是世界上最大的比特币交易商，承担着超过 80% 的比特币交易，现已破产）列为重要的监管对象。2013 年 5 月，美国国土安全部冻结了 MtGox 的两个美国银行账户，指证该公司涉嫌为洗钱提供便利与无证经营货币转移业务。

中国相关部门一直在密切关注国内比特币业务的扩张，因为该业务对金融稳定构成潜在威胁，同时吸引了大量寻求快速获得利润的投机性个人投资者。中国对资本和外汇实施严格控制，但比特币交易从理论上讲可以让持有者避开这些控制举措。2015 年底中国比特币需求大幅增长，帮助推升了比特币在全球市场的价格，同时引发了监管机构的注意。2013 年 12 月中国人民银行要求金融机构停止为比特币交易提供服务。当月晚些时候，中国人民银行又明确规定第三方支付机构不得帮助比特币交易所从客户手中收取资金。

2013 年 12 月 5 日，人民银行等五部委联合下发《关于防范比特币风险的通知》，文件中明确了中国政府对于比特币的态度。一是不承认比特币的货币地位，但是承认其虚拟货币的地位。同时指出“比特币不具有与货币等同的法律地位，不能且不应作为货币在市场上流通使用”。政府允许公众在自担风险的前提下自由参与比特币的交易。二是强调现阶段“金融机构和支付机构不得开展与比特币相关的业务”，防止比特币的投机性风险向金融机构传递。三是为防止不法分子用比特币交易洗钱，加强对比特币交易市场的监管，对用户身份信息进行识别并报告可疑用户。

2014 年 4 月 29 日，人民银行发布《中国金融稳定报告（2014）》中特意提到了比特币，指出比特币具有很强的可替代性，任何有自己的开采算法、遵循 P2P 协议、限量、无中心管制的数字“货币”都有可能取代比特币。人民银行表示，从属性看，比特币不是真正意义上的货币。比特币具有很强的可替代性，很难固定地充当一般等价物。相关政策的出台不仅是对比特币投资者的保护，也有利于比特币交易在中国有序地发展。

13.2.2 其他计算型货币

现在比特币产业已进入了专业化的时代。同时，另一些人直接对比特币的源代码进行修改，发布出一个个新币种来，这些新币种也都基于比特币的思路：去中心化的分布式网络结构，通过整个网络共同验证并记录每一笔交易的方式来维持整个交易系统，而维护网络的参与者有机会得到新币和交易税作为奖励。绝大部分新币种都沿用了这样的模式，只是在某些方面作出了不同的调整。这些新币被中国人称作“山寨币”。

（一）莱特币

莱特币（Litecoin）受到了比特币的启发，并且在技术上具有相同的实现原理，莱特币的创造和转让基于一种开源的加密协议，不受到任何中央机构的管理。莱特币旨在改进比特币。比起比特币挖矿，莱特币的挖矿似乎更加优雅和平民化。

莱特币使用硬内存以及基于 Scrypt（一种加密算法）的挖矿工作量证明算法，大多数人都可以使用普通计算机的 CPU 及图形处理器（GPU）来进行莱特币挖矿。相比专门为挖掘比特币而设计的专用集成电路（ASIC）而言，莱特币的挖矿显得更加容易。

莱特币网络预期产出 8 400 万个莱特币，是比特币网络发行货币量的四倍之多。莱特币网络每 2.5 分钟（而不是 10 分钟）就可以处理一个块，因此可以提供更快的交易确认，与其竞争对手比特币比起来，能够处理更大的交易量。在实际的交易应用中，人们可能更倾向于交易算法更优的莱特币。

当然，莱特币也不可能是完美无缺的，其主要问题包括，由于莱特币的流通程度不如比特币，而且交易主要集中在 BTC - E 和 VIRTEX 这两个平台交易，所以价格被操纵的可能性较高。

（二）点点币

截至 2013 年 11 月 30 日，市值仅次于比特币和莱特币的第三大市值电子货币是点点币（Peercoin），也称作 PPcoin（Peer - to - Peer Coin ，PPC）。

点点币主要的创新是全新的"股权证明（Proof of Stake，PoS）"模式。相对于比特币的"工作量证明（Proof of Work）"，点点币采用 PoS + PoW 的混合模式来确认交易。比特币不是通过中心化的机构，而是通过全网络的51%来确认交易的合法性。而所谓51%，在比特币那里由计算能力而定，矿工参与算力竞赛，最终以"工作量"为奖励的基准。而在点点币这里，初期仍然以工作量证明为主，而等到网络中持有的点点币日渐增多，将逐步变为股权证明为主，也就是说，按照参与者持有的货币数量来决定发言权。而通过 PoS 参与维护交易网络的报酬也按照持币量的比例分配，大致相当于年利率1%。这样一来就有了几个"好处"：

第一，51%攻击的成本更高了，不但要占据全网过半的计算力，更要占有过半的货币量才行，随着时间的发展这将越来越难以实现；

第二，随着总持币量的增加，算力竞赛的收益将递减，因此长远来说挖矿业的"军备竞赛"不会无止境持续下去，因此维护点点币网络将是非常"节能"的；

第三，年利率1%左右意味着点点币的总量并没有一个固定的上限，但又不会被某个中央机构任意滥发，通胀是微量和可预期的（事实上黄金也有大概每年1%的增加，但基本上我们仍然把它看作通缩的）。

（三）域名币

域名币（Namecoin）可能是最早的一款山寨币，它选择依附于比特币网络，采取"混合挖矿"模式，即可以一边挖比特币，一边同时挖一些域名币。

受比特币理念的激发，域名币利用比特币所设计的模式维护一套域名系统：每一个参与者都保存有全部的域名所有权和指向的记录，而每一次新注册域名或变更时也会向全网络发布，得到51%的认可的变动会被记录下来。这51%仍然是与比特币一样的以计算力为准，参与验证的工作量将有机会得到一定数量域名币的奖励，而当注册或续费域名时，则要消耗相应的域名币。

这一套机制非常巧妙地解决了域名的去中心化问题，传统上注册域名总是要向某个单位注册，而在这里不用向某个中心，而向整个网络注册。当然注册并不是任意的，需要消耗域名币，而这域名币是参与维护网络的奖励，或者也可以用其他货币向其他用户购得。现在域名币支持.bit 域名，当然这种域名不属于通用的互联网域名系统，而是需要特殊的方式（通过域名币网络或代理服务器）才能访问。

域名币的系统也提示我们，在比特币的思路下衍生出来的副产品，未必总是货币，也可以是其他各种去中心化的网络系统。例如新近出现的去中心化即时通信系统比特信就是一例，这一系统保证通信不会经过或保存在某一个中心服务器中，也不会被人截取和监听。

（四）素数币

素数币（Primecoin，XPM）是 Sunny King 发布的虚拟货币，它解决的仍然是比特币挖矿的"耗能"问题，解决的方案不是减少耗能，而是试图让耗能变得有意义。

事实上比特币是全球最大的分布式计算项目之一，全网算力早已超过世界500强超级计算机总和的数倍。这么大的运算能力仅仅为了维护比特币网络本身，完全是冗余的。而其他分布式计算项目，有的在计算蛋白质折叠，有的在寻找引力波，有的在搜索外星人，坐拥如此庞大的算力的比特币网络，如果能做一些科学计算，该是十分有益的。

为此，一种办法可以是像域名币那样的副产品模式，既然可以混合挖矿，在挖比特币的同时做一些与比特币无关的域名币计算；另一种方法是在比特币基础上开发一个附加应用来实现，然后由某个矿池来主持科学项目。

素数币顾名思义，旨在寻找大质数。由于素数分布的随机性、不可预见性，又有可预计的分布概率，因此其用寻找素数的效果来证明工作量。在算法上，质数币的获取难度会随着大素数运算难度的攀升而攀升，它的加密可以透过大素数本身来帮助完成。想要对该体系进行51%攻击，你必须突破大素数计算这个著名的数学壁垒，如果有人做到这一点，那他对数学体系将作出划时代的贡献。

13.3 区块链：构建比特币系统的基础

“外汇+税务+银行”上链央行区块链

贸易金融可实时付汇、验真与监管

2019年7月4日，中国人民银行深圳市中心支行、国家税务总局深圳市税务局在深圳签署战略合作框架协议，企业可以在央行贸易金融区块链平台实现自动税务备案。

传统的贸易融资业务普遍存在“纸质信息在多个受理部门之间转移慢”“相同的单据，不同部门人工重复核验”“纸质材料验真难度大”“防范重复融资，虚假融资难度大”“业务数据分散孤立，统计、监管难度大”等诸多缺陷。

该区块链模式具体为，企业在线上提交税务备案申请，人民银行（外汇管理局）、税务局和付汇银行可利用央行贸易金融区块链平台查询、核实相关信息，完成付汇和监管工作。

同时，利用区块链的统一账本、实时共享特点，由企业源头录入跨境交易信息，银行和人民银行（外汇管理局）实时获取信息并追溯，消除了人工重复核验、验真难、虚假交易等问题，提高了企业、银行、外汇和税务等四方的效率。

目前，央行贸易金融区块链平台已实现多个应用场景上链，包括供应链应收账款多级融资、跨境融资、国际贸易账款监管、对外支付税务备案表等，微票通业务近期也将上链。几乎同时，香港金融管理局也推出了由香港12家主要银行共同开发的贸易融资区块链平台“贸易联动”。

区块链并不等同于比特币。在中本聪的论文“BitCoin：A Peer－to－Peer Electronic Cash System”中所定义的区块链技术，它是构建比特币系统的基础。比特币系统是第一个采用区块链技术作为底层技术构建的系统，区块链中记录着比特币交易中所有的元数据和加密交易信息。比特币系统也是一个实现了去中心化、去信任化、安全可靠的电子现金系统，此系统使得在线支付的双方不用通过第三方金融机构而直接进行交易。

13.3.1　传统交易模型

在一个传统的交易模型中，我们完成交易需要一个可信赖的第三方机构来为交易双方背书。比如我们依赖银行进行转账、依赖支付宝来监督互联网支付，这类交易模式是基于买卖双方对中间机构的“信任”的，我们相信银行、相信支付宝不会作弊，以此来保证交易的可靠性，信任这个机构的交易双方在这个机构的保证下进行交易，比如 A 要转账给 B，那么 A 首先要把钱转给机构 C，C 再转给 B。从网络拓扑结构上来说，这是一个中心化的网络。

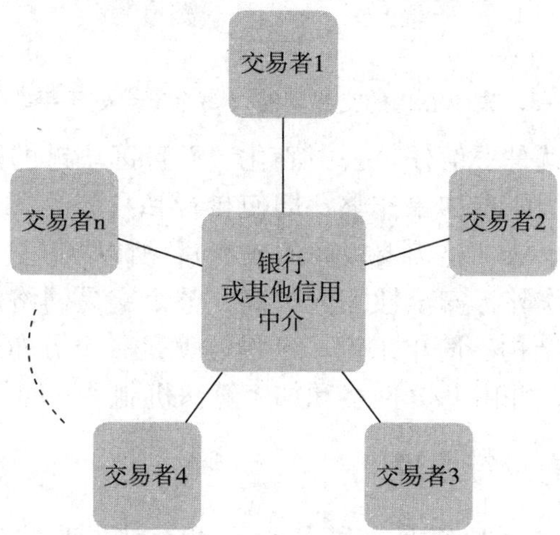

图 13－2　中心化的交易网络（中心节点处于关键性地位）

那么这里有两个很大的问题：

（1）如果中心被摧毁，账本信息、存款信息也将被摧毁，客户的钱财无法受到保证。

（2）中心真的完全可以信任吗？如果中心本身作弊怎么办？

区块链出现之前，为防止抵赖发生，绝大多数情况下由“受信任”的第三方做证人，证明事件存在。这种机制下第三方只能是少数甚至一个。这种机制是脆弱的：一旦出现第三方背叛或者消失，事件的存在性将没法被证明。

于是区块链技术应运而生，区块链的目的就是去信任。将事件写入很多人甚至所有人的数据库，这样多数人甚至所有人证明事件存在，事件的存在性将不可更改。这种机制要强健许多。若要否定事件存在，只能多数人拒绝证明事件存在，这发生的概率是极小的。

首先区块链的网络本身的拓扑结构就是去中心化的点对点网络（P2P 网络，注意这里要和 P2P 网贷区分开来，这里的 P2P 指的是点对点的意思，P2P 网络是指一种网络结构）。也就是说交易的双方无须第三方介入充当信用中介。或者说网络的所有节点都是交易双方的信用中介，交易数据保存在每个节点上，某几个节点的损毁完全不影响交易以及信息的完整性。

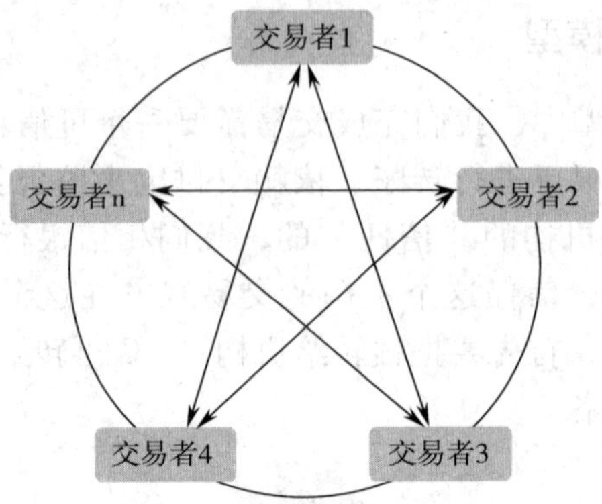

图 13－3　去中心化的交易网络（每个节点处于平等地位）

所以区块链的特点就是去信任、去中心化。而且区块链的账本是分布式并且是透明可比较的。每个节点的账本如果作弊，即使自行私自修改了信息，也不可能说服并得到其他大部分节点的承认（这需要极高的成本），所以区块链运行点对点支付，没有一个节点可以做到私自作弊，安全性大大提高，整个交易网络从一个星形拓扑结构变成了点对点的 P2P 拓扑结构。简单来说，区块链就是一个分布式账本，通过密码学方法可以使双方直接交易，并由 P2P 网络和加密算法机制来共同保证交易的安全可靠。

13.3.2　区块链的运行原理

从数据的角度来看，区块链是一种几乎不可能被更改的分布式数据库。这里的“分布式”不仅体现为数据的分布式存储，也体现为数据的分布式记录（即由系统参与者共同维护）。从技术的角度来看：区块链并不是一种单一的技术，而是多种技术整合的结果。这些技术以新的结构组合在一起，形成了一种新的数据记录、存储和表达的方式。

中本聪在其比特币白皮书中非常详细地介绍了区块链系统的建立过程：

（1）新的交易向全网所有节点广播；

（2）每个节点把收到的交易都写到一个区块中；

（3）每个节点都在这个新的区块上进行计算，寻找一个工作量证明解（也就是争夺记账权）；

（4）某个节点找到工作量证明解时，就把其该区块向全网进行广播；

（5）其他节点收到广播的这个区块后对其进行验证，只有所有交易都被验证是有效的且未被使用之后，该区块才能被认可；

（6）每个节点通过将此区块的哈希值作为父哈希值来进行下一个区块的计算，表示该节点认可了此区块有效。

如果以比特币系统为例，一般情况下，比特币系统里约 10 分钟记一次账，即每个区块生成时间大概间隔 10 分钟。一笔交易必须经过至少 6 次确认（在此区块之后每产生一个区块就是 1 次确认），才能最终在区块链上被承认是合法交易。若达到 6 次确认后要想修改记录，花费代价太大，得不偿失，所以 6 次确认之后本次交易就可以认为是被全网确认了，不可逆转。

由于比特币大约 10 分钟打包记账一次，每个区块是 1M。而一般一个交易在 250 字节左右，也可能大到几十 K，比特币对单笔交易大小没有限制，我们取平均值 250 字节。那么 1M 除以 250 字节约等于 4 000，即比特币 10 分钟内可以记录的交易笔数上限约为 4 000 笔，那么也就意味着最快可以支持每秒 7 笔的交易量。这个支付速度并不快（支付宝 2017 年支付速度峰值是 25.6 万笔/秒），在交易频率小的情况下，才能够保证运行速度。我国的移动支付秒均处理笔数，已数倍于国际卡组织。有据可查的公开数据显示，VISA 每秒最多处理 2.4 万次交易量。而网联相关人士表示，网联平台规划的平稳处理能力为 12 万笔/秒，极值处理能力达到 18 万笔/秒。

13.3.3　区块链种类和基础架构

区块链包括公有链、私有链和联盟链三种。

公有链：无官方组织及管理机构，无中心服务器，参与的节点按照系统规则自由接入网络、任何节点都可以随时加入随时退出不受控制，节点间基于共识机制开展工作。

私有链：建立在某个企业或者机构内部，系统的运作规则根据企业或机构要求自行设定。修改甚至是读取权限仅限于少数节点，同时仍保留着区块链的真实性和部分去中心化的特性。

联盟链：由若干机构联合发起，介于公有链和私有链之间，兼具部分去中心化的特性。节点加入需要申请和身份验证并签订协议，采用基于协议的共识机制，由预设的某些节点进行记。账、建立区块，实现分布式账本，全网所有节点都可以参与交易，并查看所有账本。

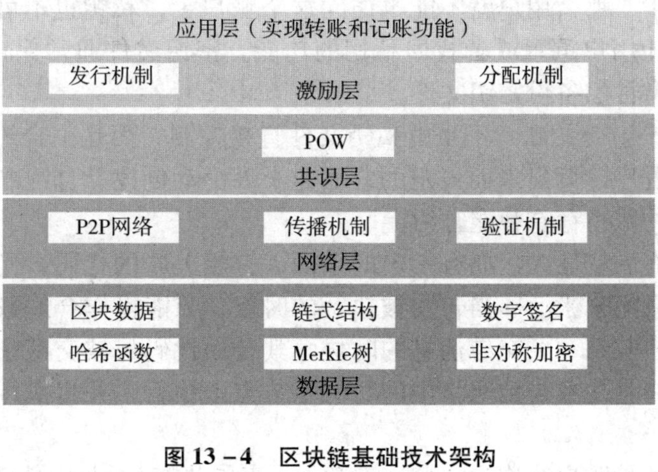

图 13－4　区块链基础技术架构

13.3.4 区块链 2.0

比特币的区块链架构主要围绕支持虚拟货币的实现，虽然它有一定的灵活性，但用来支撑虚拟货币以外的应用场景还显得非常局限。近年来，区块链逐渐引起 IT 业界的关注，并逐渐成为独立于比特币的一个平台架构，其重要性越来越受到重视。区块链 2.0 的概念也随之产生。

区块链 1.0 是一个基于密码学安全的分布式账本，是一个方便验证，不可篡改的账本。通常认为与智能合约相结合的区块链为区块链 2.0，如以太坊是典型的区块链 2.0。

区块链 2.0 的核心理念是不仅仅把区块链作为一个去中心化的虚拟货币和支付平台，而是通过增加链上的扩展性功能，把区块链的技术范围扩展到支撑一个去中心化的市场，交易内容可以包括房产的契约、权益及债务凭证、知识产权，甚至汽车、艺术品等。

区块链 2.0 提供一套新的协议（区块链 2.0 协议）支撑新型的去中心化应用。如果用互联网协议来做类比，区块链 1.0 就相当于 TCP/IP 协议，而区块链 2.0 就相当于 HTTP、SMTP 和 FTP 等高级协议。甚至有把区块链 1.0 比做电话，而区块链 2.0 相当于智能电话的比喻。在比特币后，出现很多被称为区块链 2.0 的平台，其中，最具代表性的是以太坊（Ethereum）平台。

与比特币不同的是，以太坊分为两种账户：外部账户（Externally Owned Account，EOA）和合约账户。

（1）外部账户。一般简称为“账户”，是由个人手动创建的，可以存储以太币，由公钥和私钥控制的账户。每一个外部账户拥有一对公私钥，这对密钥用来签署交易，它的地址由公钥决定。外部账户不能包含以太坊虚拟机（EVM）代码。做一个简单的类比：把外部账户看作用户在某个银行的账户，公钥就是用户为该账户设置的卡号，而私钥则是用户设置的密码。一个外部账户具有的特性为：拥有一定的账户余额、可以发送交易、通过私钥控制、没有相关联的代码。用户创建好账户之后，一定要记住私钥。如果忘记了，那么用户就不能再访问这个账户了，私钥也不可能再找回，因为以太坊没有可以让用户重置或者找回私钥的功能。密钥文件通常保存在 keystore 目录下，用户可以经常性的备份密钥文件。

（2）合约账户。合约账户不是由私钥文件直接控制，而是由合约代码控制。合约账户的地址是由程序计算出来而设定的，而非个人手动创建。合约账户和外部账户最大的不同是：合约账户存有智能合约。

合约账户具有的特性为：拥有一定的余额、有相关联的代码，代码通过交易或者其他合约发送的调用来激活、当合约被执行的时候，只能操作合约账户拥有的特定存储。每当合约账户收到一条交易消息的时候，其合约代码将被交易输入的参数调用执行。而合约代码将会在参与到网络中的每一个节点上执行，并将执行结果作为新块验证的一部分。

以太坊中这两种账户统称为“状态对象”（存储状态）。其中外部账户存储以太币余额状态，而合约账户除了余额，还有智能合约及其变量的状态。

比特币不提供高级语言的支持，而以太坊则提供高级语言让用户编写智能合约，或者说，以太坊 = 区块链 + 智能合约。智能合约是用高级语言编写的，以太坊的高级语言最后会编译成在 EVM（以太坊虚拟机）中执行的 EVM 字节码（bytecode），部署在以太坊区块链上。以太坊提供 3 种编程语言：Solidity（类似 JavaScript 语言）、Serpent（类似 Python 语言）和 LLL（类似 Lisp 语言）。以太坊网络的每个节点都运行 EVM 并执行合约代码，因此以太坊就像一个并行运行的“世界电脑”，在所有的节点上同时进行账户的状态转换，并形成网络层面对所有账户状态的共识。虽然这种 P2P 的运行方式并不是最高效的，但却是最有安全保障的，可以说，这部“世界电脑”永不停机。

13.4　区块链在支付中的应用

IBM 推出基于 Stellar 区块链的支付平台 World Wire

据 CCN 报道，科技巨头 IBM 在 2018 年 8 月底正式推出了一项基于区块链的跨境支付解决方案——IBM Blockchain World Wire，该方案将恒星（Stellar）协议与数字资产结合起来，使即时转账成为了可能。IBM 表示，World Wire 有可能会彻底改变全球支付和汇款现状。

根据 IBM 的说法，World Wire 可以迅速与任何现行的支付系统结合，并支持在安全性高的环境中处理任何规模、任何区域和任何资产类型的支付。

据报道，已有六家银行确认计划在 World Wire 上发行与本国法币挂钩的稳定币，其中包括巴西布拉德斯科银行（Banco Bradesco）、韩国釜山银行以及菲律宾中华银行（Rizal Commercial Banking Corporation），其他一些尚未披露的银行将发行基于欧元、印尼盾的稳定币。该网络已为总数超过 44 家银行提供服务，旨在利用加密数字货币实现银行间近乎实时的国际结算。World Wire 目前支持 47 种以上的货币进行支付。该网络引入了 XLM 代币，其作为机构间的结算工具，有效提高了支付效率。

恒星币，英文全称 Lumens，数字货币代码为 XLM。恒星币以前的英文名叫做 Stellar，缩写为 STR，后由运营公司改名为 Lumens，翻译过来也叫流明币。

恒星币是基于 Ripple 的技术代码修改创建而来，因此它也是一个支付网络系统。XLM 是恒星支付网络中使用的基础数字货币，设计的开采总量为 1 000 亿个。然而恒星币的开采量不是逐渐缩减的，而是每年增加 1%。在恒星支付网络中，用户使用恒星币作为基础货币。用户可以通过 XLM 转账任意一种货币，包括美元、人民币、欧元、日元，或者是比特币等。恒星币是一种能够迅速确认交易的支付网络，它的交易确认时间在几秒以内完成，因此具有简便易行、快捷的特点。

IBM 基于 Stellar 的跨境支付系统 World Wire 使用基于 ISO 20022 标准的 API 实现参与者之间的消息传递，该 API 允许实时发送和跟踪付款，无须额外的软件。World Wire 使用 Stellar Lumens 作为可选的数字资产在区块链网络上进行交易，并且还可以使用稳定币，而 IBM 不是网络上任何资产的发行者。

目前有几个组织正探索在 World Wire 上使用稳定币，它们各自的国家正在尝试制定稳定币的监管规则，因此这些组织正在根据监管反馈进行工作。

13.4.1 跨境支付中存在的问题

2017 年上半年，国家外汇管理局对国内 33 家跨境支付机构以及相关结算业务进行突击检查和专项检查，总结之后，发现了跨境支付的三大风险：

一是交易真实性审核风险。一些支付机构出于拓展市场的目的，存在对交易数据审核不严，甚至自行编制、篡改交易数据的现象。许多交易由第三方机构代理，商业银行无法对境内外交易双方进行真实性审核。

二是超范围经营风险。部分支付机构盲目发展境外商户，违规办理超过试点业务范围的跨境支付。

三是本外币监管套利风险。少数支付机构为规避外汇收支交易真实性审查，采用跨境人民币渠道开展跨境支付业务，实现监管套利。

据统计，2018 年中国跨境出口电商行业交易规模达 7.9 万亿元。这么大规模的体量，对基础设施与现有监管体系提出了挑战。

传统的跨境支付就是国内卖家购物以后，利用第三方进行汇款，然后需要进行汇率结算和清算，最后发货的一个总交易过程。其主要缺陷体现在时间消耗多，完成交易需要诸多中间流程；费用高昂，其中需要缴纳代理费以及各种手续费。

传统的串联模式需要汇款信息一步一步传递确认，耗时耗力，但区块链通过分布式共享账本与智能合约将其升级为并行，实现了交易信息的实时共享，节省了大量的传递时间和对账结算成本，使得实时到账、低成本、汇率优成为可能。

此外，因为区块链具有账本不可篡改和智能合约等技术特点，使得跨境汇款的各参与方有了实时、可信的信息验证渠道，汇款有迹可循，更加安全。

13.4.2 国外的区块链跨境支付

（一）EDT

随着区块链支付技术的成熟，相对于传统金融服务和传统金融技术，区块链支付技术在跨境支付领域逐渐显现出其独特的魅力。国外一些企业已经在此方面进行探索，2018 年美国 EDP 集团在新加坡创立了 EDT（异地通）区块链跨界支付基金会。其核心技术产品就是 EDT 支付协议。通过一个分布式开源互联网协议、共识总账（Consensus Ledger）和原生的货币 EDP Token 实现了国际交易清算。如今，EDT（异地通）区块链跨界支付平台已经支持美元、欧元、人民币、日元等多种货币以及数字货币的 P2P 兑现和支付。将区块链技术用于跨境支付中，其目标客户锁定中小企业和跨境电商、普通消费者，可实现 3～5 秒的跨境转账速度。与此同时，EDT 平台推出的 EDP Token 作为系统内的流动性工具，用于系统内部各种货币之间的兑换桥梁以及系统维护。

除了 EDT（异地通）跨界支付平台之外，还有 IBM（Blockchain World Wire，BWW）、Ripple、Circle 等公司在跨境支付方面利用比特币作为中间货币开展业务。

（二）Circle

美国电子钱包公司 Circle 是最早用区块链概念做跨境支付的区块链公司。目前，Circle 持有纽约州颁发的首张数字货币许可证（BitLicense）和英国金融市场行为监管局（FCA）颁发的电子货币许可证。两三年前，Circle 以比特币为通道，搭建了一个跨境汇款的链路。这条链路就像一条跨国高速公路，A 国用户要把钱汇到国外去，这笔钱先要经过这段高速公路的入口，这个入口是数字货币交易所，负责把 A 国法币转换成比特币，比特币在这条跨国高速公路上一路狂奔到 B 国，下高速公路的出口，即数字货币交易所，它负责把比特币兑换成 B 国法币。但是，这条以比特币为主角的跨境高速公路，普通用户是感受不到的，他们能感受到的，是打开手机上的 Circle 钱包，在跨境汇款的入口按照指引转账，大约一小时后，生活在另一个国家的转账对象在手机上就能收到这笔钱了。

Circle 模式的初衷是降低用户境外汇款费用和时间上的成本。但是，效率瓶颈、汇率风险、安全风险等问题让这一创新模式不可持续。具体来说，在效率瓶颈方面，数字货币交易所的性能和容量无法满足大规模交易，其交易效率是 7 笔/秒，写一个区块的时间是 10 分钟，完成确认需要 1 小时。在汇率问题上，由于这条“跨国高速公路”走完全程要一小时左右，一旦比特币币值出现极端波动（这种情况并非没有发生过），转账对象收到的钱就这么被强行贬值了。总之，Circle 并没有用到区块链底层技术，只是借用了比特币作为其跨境支付的中间货币而已，由于绕过了银行和监管，导致这一模式不可持续。

（三）Ripple

Ripple 公司的主要业务是帮助银行让跨境支付更便捷，其核心产品是 Inter Ledger Protocol 协议，本质上是一个实时结算系统和货币兑换与汇款网络，它基于一个分布式开源互联网协议、共识总账和原生的货币 XRP。瑞波的产品主要有两类，一类不碰币，服务于 B 端支付，也就是给银行使用的（大部分持牌金融机构都不会支持数字货币作为跨境支付的中间货币）。这类产品的底层使用了智能合约，它将两个银行的账本协同起来，共同完成跨境支付。通俗地说，相当于在这两个银行之间架了一座桥梁，以便它们协同完成跨境支付。

另一类碰币的跨境支付产品，原理和 Circle 类似，但是跑在“跨国高速公路”上的不是比特币，而是瑞波币。但瑞波币最大的一个问题是，大部分瑞波币，一直被一小群人所持有，因此瑞波币的可被操控性一直受到业内的质疑和挑战。

因此，瑞波目前的几个跨境支付应用，还仅限于专供 B 端小范围内的使用，比如欧洲第二大银行西班牙桑坦德银行目前正在用 Ripple 进行内部资金转账，但这不是跨机构的协同，它就相当于一个私有链。面向普通用户的2C跨境汇款，Ripple迄今为止还没有落地应用的产品。

13.4.3 中国的区块链跨境支付

2018年6月25日，蚂蚁金服宣布，基于区块链的电子钱包跨境汇款服务在香港上线。港版支付宝AlipayHK的用户可以通过区块链技术向菲律宾钱包Gcash汇款。这也是BAT中最先落地的区块链支付应用了。

AlipayHK是香港的电子钱包，2017年5月上线，由蚂蚁金服与长江和记实业合资成立，服务香港上百万用户。Gcash则是菲律宾的电子钱包，属于菲律宾领先的数字金融公司Mynt旗下。2017年2月，蚂蚁金服和Mynt达成战略合作。第一笔区块链汇款由在港工作22年的菲律宾人格蕾丝（Grace）完成，耗时3秒。此次AlipayHK与Gcash合作，成为全球首个在跨境汇款全链路使用区块链的电子钱包，并由渣打银行负责日终的资金清算以及外汇兑换。

与Ripple、Circle不同，蚂蚁区块链跨境支付不碰币，没有效率、汇率和安全的风险。具体来说，蚂蚁区块链跨境汇款是通过联盟链的形式进行的，跨境支付到账时间为3~6秒，没有汇率风险；蚂蚁区块链跨境支付受监管认可，没有合规风险；蚂蚁区块链跨境支付没有个人隐私泄露风险，因为和用户个人相关的敏感信息不上链，非敏感信息上链前会进行哈希处理，确保即便链上信息泄露，也不能据此反推出有意义、有效的信息。通过共识算法的创新，蚂蚁区块链已实现每秒数万笔的大规模交易处理能力；通过数字加密等多个技术，实现了能全面保护区块链上的信息安全，既做到透明可信，又能保证个人隐私；同时，由于未来会存在不同的区块链，蚂蚁金服突破了区块链之间的价值转移和数据交换难题。具体在跨境汇款这一领域，蚂蚁区块链还有如下技术亮点：（1）交易最终性：不可篡改账本上登记的资金记录，被参与成员一致认可为具有唯一最终性的记录；（2）多机构联盟记账：多个节点由不同机构独立维护，以多机构达成的互信为联盟链增信；（3）智能合约：以链上合约协同多个机构同步执行业务逻辑，实现具有高度确定性的跨机构协同。

13.4.4 Libra（天秤币）

2019年6月18日，脸书（Facebook）位于瑞士的子公司Libra Network（天秤币网络）发布了其加密数字货币项目白皮书。一家世界级的互联网巨头不仅采纳了区块链技术，而且还发行了虚拟货币，影响不言而喻。Libra宣称的使命是：建立一套简单的、无国界的货币和为数十亿人服务的金融基础设施。

从目前已经透露出来的信息来看，Facebook数字货币基于区块链创建，将于2020年第一季度正式发行。该计划将建立由100个合作联盟节点构成的数字经济体。目前Visa、Mastercard、Uber、PayPal等公司已经签约确认成为创始节点。假以时日，这一经济体将会把Facebook以及WhatsApp共计27亿的全球用户纳入其中。

表 13－1　Libra 与其他虚拟货币或支付方式的对比

类型	发行方	发行模式	价值锚	兑换	清算
Q Coin（Q 币）	腾讯	用户购买	兑换腾讯公司服务	腾讯	腾讯
AliPay（支付宝）	支付宝	用户充值	1:兑换人民币	银行	支付宝
Libra Coin	Libra 协会	用户充值	1:兑换一篮子货币	Libra 协会	区块链
Bitcoin	POW 协议	数学计算（挖矿）	买卖供需	交易所	区块链

Libra 的设计总结起来有四个层面的创新：一是发行方并不是 Facebook；二是可兑换的不是美元，而是一篮子货币；三是兑换方不是银行，也不是 Facebook，而是 Libra 会员单位；四是采用区块链清算。

再次强调，尽管 Libra 使用“加密货币”的名称，但在这方面，Libra 或多或少与比特币截然相反。Libra 不会被开采，而是通过一个完全不同的过程来“铸造”。当一个正常的国家货币被用来购买 Libra 时，Libra 就产生了。这种货币（扣除任何交易费用）由 Libra 协会持有，用于购买组成 Libra 储备基金的部分全球银行存款和政府债券。与大多数加密货币不同，天秤币有充足的实物资产储备作为后盾。银行存款和短期政府债券将被存放在 Libra 的储备中，以应对每一个被创造出来的账户，建立对其内在价值的信任。

天秤币被设计成一种稳定的数字加密货币，它将完全由真实资产储备（天秤币储备）支持，并由买卖天秤币的竞争性交易所网络支持。这意味着任何天秤币的人都有高度的把握，他们可以根据汇率将自己的数字货币转换成当地的法定货币，就像旅行时用一种货币兑换另一种货币一样。这种做法与过去引入其他货币的方式类似：为了帮助人们逐渐信任一种新货币，并在其初期获得广泛采用，政府保证一国的纸币可以被兑换成实物资产，比如黄金。不过，天秤币将不再以黄金作为后盾，而是以一系列低波动性资产作为后盾，比如来自稳定且信誉良好的央行的银行存款和以货币计价的短期证券。天秤币不会成为全球货币体系的替代品，而完全是全球货币体系的产物。

当前，区块链技术在跨境支付领域还处于萌芽阶段，基于区块链的跨境支付业务模式还不成熟，但区块链技术可省去第三方金融机构、实现全天候支付、实时到账、提现简便及没有隐性成本等诸多优点是显而易见的，并且越来越多地改变着资金的转移方式，相信未来区块链支付技术将会在跨境支付领域有着更为广阔的发展前景。区块链应用已经从最初单纯的虚拟货币（区块链 1.0）过渡到更广泛的金融业（区块链 2.0），并且渗透到除金融领域之外的很多其他社会领域（区块链 3.0），比如身份验证、跨境支付、文件存储、物联网等，其中金融领域是目前最成熟、应用最广的领域。区块链技术作为当下最热门的技术之一，值得我们投入更多的时间与精力进行学习和研究。

本章小结

本章根据虚拟货币在流通过程中的不同，对其进行了分类。并回顾总结了中国对于虚拟货币的监管政策以及监管态度。在此基础上，进一步对虚拟货币按照发行方式进行了分类。并着重介绍了计算型虚拟货币的数学原理和发行流通特点。同时，还介绍了其他的一些计算型虚拟货币的显著特点。

想一想、练一练

◎ 思考题

1. 虚拟货币产生的社会背景是什么？
2. 虚拟货币按照发行方式可以分为哪几类？各有何特点？
3. 比特币实现的核心技术是什么？它还有哪些发展变化？
4. 虚拟货币按照流通方式可以分为哪几类？各有何特点？
5. 简单论述中国对于虚拟货币的监管步骤和监管内容。

◎ 实训题

1. 登录并注册火币网（www. huobi. com），用 PPT 讲解火币网投资流程，有条件的可以进行真实投资体验。